季節のちりめん遊び

作って飾って見て楽しい
花と実と祭りごと

藤本洋子

はじめに

　食卓を彩り、にぎわしてくれる季節の野菜。年末になるとなぜか気になる翌年の干支。そして四季折々の祭りごと。そんな日本の四季や祭り、自然の恵みを古布ちりめんの美しい風合いで表現しました。

　日本には桜をはじめ、季節になるとすばらしい景色が広がります。そしてふと身近なものに目を向けてみると、野菜の花だって負けてはいません。むしろ普段なら目立たない野菜の実や花のお細工物を作るという題材を得たことで、奥深い和の世界が広がったようにさえ感じます。さらに十二支たちがくり広げる騒動の物語や季節の行事。おもしろさや楽しさを一針一針に込めて縫い上げました。

　この本をご覧いただいたみなさまに、温もりと優しさを併せ持つ古布ちりめんやお細工物の魅力が伝わることを願っています。さらには見るだけでなく、魅力に触れながら作品作りを楽しんでいただければ幸いです。

　使い捨ての時代と言われる昨今ですが、いくつかの時代をのり越えた古布ちりめんと日本の伝統行事や四季が織りなす手作りの作品が出来上がったとき、そこには湧き上がる感動があるかもしれません。

藤本洋子

目次

和布の話

布はちりめんを使っています。ちりめんとは、撚りをかけた緯糸と撚りのない経糸を平織りした布で、細かいしぼ（縮み）が特徴です。空気をふくんだやわらかい手触りと独特の光沢や色合いが魅力で、小物作りに向いています。使うときは裏に薄手の接着芯をはります。ちりめんの中でも、特に古布ちりめんを多く使っています。これらのちりめんは、明治時代から昭和初期にかけてのもので、赤などの強い色でもしっとりとした落ち着きがあり、質感もやわらかく繊細な布です。使うときは特に注意して扱います。

色無地

花と実、動物の頭など、いちばんよく使う布です。古いものもありますが、現在のものもあります。同じピンクでも布ごとに微妙に色が違うので、いくつかそろえておくと便利です。

ぼかし

白から色へとグラデーションが入ったちりめんです。グラデーションの幅や濃さはいろいろあります。一枚で作品に表情を出すことができます。

古布ちりめん

もともとは着物のための布なので、季節の植物柄が多いのが特徴です。作品のサイズに合わせて、おひなさまの着物のように柄を生かす場合は小さめの柄のものを、大きな柄でも十二支の胴のように使うなら、柄の雰囲気と色で選ぶとよいでしょう。特に赤はよく使うので、いろいろなタイプでそろえておきたいもの。明るいものから渋めまで、無地とは違う華やかさがあります。

四季の花と実

身近な野菜やくだものを、その花や葉と一緒に小さな飾り物にしました。目にする機会の少ない花や葉ですが、色や形がそれぞれに個性的でとてもかわいいものです。そのままでは作りにくい形もあるので、デフォルメしたりとアレンジするのがかわいく作るポイントです。実と花を組み合わせると、自然の生き生きとした表情も生まれてくるような気がします。手のひらにすっぽりと収まる小さなサイズ。後ろにピンを付ければブローチとしても楽しめます。

いちご

4×9cm
作り方…66ページ

クリスマスシーズンによく目にするいちごですが、旬は3～4月。小さくて真っ白な花と赤い実の組み合わせはとても愛らしい姿です。実のつぶつぶは糸を引いてでこぼこを作って表現します。ちなみに実の部分は花の一部で、本当の果実はこのつぶつぶです。

かぶ

7×5cm
作り方…67ページ

白やピンクがきれいなかぶの旬は3～5月の春と、10～1月の秋冬の2回。かぶの別名は「すずな」で、春の七草のひとつです。ギザギザの葉は、引き絞ることでより表情が出ます。

夏

木いちご

7×4cm

作り方…68ページ

英語ではラズベリー、フランス語ではフランボワーズ。つぶつぶのかわいい形と、食べたときの甘酸っぱさが特徴です。育てると6～9月が旬。いちごとは違った野性味あふれる色と形は、ひとつひとつ丁寧に実を作ります。

トマト

5×8cm

作り方…70ページ

6～8月が旬のトマト。はちきれそうな真っ赤な実とまだこれから熟す緑の実を枝のまま形にしました。花は黄色の星のような形。つまみ細工の要領で作ります。

オクラ

6×7cm
作り方…72ページ

オクラは実も花も葉もすべてが特徴的。五角形の実は布を5枚接ぎ合わせ、美しい黄色の花はペンで中心の赤紫の色を付けます。旬は6～9月。ちなみにオクラという名前は実は英語Okraで、和名はアメリカネリ、陸蓮根と言います。

とうもろこし

7×1.8cm
作り方…80ページ

6～9月が旬のとうもろこし。みっちりと並んだ黄色いつぶと頭のふわふわとしたヒゲのかわいさを出します。つぶをひとつずつ作ることは無理なので、糸を編み目状に渡して表現します。ひげも2色の糸で濃淡を付けて。

とうがらし

9.5×6cm
作り方…74ページ

いちごと同じ赤と白の組み合わせでも、とうがらしは強い真っ赤を使います。花の白く清楚な印象と対照的です。旬は8～10月。とうがらしには、青、赤、黄色とあるので、カラフルに作っても楽しめます。

組ひもの話

ひもは作品に合わせて0.8～1.5mmを使い分けます。よく使うのは植物の緑、縁起ものなどによく使う赤、和布のやさしい色合いに合うピンクや薄い黄色など。ピンクでもいろいろなタイプのピンクがあるので、布に合わせて選びます。ひもの硬さも、はりのあるものからやわらかいものまでいろいろなので、使いやすい好みのものを選んでください。

糸の話

糸は絹のちりめんに合わせて、絹糸を使います。繊細な和の色目がそろい、つややかで発色もよく、色もちりめんによくなじみます。写真は組ひもに使う糸。ただ、強く引っぱると切れやすいので、縫い絞るなどの強く引き絞って内側に見えなくなる部分には、化繊の糸を使うのも便利です。

なす

7×7cm
作り方…76ページ

夏の代表的な野菜です。実だけでなく、花も茎も葉脈も紫色の濃淡。茄子紺という紫の強い紺色の名前にもなっています。ちりめんの微妙な色を使い分けて表現します。左の実のようにグラデーションの布もおすすめです。

ほおずき

5×5cm
作り方…78ページ

観賞用としてよく見かけるほおずきですが、食用もあります。夏の風物詩だけあり、旬も8～10月です。独特の形を、袋状のがくの中に実が包まれたものと、がくがやぶれたもので表現しました。がくの葉脈をしっかりと出すのがポイント。

秋

かぼちゃ

5.5×7cm

作り方…17、120ページ

冬至にかぼちゃを食べると長生きする、と言われるように、6~9月に収穫をしますが、おいしく食べるための旬は9~12月です。花の根元のふくらみは実になる部分。ほかの花に比べても特徴的なので付けるのを忘れないようにします。

さつまいも

4×6cm

作り方…81ページ

かぼちゃと同じで、収穫と食べごろの時期が違い9~12月の秋から冬にかけてがさつまいもの旬です。ヒルガオ科サツマイモ属のさつまいもは、朝顔のような花を咲かせます。実は赤紫の柄布をうまく使い、芽のへこみ部分は糸で引き絞ります。

どんぐり

7.5×5.5cm
作り方…82ページ

どんぐりとは、ブナ科の実の総称です。種類によって実の形も帽子（殻斗、はかまとも）の形や模様も違います。どの形も愛らしいので、モチーフにはもってこいです。3個の実の布をそれぞれ変えることで変化が付いてより自然に見えます。

あけび

8×8cm
作り方…84ページ

あけびの旬は9〜10月と短く、果皮が割れると食べごろです。3枚の花びら（がく）が割れたように咲くかわいい花に、つるの様子はひもで表現します。あけびが割れた中の果肉は柄布を使うとおもしろさが出ます。

銀杏

6×8cm
作り方…83ページ

街路樹としてどこでも見ることのできる銀杏を実とセットにしました。銀杏の旬は9〜11月です。切れ目の入った扇形の葉は、グリーンから黄色への紅葉も美しく、葉1枚だけでも絵になります。

栗

6.5×5cm
作り方…86ページ

9〜10月が旬の栗。秋の味覚の代表と言えます。イガの中には1〜3つの実が入っているので、細長い葉と組み合わせて作ります。実をよく見ると、すべてではありませんが平らな面とふくらんだ面があるのが分かります。3枚のパーツを縫い合わせて形を再現します。

冬

にんじん

8.5×4cm

作り方…87ページ

季節に関係なく年中見かけるにんじんですが、旬は10～12月の冬にんじんと4～7月の春夏にんじんがあります。糸をランダムに渡してすじを付けることで、よりにんじんらしさが出ます。細く切れ込みの多い葉はギャザーを寄せることで束の感じを出します。

蓮

6.5×6cm

作り方…88ページ

れんこんは蓮の地下茎です。見通しがいいとして縁起をかついでおせち料理にも使われるように、旬は11～2月。見た目にも涼しげで美しい薄いピンクの花は7～8月に咲きます。葉も花も実も特徴的なので、形にしやすい植物です。おしべにはペップを使います。

かぼちゃの作り方

実の作り方にひと工夫あるかぼちゃを解説します。ラッパ状に咲く花、葉の作り方はほかの植物でも共通ですので、参考にしてください。

《材料》

実表・裏用布、葉表・裏用布、実茎用布、葉茎用布、へた用布、底用布、内花弁用布、外花弁用布、花口べり用布、つぼみ口べり用布、つぼみ用布各種　0.8mm組ひも1m　1mm組ひも15cm　28番ワイヤー15cm　へた・底厚紙、手芸綿、接着芯、両面接着シート各適宜

実物大型紙と構成図は
120ページ

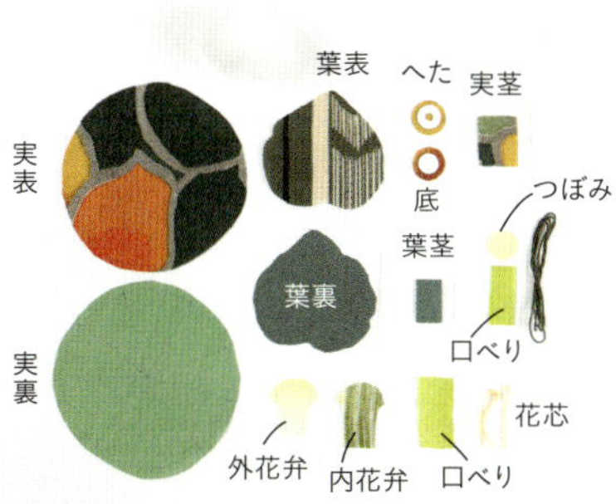

1　実、花弁、葉、つぼみ、口べりに接着芯をはり、縫い代0.3〜0.5cmを付けて形にカットします。茎、へた、底は両面接着シートをはり、裁ち切りでカットします。

2　葉の表布と裏布を中表に合わせ、葉先に返し口と付け根に茎さし込み口を残して縫います。表に返して返し口をまつってとじます。

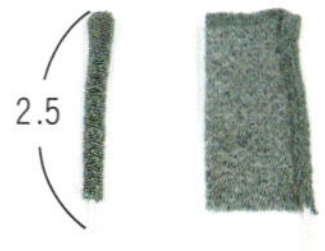

3　葉茎を作ります。布の上を少し折り、二つ折りしたワイヤーを端に重ねて巻きます。ワイヤーを2.5cmでカットし、アイロンで布を接着します。

4　葉茎のワイヤー部分にボンドを付け、茎さし込み口に入れて接着します。

5　葉を茎から中表に二つ折りし、根元を2、3針縫い止めます。

6　実の表布と裏布を外表に合わせ、9等分にぐし縫いします。

7　9等分にそれぞれ綿をつめます。パンパンになるまでしっかりとつめます。

8　綿をつめ終わったら、周囲を2本取りの糸でぐし縫いします。糸は切らずにそのままにしておきます。

9　糸を引き絞って実を立体にします。糸の両端から引き絞るとしっかりと絞れます。もう一周ぐし縫いをし、穴がなくなるまで絞ります。中心から反対側に針を出し、糸を引いて中心をへこませます。

10　底を作ります。底に厚紙を重ねてくるみ、アイロンで接着します。

11　へたを作ります。へたにドーナツ状の厚紙を重ね、中心の穴の布にまち針を刺しておきます。厚紙をくるんでアイロンで接着します。

12　穴の布に切り込みを入れて折り込み、アイロンで接着します。まち針を留めておいたのはここで布を折り込みやすくするためです。

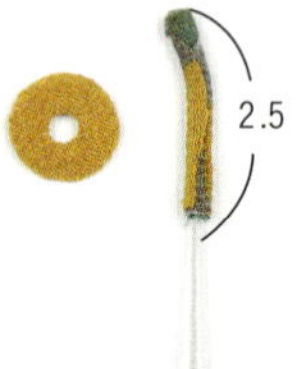

13　葉茎と同様に、実茎を作ります。ワイヤーの長さは5cmです。少し曲げて表情を付けます。茎とへたができました。

14　へたに茎を通し、実の中心にボンドを付けてさし込みます。

15　実の反対側に底をボンドで付けます。まつってもかまいません。これで実が完成しました。

16　内花弁を作ります。花弁5枚を中表に合わせて輪に縫います。

17　外花弁も同様に輪に縫います。

18　1mm組ひもで花芯を3本作ります。ひもの先をひと結びし、長さ5cmにカットします。

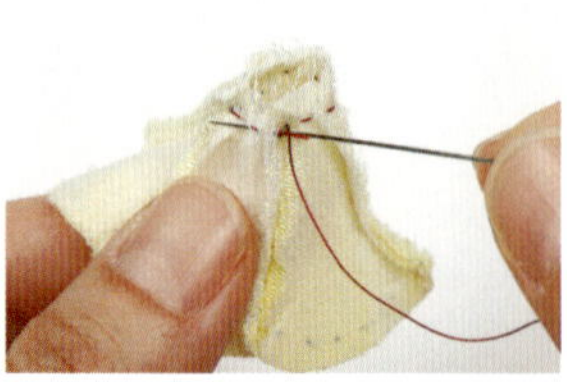

19　内花弁の下側をぐし縫いします。

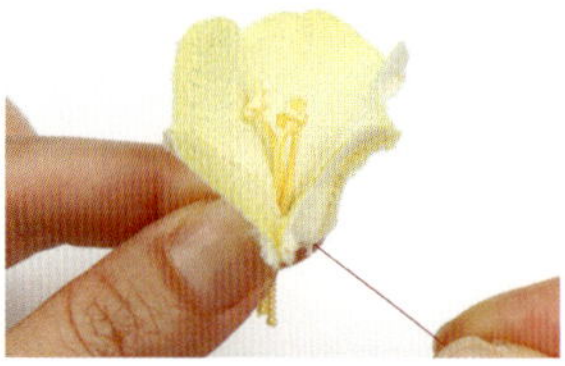

20　内花弁に花芯を入れ、ぐし縫いを引き絞って縫い止めます。

21　内花弁と外花弁の上側を中表に合わせ、ぐるりと縫います。カーブと縫い目の位置をきちんと合わせます。

22　表に返して内花弁と外花弁を重ねます。内花弁をピンセットで下まで引き出します。

23　内側で縫い代同士を中とじしておきます。こうすることで、内花弁が浮き上がらずに、きれいに見えます。

24　外花弁の下側をぐし縫いし、縫い代を折り込んで引き絞ります。

25　つぼみを作ります。つぼみ口べり布を中表に合わせて縫い、輪にします。

26　つぼみの周囲をぐし縫いし、綿と0.8mm組ひもを入れてぐし縫いを引き絞ります。ひもの先はひと結びしておきます。

27　つぼみ口べり布の縫い代を折ってつぼみにかぶせ、端から0.2cmの位置をぐし縫いして引き絞ります。

28　反対側をぐし縫いし、縫い代を折り込みながらぐし縫いを引き絞ります。

29　ひもの反対側に花口べり布を付けます。つぼみ口べり布と同様に輪に縫います。ひもを通して綿を入れ、上下をぐし縫いして引き絞り、丸く形作ります。

30　花の根元に合わせてまつります。

31　ひもを几帳結び（63ページ参照）をし、実と一緒に葉の上に重ねて好みの位置に縫い止めます。これで完成です。

綿をきれいにつめる方法

頭など大きめの丸をきれいに作るための、綿をつめるコツです。布に適当に綿をつめるのではなく、丸く整えた綿のかたまりを作ってつめます。このようにしてきれいな丸い綿を作ります。

1　綿を小さく3、4つにちぎります。

2　薄く伸ばした綿に1を重ねてくるみます。

3　親指と人差し指で輪を作り、その間に2の綿を通して形を丸く整えます。このきれいな丸い綿を布につめます。

お正月

一年の始まりも手作りで華やかに。定番の鏡餅とわら束に好きな飾りを刺すアレンジ自由な飾りです。鏡餅は、年神様が家に訪れたときの依り代となり、お供えした鏡餅を食べることでご利益をいただくと考えられています。鏡餅が丸いのは、三種の神器のひとつである丸い銅鏡に似せて作っているためです。また大小のお餅が重なっているのは陰と陽を表し、重ねることで歳を重ねる、福と徳が重なるという意味が込められています。橙は子孫が代々栄えますように、ゆずり葉は新しい葉が出ると古い葉が落ちるので福を後世にゆずる、干し柿は喜び幸せが来るの嘉来、昆布はよろこぶ、裏白（ウラジロ）は清廉潔白と家族繁栄、とそれぞれに意味があり縁起のいいものです。わら束の飾りも、鯛（めでたい）やでんでん太鼓（魔除け）など縁起のいいものを付けます。意味を知ると、作るときの楽しさが増し、自分なりの新たな工夫にもつながります。

鏡餅　9×15cm　作り方…90ページ
わら束飾り　28×7cm　作り方…92ページ

三方以外はすべて布で作ります。鏡餅の中は、スチロールボールをお餅形にカットして上に薄く紙粘土を付けたもの。きれいに布でくるむには、白無地のちりめんの裏に両面接着シートをはり、水を少し付けて引っぱりながらアイロンではります。中のスチロールボールが溶けないように気を付けてください。

わら束の飾りいろいろ

梅の花

でんでん太鼓

羽子板

鯛

扇

風車

梅の花とサイコロ

十二支の飾り

お正月飾りの縁起物の定番、干支の飾り物。毎年ひとつずつ作って飾ってみませんか。胴は同じで、頭と耳、しっぽだけが動物ごとに変わります。胴はお正月らしく華やかな色や柄を使うのがおすすめです。12年でひとそろいしたときに、十二支をまとめて飾るのも楽しい趣向です。毎年ひとつひとつ作って増やしていく楽しみがあります。

もともと十二支とは、月日をあらわすためや12年で一周する木星の位置を示し年を数えるためのもので、後に方角や時間を表すのにも使われるようになりました。それに、わかりやすいように動物を当てはめたというわけです。神様に挨拶をしに行った順番という、おもしろい話もあります。

子

目は人形用のさし目、鼻、口、ひげは絹糸で描きます。耳も顔も丸くかわいいイメージで。

5.5×3.5cm

作り方…96ページ

丑

鼻輪が付いた凝ったつくり。さし目が分かるように、小さな黒布と白布をはってから目をさし込んでいます。

5×3.5cm

作り方…96、97ページ

寅

しま模様は裁ち切りの布を両面接着シートではるだけなので簡単です。勇ましいよりもかわいい表情で。

5×3.5cm
作り方…96、98ページ

卯

赤と白でいちばんシンプルなうさぎ。白さが際立ちます。うさぎだけが赤いさし目を使います。

5×3.5cm
作り方…96、97ページ

辰

力強いイメージの辰にかわいらしさをプラスしました。たなびくひげは、ワイヤーに糸を巻いて作ります。

5.5×5.5㎝
作り方…96、98ページ

巳

十二支の中でもシンプルすぎて形にするのが難しいへび。舌と口に糸を使うのがポイントです。

5.5×3.5㎝
作り方…96、99ページ

午

手綱や額革などを付けた本格仕様。たてがみは切り込みを入れた布をボンドではっています。

4×3.5cm
作り方…96、99ページ

未

鼻部分の布の下に、少量の丸めた綿を入れて盛り上げています。くるりと巻いた角は金糸ですじを付けます。

4×3.5cm
作り方…96、100ページ

申

耳を大きめに、しっぽはクエスチョンマークのように。ちょっとユーモラスなのがかわいいさるです。

6×3.5cm

作り方…96、100ページ

酉

左目だけに赤い縁取りを付けてポイントにしました。尾は白に柄のちりめんをはって作ります。

5.5×3.5cm

作り方…96、101ページ

戌

狆のような愛きょうのある白黒わんこです。大きな耳は頭をつつむように両脇に付けます。

6×3.5cm
作り方…96、101ページ

亥

瓜坊のようにかわいいいのししです。前に突き出した鼻を表現するのに高さを出しています。

4.5×3.5cm
作り方…30、121ページ

亥の作り方

胴、頭、首まわり、ひも飾り、目の作り方は共通です。細かい部分は両面接着シートやボンドではって作ります。

《材料》

胴用布、首まわり用布、頭用布（鼻、尾、耳分含む）、内耳用布（鼻穴分含む）、鼻先用布、キバ用布、頭の模様用布各種　0.8mm組ひも20cm　2mmさし目2個　直径0.6cm鈴1個　鼻厚紙、手芸綿、ペレット、接着芯、両面接着シート各適宜

実物大型紙と構成図は121ページ

1　頭の模様と鼻穴には両面接着シートをはり、裁ち切りでカットします。キバ、鼻先、内耳は布のみで、ほかは接着芯をはります。縫い代は0.3〜0.5cmです。

2　胴を作ります。胴の周囲をぐし縫いし、綿を6cmほど薄く広げて重ねます。ぐし縫いを引き絞り、ペレットをつめて口をとじます。

3　頭を作ります。周囲をぐし縫いし、綿を重ねてぐし縫いを引き絞ります。綿は19ページを参考にしっかりきれいにつめます。

4　首まわりを作ります。中表に合わせて端を縫い、輪にします。横に半分に折り、布端側をぐるりとぐし縫いします。

5　ぐし縫いを引き絞り、ギャザーを寄せて平らな丸にします。胴の口に重ねて縫い止めます。

6　布端と縫い目が内側にかくれるように、5に頭をのせて縫い止めます。

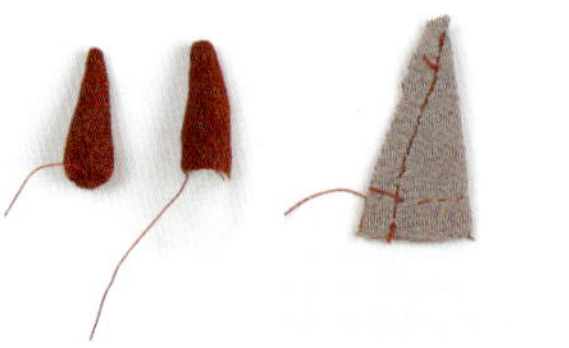

7　尾を作ります。三角形を縦に二つ折りして中表に合わせ、縫い代0.3cmで縫います。下をぐるりとぐし縫いし、表に返します。綿をつめて縫い代を折り込みながらぐし縫いを引き絞ります。

8　胴の前後を決めます。胴と首まわりの間に尾をさし込み、縫い目が見えないようにまつります。

9　頭に模様を付けます。頭の後ろに3本のバランスを見ながら重ね、アイロンで接着します。

10　耳を作ります。2枚を中表に合わせて返し口を残して縫い、表に返します。

11　内耳を作ります。1cm角の布を剣つまみ（38ページ参照）の要領で折ります。小さいのでピンセットを使います。

12　耳に内耳を重ね、耳の下側を内側に折って縫い止めます。これを2つ作ります。

13　耳を頭の模様の両側に縫い付けます。頭と首まわりの間にさし込んで、耳の下の布端が見えないようにします。

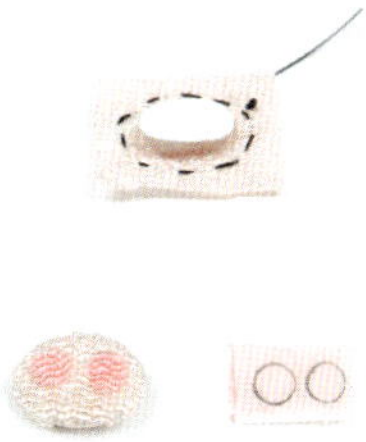

14　鼻先を作ります。縫い代0.2cmでだ円にぐし縫いをします。少しの綿と厚紙を重ねてぐし縫いを引き絞ります。鼻穴をカットし、アイロンで表に接着します。

15　鼻を作ります。中表に合わせて輪に縫い、下をぐるりとぐし縫いします。ぐし縫いを引き絞って表に返します。少し綿をつめ、口をぐし縫いして縫い代を中に折り込みながら引き絞ります。

16　鼻のぐし縫い側を上にして鼻先を重ねてまつります。頭の中心より少し下の位置に合わせて縫い止めます。

17　キバを作ります。三角形に2回折り、最後は中心で両辺を突き合わせて折り込むように二つ折りしてボンドで止めます。

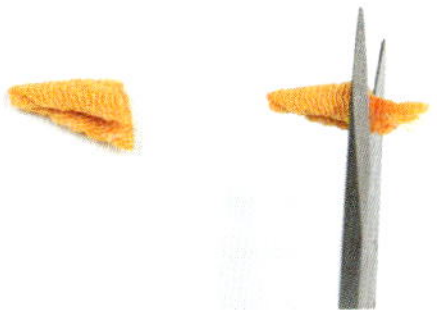

18　飛び出した部分をカットします。これを2つ作ります。

19　鼻の横にキバを縫い止めます。ボンドで付けてもかまいません。

20　目の位置を決め、まち針を刺して印にします。目の位置に目打ちで穴をあけます。

21　ボンドを付け、さし目を穴にさし込みます。目を埋め込みすぎないように注意を。

22　飾りを作ります。ひもを輪にし、中心で縫い止めます。封じ結び（61ページ参照）をし、下に鈴を縫い止めます。

23　飾りを首まわりの下に縫い止めれば完成です。

ひなまつり

3月3日のひなまつりは、五節句のひとつ「上巳の節句」です。上巳＝巳の日は厄日のために川や海で身を清めて桃の花の酒を飲み、邪気を払うという風習がありました。これが時代とともに、紙の人形に厄を引き受けさせて川や海に流し、厄を払うというように変化し、人形遊びと結びついて今のひな人形を飾るという行事に変化していったと言われています。内裏びなの並び方が関東と関西で違うのは、関西は日本古来の左上位の風習から男びな（天皇）は左（向かって右）、女びな（皇后）は右（向かって左）に並べることが多いのです。明治時代以降の西洋のマナーや大正天皇と皇后の並び方を取り入れて、関東では関西と逆に並べたのが定着したと言われています。また桜と橘を飾るのも、京都御所の紫宸殿の庭に植えられていることに由来し、「左近の桜、右近の橘」と呼ばれます。おひなさまも時代とともに変遷があります。

女びな8×7.5cm　男びな10×8cm　作り方…34、122ページ
桜と橘　各13×3.5cm　作り方…37、123ページ

衿、着物、着物の裏、扇や笏の色合わせを考えるのも楽しみのひとつです。女びなの釵子は、市販の好みのパーツを使います。

ほおずきのお手玉。簡単に作れてかわいいので人気です。正方形と正円の布から作ります。正方形の角をそれぞれ中表に合わせて4か所縫い、表に返してペレットをつめます。4つの足ができたような状態です。正円は周囲をぐし縫いし、綿をつめて引き絞ります。正方形の中心に正円をのせて縫い付け、正方形の足先を正円の上で縫い止めれば完成です。好みでひも飾りを付けます。

女びなの作り方

男びなと女びなの作り方はほぼ同じ。頭の冠だけが違うので、男びなは頭の作り方のみを36ページから解説します。

《材料》

衿用布、着物A用布、着物B用布、着物B裏布、袴用布、扇用布、扇裏布各種　0.8mm組ひも10cm　1mm組ひも1m　頭用幅0.7cm ペップ1本　釵子用パーツ1個　手芸綿、ペレット、厚紙、胴用不織布タイプ接着芯、接着芯、両面接着シート、和紙、髪用絹糸各適宜

実物大型紙と構成図は122ページ

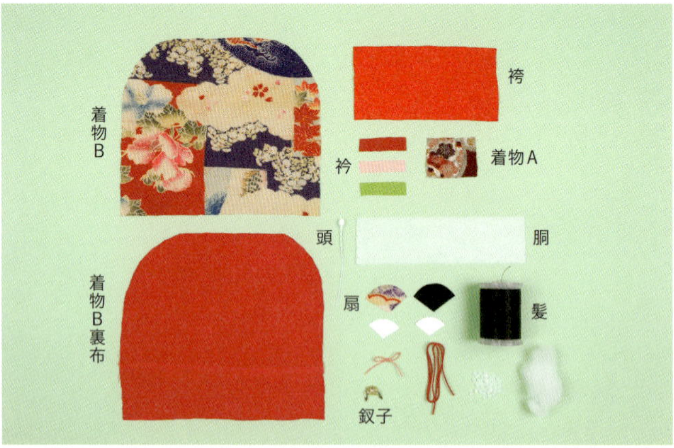

1　扇と扇裏布には両面接着シートをはり、扇の厚紙は裁ち切りでカットします。着物A、衿は布のみで、着物B、着物B裏布、袴には接着芯をはります。縫い代は0.3〜0.5cmです。不織布タイプの接着芯の厚さは、薄手か中手を使います。

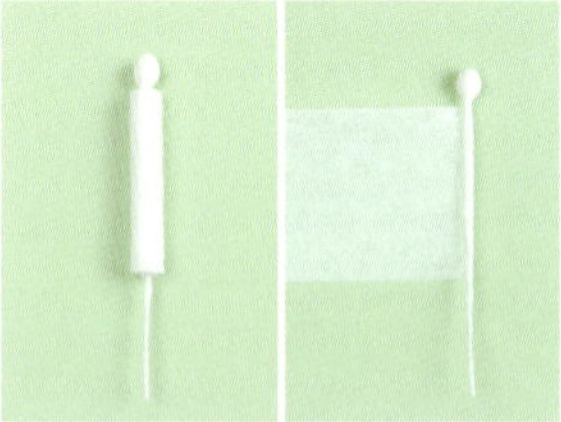

2　胴（不織布タイプの接着芯）の端に頭のペップを重ね、端からくるくると巻きます。最後はアイロンで接着します。

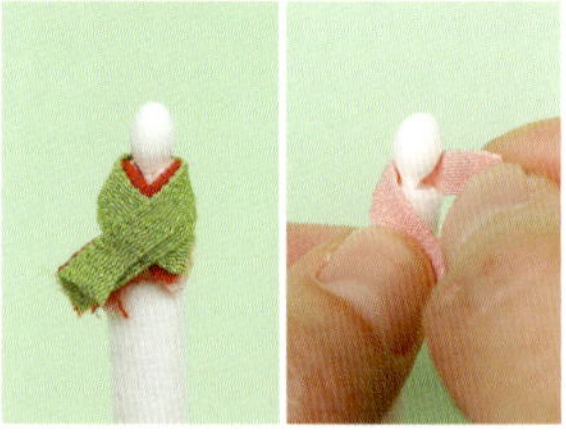

3　衿を横に外表に二つ折りし、後ろ中心にボンドを付けて胴に巻きます。胴が見えないように、頭にかかるように3枚をずらしながら順番に重ねます。

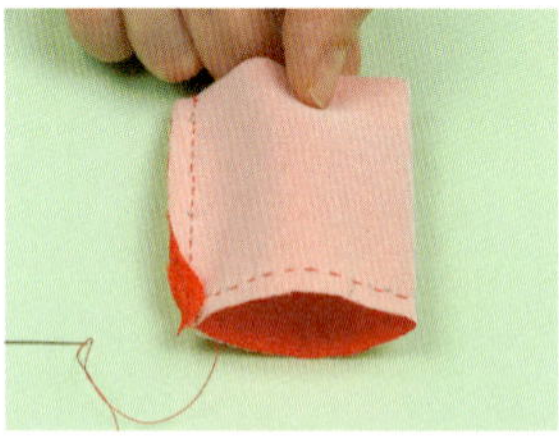

4　袴を作ります。中表に合わせて輪に縫い、下をぐるりとぐし縫いします。縫い代は割っておきます。

5　ぐし縫いを引き絞り、下をとじます。

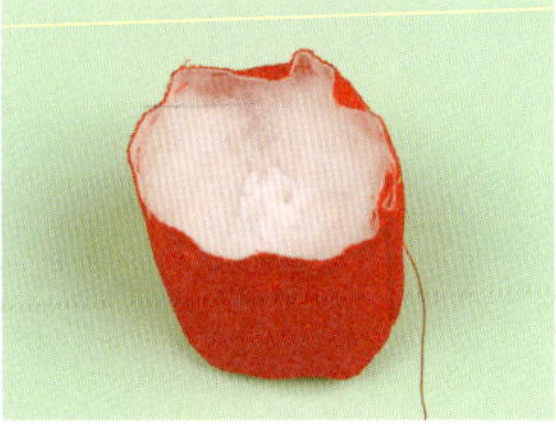

6　表に返して綿をつめ、綿の内側にペレットをつめます。口をぐるりとぐし縫いします。

7　3の胴をさし込み、ぐし縫いを引き絞ります。頭の上から袴の下まで、身長が約6.5cmになるように入れます。

8　着物Aの長辺を0.5〜1cmほど折ります。

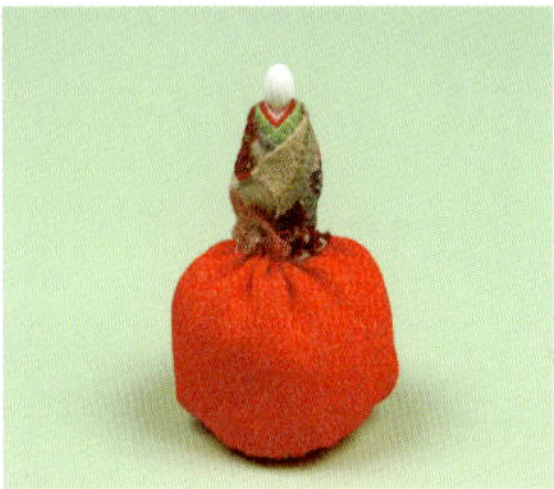

9　後ろ中心にボンドを付け、衿の上に少しずらして重ねます。衿も着物も左前を間違えないように。着物の裾と袴を縫い止めます。

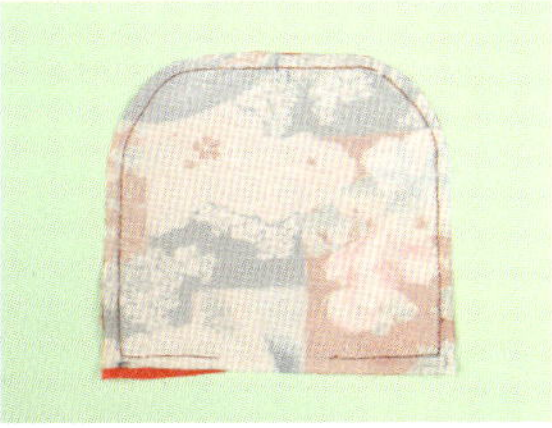

10　着物Bと着物B裏布を中表に合わせ、返し口を残して周囲を縫います。

11　表に返して返し口をまつってとじます。角もきれいに引き出します。

12　胴に着物Bを重ねます。後ろ中心にボンドを付け、前で突き合わせてひと針縫い止めます。

13　着物Bを持ち上げて谷折り山折りし、袖を作ります。後ろ中心と前中心をまち針で留めて形を整えます。

14　左右とも折って袖を作ります。左右の高さが合っているか、後ろがまっすぐになっているか、形を整えます。

15　後ろ中心と前中心の袖が突き合わさっている部分を縫い止めます。

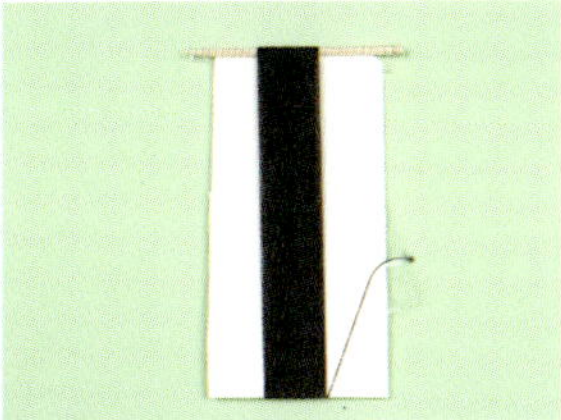

16　髪を作ります。長さ10cmの厚紙の片側につまようじを重ね、絹糸を幅1.3cmほどになるように150回ほど巻きます。

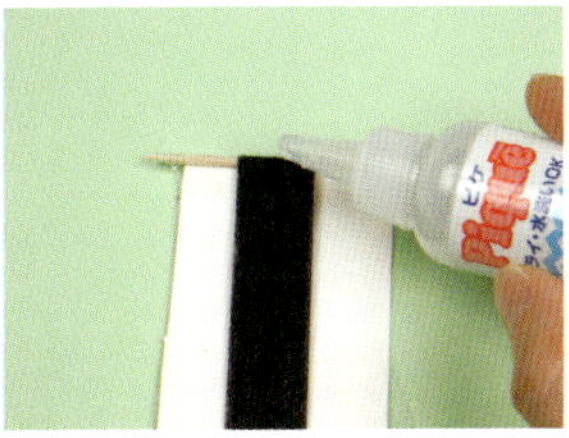

17　つまようじの部分の糸にほつれ止めののりを付けます。

18　つまようじと反対側の輪をカットします。つまようじは付けたままで厚紙をはずし、上から3cm、2cmの位置を糸でしばります。

19　横髪を作ります。10cmを20本束にし、上部をのりでまとめます。これを2つ作ります。

20　頭の横に横髪をボンドで付けます。

21　頭の上に髪をボンドで付けます。横髪付け位置が見えないように、少し手前から付けて、頭のカーブに沿わせて押さえます。横髪と髪を後ろで合わせて、18と同じ位置で糸でしばります。

22　1×6cmの和紙を三つ折りし、のりで止めます。これを2本作ります。半分の3cmでカットし、4本にします。

23　髪の糸でしばった部分に和紙を巻き、のりで止めます。残りの2本をまっすぐのまま、巻いた和紙の後ろにはります。

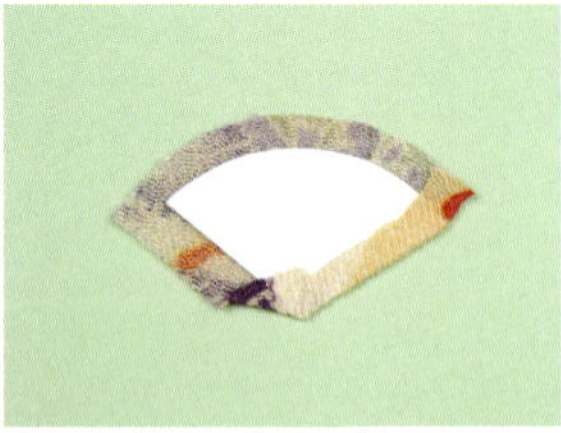

24　扇を作ります。扇の裏に厚紙を重ね、下、右、左、上の順に縫い代を折ってアイロンで接着します。

25　扇裏布も同様に作り、梅結びとつゆ結び（60ページ参照）をして好みでつぶし玉を付けてひも飾りを作ります。ひもの先はほどいて房にします。

26　扇と扇裏布を外表にボンドではり合わせ、表にひも飾りをボンドで付けます。

27　頭に好みの釵子とリボン結びをしたひもをボンドで付けます。

28　着物Bの突き合わせ位置に扇を付ければ完成です。

男びなの作り方

頭の冠以外は女びなと同じです。

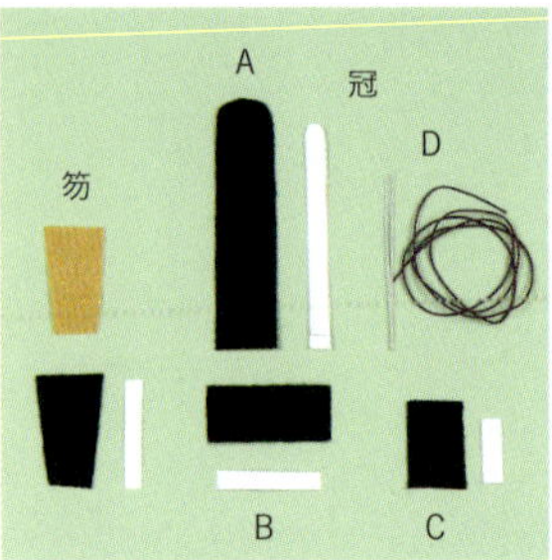

1　笏、笏裏布、冠用パーツA～C、それぞれの厚紙、長さ3cm28番ワイヤー2本、穴糸を用意します。布の裏には両面接着シートをはっておきます。

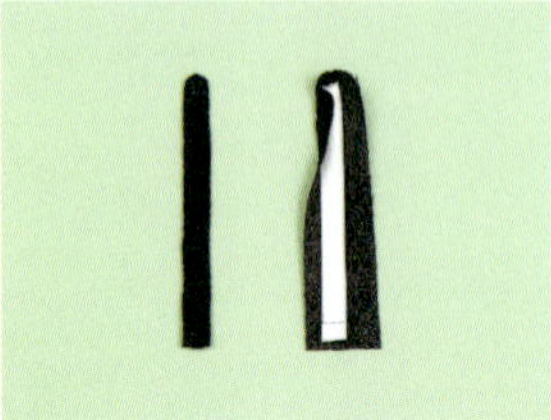

2　冠の布の裏に厚紙を重ねて周囲の縫い代を折り、アイロンで接着します。A～Cのパーツすべてを作ります。Aは下側、Bは右側、Cは上下の縫い代をくるまずに伸ばしたままにしておきます。

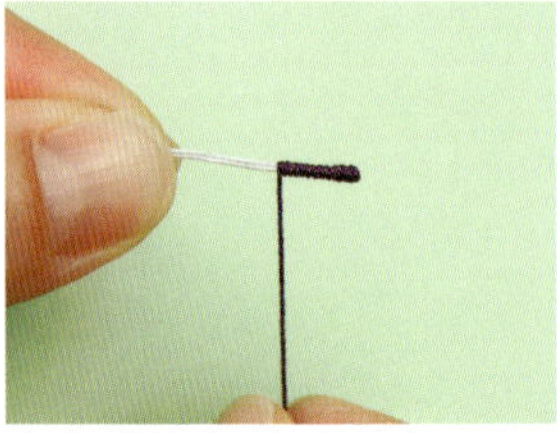

3　ワイヤー2本を一緒に、端から順に穴糸を巻いてDのパーツを作ります。すき間があかないようにつめて巻きます。

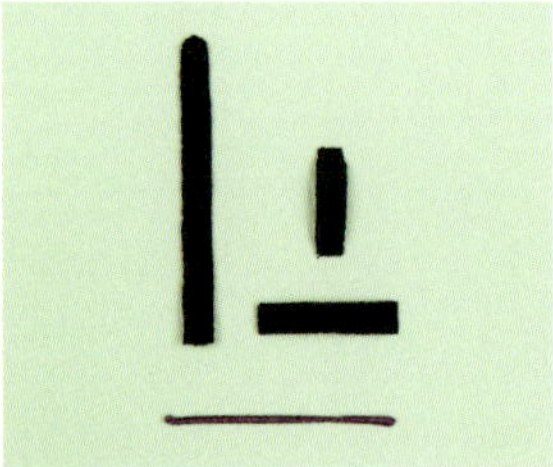

4　各パーツができました。これから頭に付けて組み立てます。

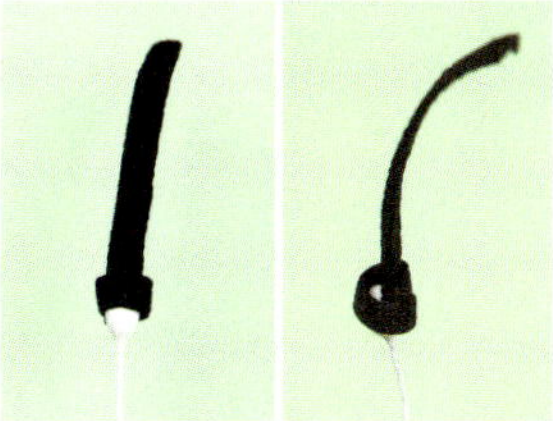

5　頭の後ろにAをボンドではり付け、少しカーブを付けます。上からBを巻き、後ろで交差してボンドで止めます。

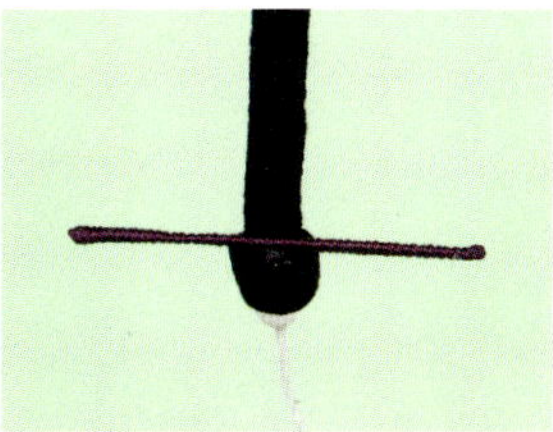

6　Bの上にDをのせ、Aに沿わせてボンドで止めます。

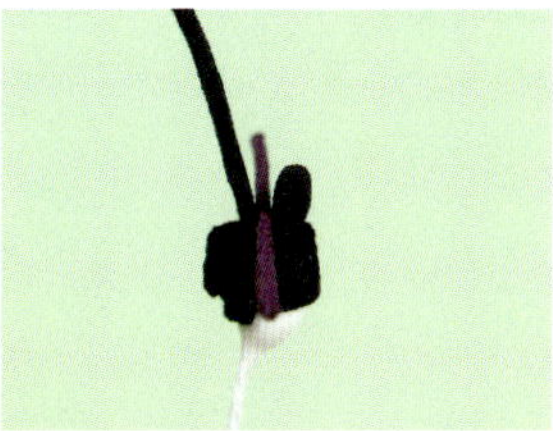

7　Cのパーツを二つ折りします。Dの前のすき間に入れ込み、ボンドで止めます。これで完成です。笏の作り方は女びなの扇と同じです。

桜と橘の作り方

スチロールボールに布をはり、つまみ細工の花と葉で埋めつくします。

《材料》

土台用布、裏用布、花用布、葉用布、実用布、花芯用布、房飾り用布各種　桜直径2.5cm、橘直径2cmスチロールボール各1個　橘実直径1cmスチロールボール12個　1mm組ひも80cm　房用穴糸、厚紙、薄手キルト綿、絹糸素玉ペップ、28番ワイヤー、両面接着シート、和紙各適宜

構成図は123ページ

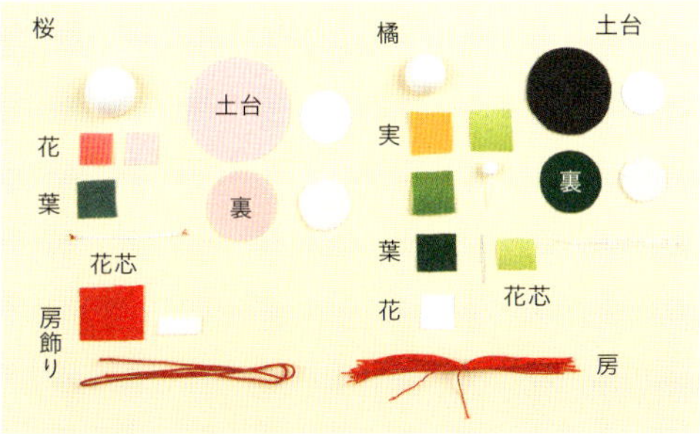

1　裏用布と房飾り用布には両面接着シートをはります。桜花芯用のペップは、先を赤くぬります。スチロールボールを、桜は半分から+0.5cm、橘は半分から+0.3cmの位置でカットし、片面を平らにしておきます。花と葉の布は、ピンクと緑をそれぞれ3、4色混ぜて使います。

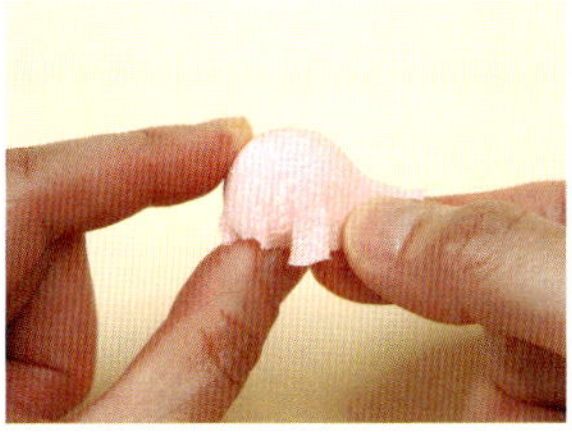

2　まず桜を作ります。スチロールボールにボンドを付け、土台布を引っぱりながらくるみます。

3　花芯を作ります。ペップ5〜7本をボンドを付けてまとめておき、端から1.4cmの位置でカットします。

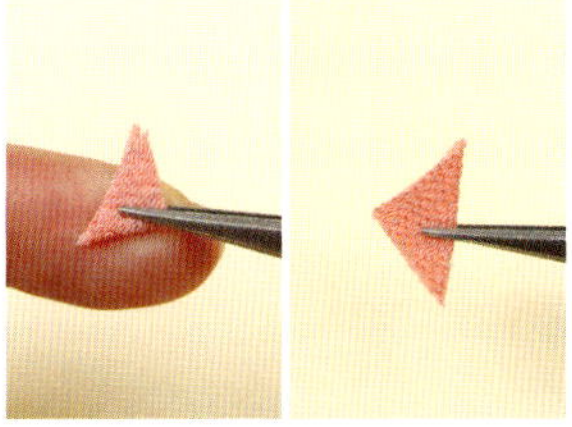

4　花を丸つまみで作ります。1.5cm角の布を三角形に折り、さらに三角形に折ります。

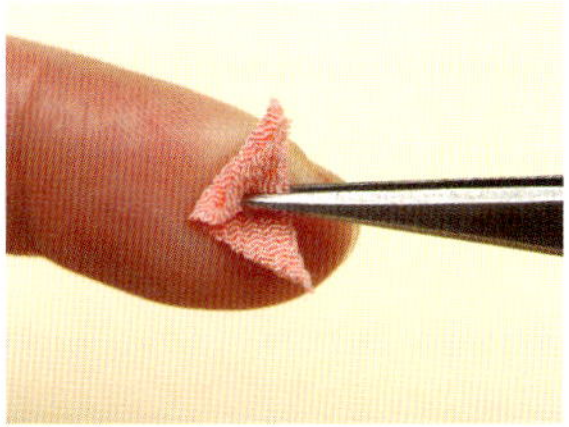

5　上が輪、下が2つに分かれている状態に持ち直し、下の2つの端をそれぞれ上に折り上げます。

6　端にボンドを付けて止めます。

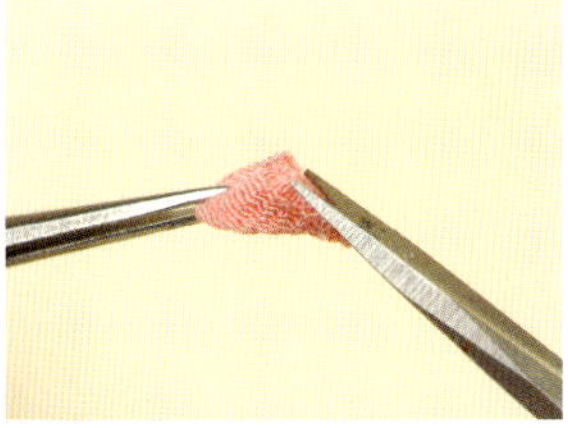

7　下を斜めにカットして、高さを少し低くします。これを必要枚数作ります。

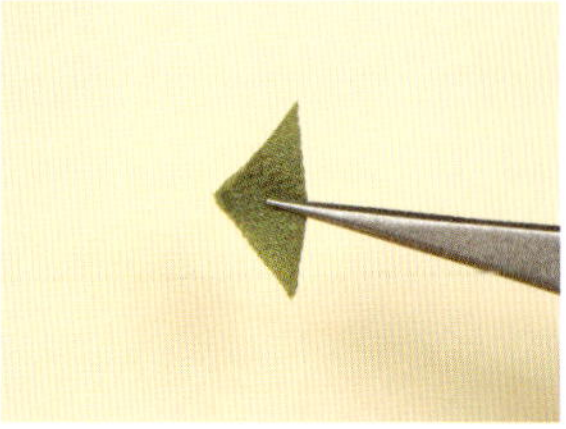

8　葉を剣つまみで作ります。1.8cm角の布を三角形に折ります。丸つまみと同じです。

9　さらに三角に折り、角にボンドを付けて止めます。もう一度三角に折り、ボンドを付けて止めます。これを必要枚数作ります。

10　布でくるんだスチロールボールの中心に、目打ちで穴をあけて花芯のペップをさし込みます。ペップが上に0.7cmほど出ています。

11　花の底にボンドを付け、花芯に合わせて並べて付けます。

12　花芯を中心にして、5枚の花を囲むようにボンドで付けます。

13　同様に、中心の花から少しはなれた位置に目打ちで穴をあけ、花芯をさし込んで花を付けます。

14　これをくり返して花が全部付け終わったら、間に葉を入れます。花と葉を付ける位置はバランスを見ながら好みの位置に。端の花は2、3枚だけでもかまいません。

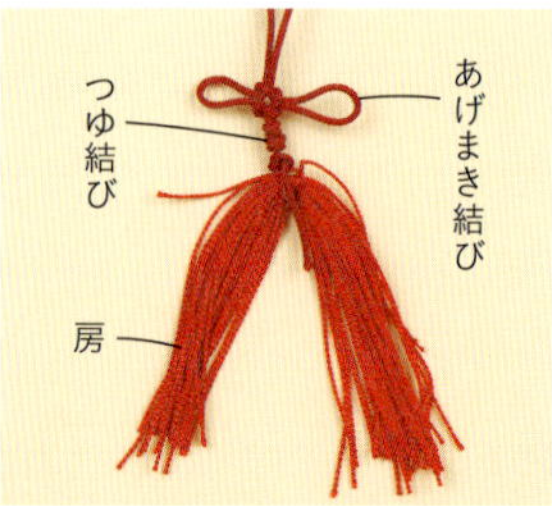

15　ひも飾りを作ります。上から輪を2cm、つゆ結び（60ページ参照）を3回、桜と橘を付ける位置3.5cmをあけ、あげまき結び（61ページ参照）、つゆ結びを3回します。その下に10cmの穴糸30本をまとめて結んだ房を重ねてボンドで止めます。

16　ひも飾りのひもをはさんで房を二つ折りし、穴糸で巻いて止めます。

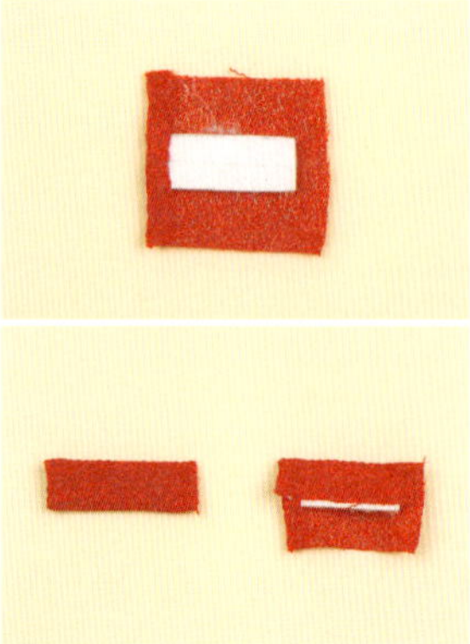

17　房飾りに薄手キルト綿と和紙を重ね、左、上、下の順に縫い代を折ってアイロンで接着します。右は折らずに伸ばしたままです。

18　房飾りを房に巻き、右の縫い代を下にして後ろで端を重ね、ボンドではり付けます。

19　裏用布に薄手キルト綿と厚紙をボンドではったものを重ねます。縫い代を折ってくるみ、アイロンで接着します。

20　14の裏の中心にひも飾りを重ね、19の裏にボンドを付けてはさみます。これで完成です。

21　橘を作ります。実と花以外は桜と同じ作り方です。花芯を作ります。布を外表に半分に折り、4cmを二つ折りして2cmにしたワイヤーを重ねて端から巻きます。

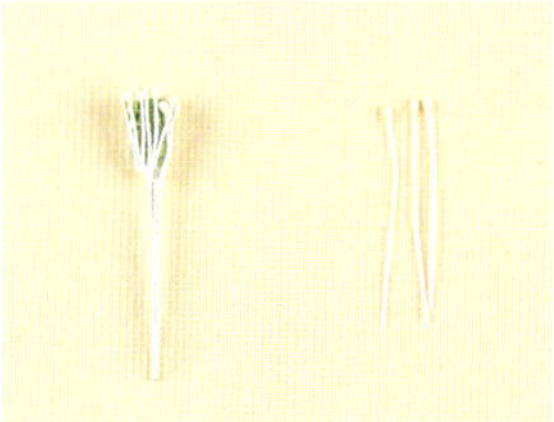

22　周囲にペップを付けます。10本を長さ0.5cmにカットし、布を囲むようにボンドで付けます。

23　直径1cmのスチロールボールに長さ2.2cmのワイヤーをさし込み、実の布にボンドを付けてくるみます。下の布の余分をカットします。

24　土台布でくるんだスチロールボールに花を付けたい位置を2か所決めてまち針を刺し、実を好きな位置にさし込みます。

25　葉を剣つまみで作り、実の間を埋めるようにランダムな向きでボンドではり付けます。どんどん埋めれるだけ付けます。

26　まち針を抜き、同じ位置に花芯をさし込みます。

27　花を剣つまみで作り、花芯を囲むように4枚ずつボンドで付けます。葉の上になってもかまいません。

28　もうひとつの花も付けたら完成です。裏用布、ひも飾りは桜と同様です。

裏から見たところ。桜のほうが大きなスチロールボールを使っていますが、橘のほうが花や実にボリュームがあるので、同じサイズに出来上がります。

菖蒲と矢は参考作品です。

端午の節句

端午の節句は五節句のひとつです。端午とは、端＝はじめ、午＝午の日で最初の午の日という意味です。現在では5月5日のこどもの日と言ったほうがなじみ深いかもしれません。

もともとは5月の田植えの季節に、身を清めて厄を払い、豊作を祈る風習があったことから、田植えをする女の子の節句でした。その後、端午の節句に菖蒲で邪気を払うという中国からの習慣が伝わります。武士の世の中になると、菖蒲が「尚武」「勝負」と通ずることから男の子の行事の意味合いが強くなり、女の子の厄除けと成長を願う「ひなまつり」に対して、男の子の成長と健康、立身出世を願う行事として

花菖蒲

4×6.5cm
作り方…104ページ

菖蒲湯や菖蒲酒、邪気を払うために軒先につるして使われる菖蒲は、花の美しい花菖蒲とは別物です。菖蒲の花は小さな穂状で地味な印象ですが、強い香りがあり、その香りが邪気を払うとされました。飾り物には、花菖蒲をどうぞ。花芯を兜の鍬形に見立ててデザインしています。

柏餅とちまき

柏餅3×4.2cm　ちまき11.5×3.5cm
作り方…102ページ

どちらも端午の節句の代表的なお菓子です。ちまきは中国から伝わり、都のあった近畿で広まったことから関西ではちまきが主。一方、柏餅は江戸時代に日本で作られました。柏の葉は次の葉が出るまで落ちないので「家系が絶えない」という縁起をかつぎ、武家で広まったことから関東が主。どちらも布で作るときは、草色の布使いともちっとした弾力感でおいしく見えるように。

定着しました。こいのぼりのイメージが強い端午の節句ですが、こいのぼりが登場するのは江戸時代後期。もとは菖蒲で災厄を払うという行事でした。

鯛車

5.5×6㎝

作り方…106ページ

　鯛車は玩具のひとつで、張り子や木で作った鯛に車を付けて引いて遊ぶもの。鯛は「めでたい」につながることや、赤い色には厄除けの意味があることから縁起物として親しまれてきました。子供の玩具として、健やかな成長を願う気持ちが込められたものです。鯛のちょっととぼけたような表情や形が愛らしい。

陣太鼓

3.5×4.5㎝

作り方…108ページ

　端午の節句の飾り、五月人形の道具のひとつに陣太鼓があります。味方に合図を送る道具として戦に欠かせないものでした。本来は五月人形と一緒に飾るものですが、陣太鼓だけ取り出して作っても絵になります。

七夕

玉飾りと星●星に願いを。

短冊●歌や字の上達。

なすやすいか●豊作祈願。

着物●裁縫の上達。

輪飾り●夢や願いがつながる。

蚊取り線香はユニークなぶた形。好きな花柄を切り抜いてはり付けます。

うちわは穴糸で縁取りをしてしっかりと。

天の川をはさんで引き離された彦星と織り姫が、年に一度、7月7日に会えるというロマンチックなお話は中国が発祥です。織り姫は機織りが上手だったことから、裁縫の上達を祈る行事でした。また日本にも、神様の衣服を織って供える祓えの行事があったことから、2つの行事が結び付いて七夕が始まったと言われています。また、願い事を笹につるすのは日本独自の文化です。夏らしく風流に、蚊取り線香とうちわを七夕飾りと一緒にどうぞ。

七夕飾り 18×13.5cm 作り方…109ページ
蚊取り線香 7×5cm 作り方…112ページ
うちわ 8×3cm 作り方…112ページ

重陽の節句

重陽の節句も五節句のひとつです。中国では奇数は陽数（縁起がよい）と考えられ、奇数の中で最大の9が重なる旧暦の9月9日を、特別におめでたい日として祝ったのが重陽の節句です。旧暦の9月は今の10月にあたり、菊のきれいな時期だったことから、不老長寿の薬とされていた菊を鑑賞しながら菊酒を飲み、不老長寿や繁栄を願って行われました。新暦となり、9月9日が菊の旬と合わなくなったことからすたれてきてしまいましたが、今でも宮中などでは菊を鑑賞する行事が行われています。菊は飾り物としても美しく定番の形です。種類も多いのでいろいろな菊を作る楽しみがあります。

烏相撲

10×9cm
作り方…114ページ

京都の上賀茂神社で9日に行われる神事と子供の奉納相撲。上賀茂神社の祭神の外祖父が、神武天皇の遠征の際に八咫烏となって先導したという故事に由来します。土俵に砂を三角錐に盛り上げた立砂に、八咫烏の行司がユーモラスです。

ポンポン菊

2×3cm〜2.5×4cm
作り方…53、124ページ

ポンポン菊とは、花びらが短く密集した半球の形をした菊です。小さな菊なので花びらを一枚ずつ作らずに、絞りの帯揚げで表現しました。小さくころんとしたかわいらしさを出してください。

糸菊

黄7×6cm　赤紫7×10cm
作り方…52、125ページ

細く長い花びらが特徴の糸菊。密に重なった内側と、一枚ずつがカーブしてひらいた外側の繊細な美しさがあります。花びらの中にモールを通すので、カーブの形は簡単に付けられます。

菊酒。黄色の花びらを浮かべました。このような小道具も一緒に飾ると楽しさが増します。
参考作品。

三色菊

5.5×6.5cm
作り方…50、126ページ

定番の小菊の形で、花芯の周囲に平らな花びらが並びます。花は輪につないだ花びらの上に、さらに一枚ずつバランスを見ながら重ねます。葉は、菊柄の布を生かしてもかまいません。

三色菊の作り方

葉と口べり、ひも先のつぼみの作り方は、糸菊と共通です。花と花芯の色の組み合わせを楽しんでください。

《材料》

花びらA・B用布（つぼみ分含む）、葉用布（口べり、つぼみ口べり分含む）、花芯用布各種　0.8mm組ひも50cm　28番ワイヤー10cm
厚紙、接着芯、キルト綿、手芸綿各適宜

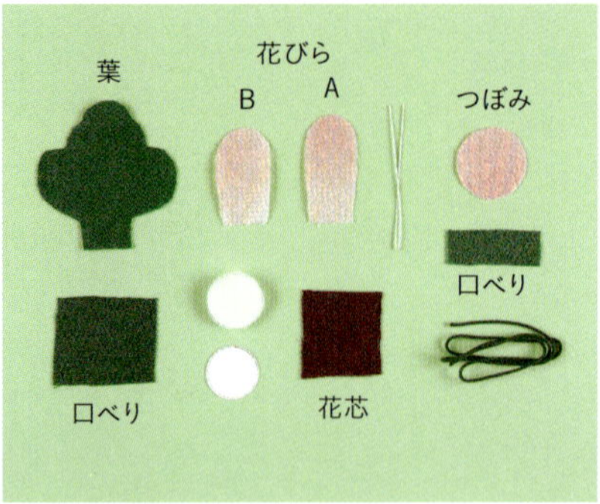

実物大型紙と構成図は126ページ

1　花びら、花芯、葉に接着芯をはり、縫い代を付けてカットします。縫い代は0.5cm付けて、縫ってから0.3cmに裁ちそろえます。ほかに花びらを表に返すとき用の直径0.3cmのストローがあると便利です。

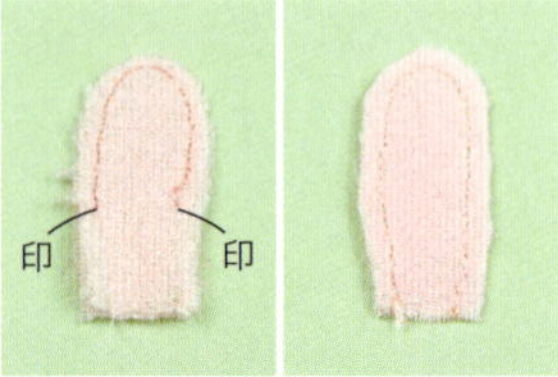

2　花びらAとBをそれぞれ中表に合わせて縫います。Bは下になる花びらになるので、印までで縫い止めます。

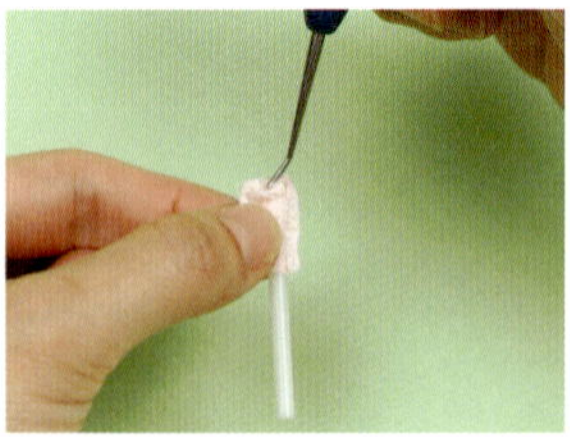

3　花びらAを表に返します。ストローを入れ、ストローの穴に目打ちなどで花びらの布を入れ込んで表に返すと簡単です。

4　花びらBを輪に縫い合わせます。印から下をひらいてほかの1枚と中表に合わせ、印から下まで縫います。表と裏の両方とも縫います。

5　表に返すとこのようになります。上は表と裏の花びらが縫い合わさって1枚ずつが分かれていますが、印から下は隣の花びら同士が縫い合わさっています。

6　花びらB同士を縫い合わせて輪にしたら、下の縫い代を一周ぐし縫いして押さえ、形を整えます。

7　花びらAを右、左、中央の順に3枚重ねてセットにします。6の上に重ね、下を縫い止めます。

8　花びらAの3枚1セットを3セット縫い付け、最後の1枚はあいている場所に縫い付けます。

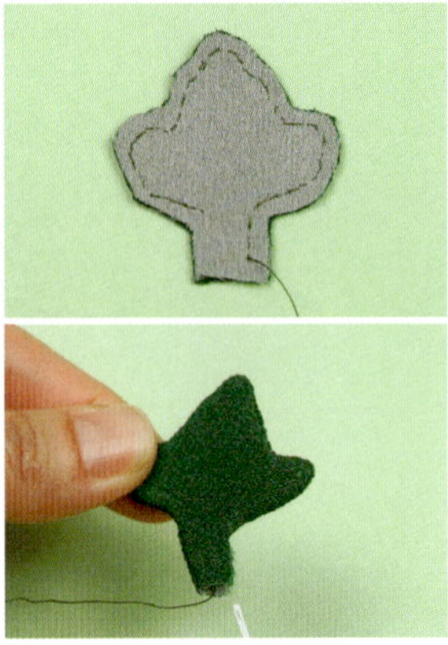

9　葉2枚を中表に合わせ、返し口を残して周囲を縫います。表に返し、長さ3.2cmに二つ折りしたワイヤーにボンドを付けて葉の中心にさし込み、はり付けます。

10　返し口をまつってとじ、葉脈を自由にステッチします。

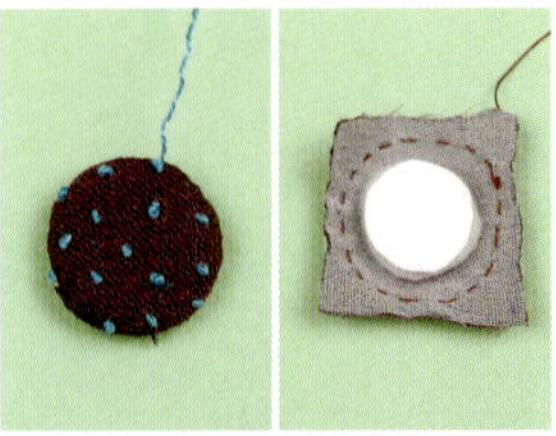

11　花芯の周囲を円にぐし縫いし、キルト綿と厚紙を重ねてぐし縫いを引き絞ります。表に絹糸で糸2回巻きの玉止めをします。

12　花芯を花に付けます。花の中心に花芯を重ね、花びらを縫い止めた糸を隠しながらまつります。

13　口べりを作ります。両端の縫い代を折り、布と同じ色の糸でぐし縫いします。横に二つ折りし、縫い代をぐし縫いします。

14　花の裏の好みの位置に葉を重ね、口べり2枚を向かい合わせに重ねます。花びらに合わせて丸くカーブを付けて縫い代を花びらに縫い止めます。

15　口べりの左右から、長さ25cmの組ひもを通します。

16　組ひもを引き絞って口べりを起こし、ちょう結びをします。これで中心の縫い代が隠れました。

17　つぼみ口べりを作ります。中表に合わせて端を縫います。

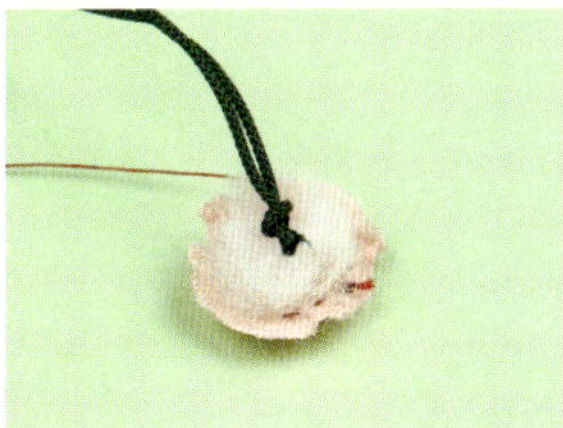

18　つぼみを作ります。つぼみの周囲をぐし縫いし、綿とひと結びした組ひもの端を入れてぐし縫いを引き絞ります。

19　つぼみ口べりの片方の辺をぐるりとぐし縫いし、つぼみの組ひもに通してぐし縫いを引き絞ります。

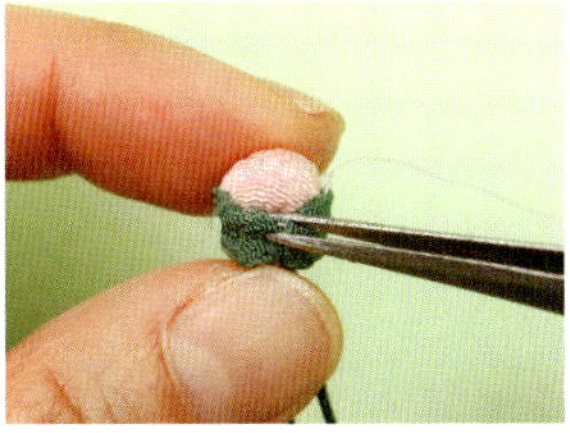

20　つぼみ口べりを表に返し、縫い代をピンセットで折り込みながらつぼみにまつります。

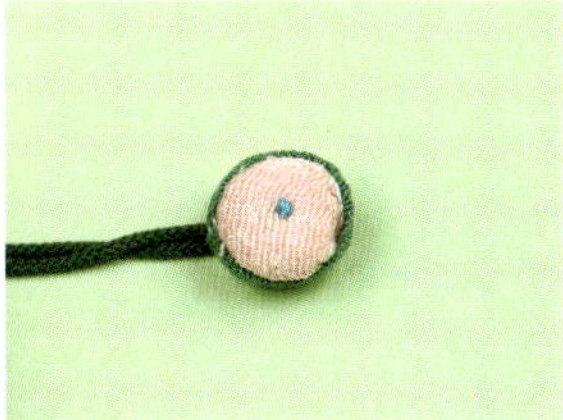

21　つぼみの中心に、花芯と同じ絹糸で3回巻きの玉止めをします。つぼみを上下からはさんで少し平らにつぶします。

22　もう片方のひもの先にも同様につぼみを付ければ完成です。

糸菊の作り方

48枚の花びらを花芯に付けて、繊細な花を作ります。ほかは三色菊と同じです。赤紫の糸菊は花芯の作り方が違うので、53ページに花芯の作り方のみを解説します。

《材料》

花びらA〜C用布（花芯、つぼみ分含む）、葉用布（口べり、つぼみ口べり分含む）各種　28番ワイヤー10cm　0.8mm組ひも60cm　モール、手芸綿、接着芯各適宜

実物大型紙と構成図は125ページ

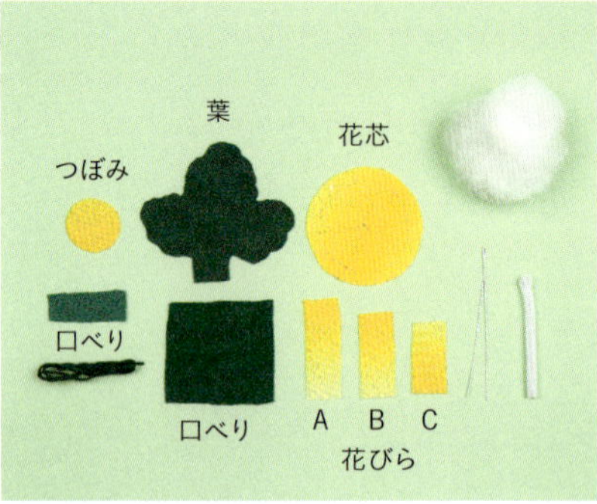

1　花びら、花芯、葉に接着芯をはり、縫い代を付けてカットします。縫い代は0.5cm付けて、縫ってから0.3cmに裁ちそろえます。三色菊同様に、花びらを表に返す用のストローがあると便利です。

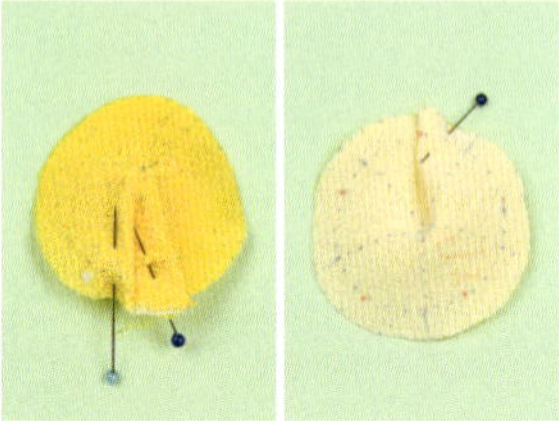

2　花芯を作ります。6か所にタックをとり、まち針で留めます。

3　周囲をぐし縫いし、タックを押さえます。周囲が約7cmになるように引き絞り、表に返します。立体の形になりました。

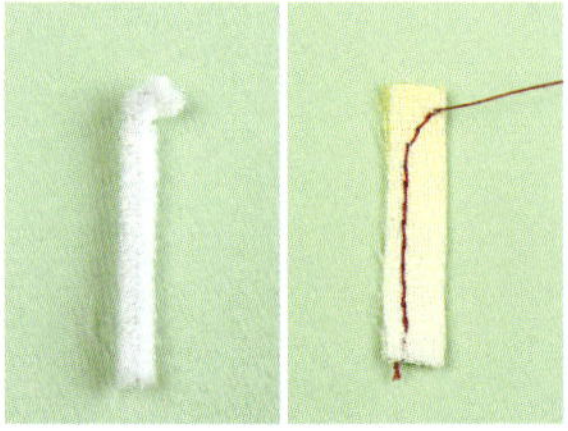

4　花びらA〜Cを作ります。中表に細長く合わせて縫います。上部はカーブに縫います。モールを花びらの長さに合わせてカットし、上部を曲げます。

5　花びらを表に返し、モールの曲げた側を上にしてさし込みます。縫い目を中心にします。

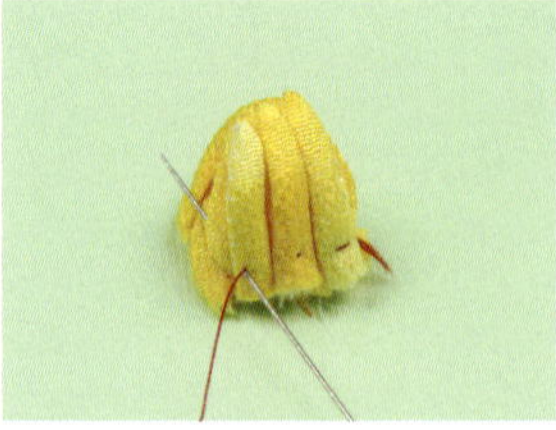

6　花芯の周囲に花びらCを10枚縫い付けます。花芯の上中心で花びらCが突き合わさるようにぐるりときれいに並べます。

7　花芯の中に綿をつめます。花びらを花芯に沿わせてカーブに曲げ、かるく縫い止めます。これが花びらの1段目です。

8　2段目の花びらを重ねます。花びらCの残り10枚を、1段目の花びらの先から0.5cm下げて花びらと花びらの間に重ねて縫い付けます。

9　次に花びらBを同様に0.5cm下げて周囲に縫い止めます。これが3段目です。14本すべて付けなくてもかまいません。

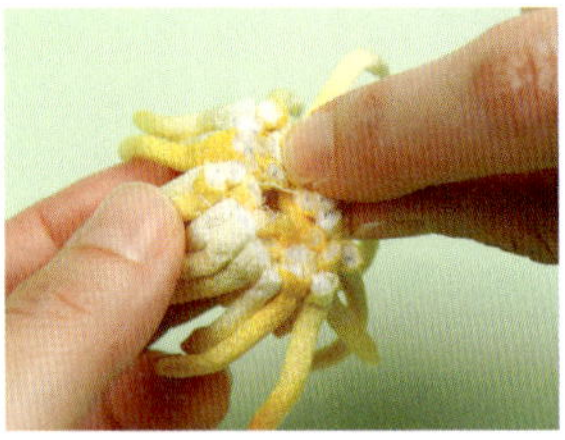

10　4段目は花びらAを花芯の底に合わせて縫い付けます。縫い代を内側に折り曲げるようにして、底中心のすき間をふさぎます。

11　葉を三色菊同様に作ります。ワイヤーは二つ折りして長さ4cmにしたものをボンドを付けて入れます。つぼみ、口べりの作り方とまとめ方も三色菊と同様です。

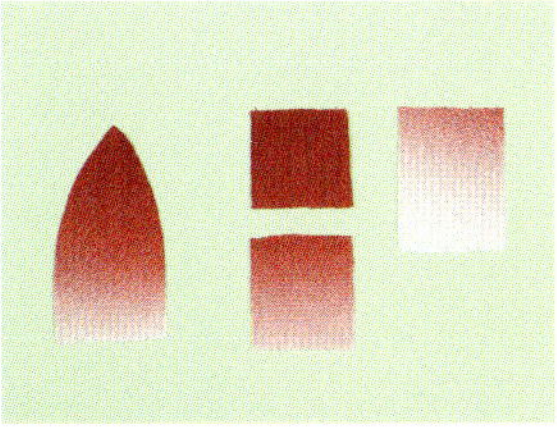

1　赤紫の糸菊は、黄色の糸菊と花芯の作り方が違います。花びらは幅が少し太くなりますが、作り方は同じです。実物大型紙と構成図は125ページ。

2　花芯8枚を中表に合わせて縫い、立体にします。

3　表に返します。これで花芯ができました。

4　花びらA～Cを黄色の糸菊同様に作ります。縫い目を中心に折り直します。花びらAにのみモールを通します。あとは黄色の糸菊と同じです。

ポンポン菊の作り方

いちばん簡単な菊の作り方です。絞りの帯揚げのくしゅくしゅ感を生かしてかわいらしく作ってください。

《材料》

花用布、花芯用布、葉用布、底用布各種　厚紙、接着芯、両面接着シート、手芸綿各適宜

実物大型紙と構成図は
124ページ

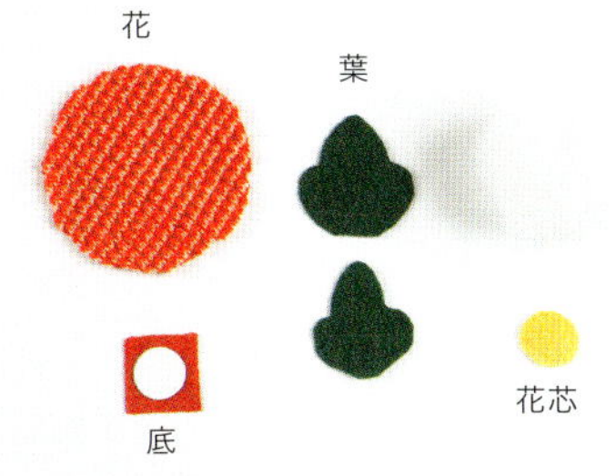

1　花、葉に接着芯をはり、縫い代を付けてカットします。縫い代は0.5cm付けて、縫ってから0.3cmに裁ちそろえます。底には両面接着シートをはります。

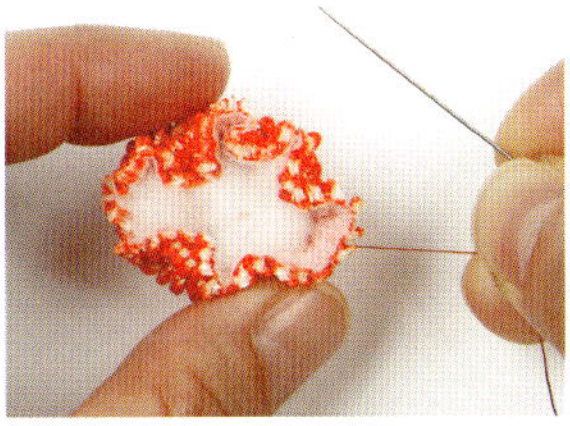

2　花の周囲をぐし縫いし、中に綿を入れてぐし縫いを引き絞ります。花芯も同様に作ります。

3　花の中心に花芯を重ねてまつり、糸を切らずにそのまま上から針を入れて下に出して花に糸を通し、少し引いて花芯をへこませます。

4　葉2枚を中表に合わせ、返し口を残して周囲を縫います。表に返して返し口をまつってとじます。

5　底を作ります。厚紙を底の布でくるんでアイロンで接着します。

6　花の下に葉を縫い付けます。

7　底にボンドを付け、縫い目を隠すように花の下に付けます。これで完成です。

ろうそくと飾り台は参考作品です。

クリスマス

クリスマスは、キリストの降誕を祝う行事ですが、もともと古代ローマでは昼が長くなる冬至を祝う行事「冬至（太陽）の祭り」でした。キリストの誕生日ははっきりとしていないため、もともとの祭りにキリストの降誕を結び付けたのが今のクリスマスの起源と言われています。ちなみにサンタクロースはニコラオスという司教がモデルのキリスト教の違う話と合わさり、クリスマスとサンタクロースがセットになっていったと言われています。

大きなツリーは難しくても、ほっこりかわいい小さなサンタクロースとリースでクリスマス気分を盛り上げてみませんか。

サンタクロース

7×7cm
作り方…57、127ページ

赤い服に白い縁取りの服を着た白いひげの老紳士。手には大きなプレゼントが入った袋。特徴を押さえながら、優しそうに見える顔をイメージして作ってください。

リース

右10×4cm　中11×3cm　左9×4cm
作り方…117ページ

右のリースは飾り結びのけさ結び（62ページ参照）が土台。クリスマスカラーの、緑、赤、白、金（黄色）で、星や柊など好みの飾りを付けて作ります。

サンタクロースの作り方

底に厚紙を入れて、しっかりと立つように作ります。深めに帽子をかぶせることで、胴と頭の縫い目も隠せます。

《材料》

胴用布（底、帽子、ひも飾り1枚分含む）、頭用布（鼻分含む）、ひげ用布（帽子の縁、胴の縁、袋、袋底、帽子のポンポン、服のボタン分含む）、ひも飾り用布、ベルト用布各種　0.8mm組ひも25cm　厚紙、キルト綿、手芸綿、接着芯、ペレット、両面接着シート各適宜

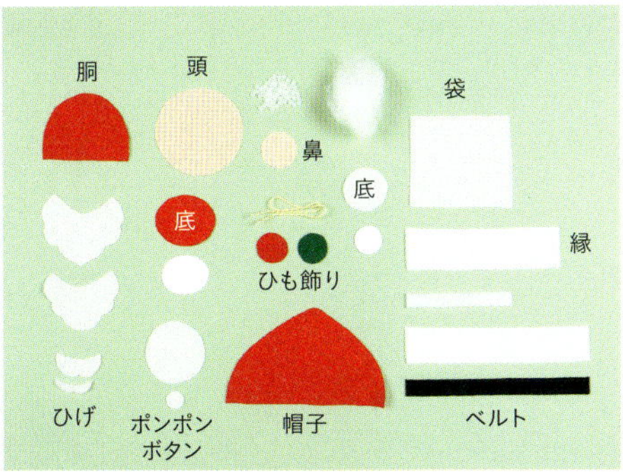

実物大型紙と構成図は127ページ

1　底、胴の縁とベルトには両面接着シート、ほかは接着芯をはります。縫い代は0.3〜0.5cmです。

2　胴を作ります。2枚を中表に合わせ、底を残して周囲を縫います。

3　表に返して内側の周囲に綿を入れ、内側にペレットを入れます。

4　底をぐし縫いし、厚紙を1枚まっすぐに入れます。ぐし縫いを軽く引き絞り、厚紙が抜けないようにします。

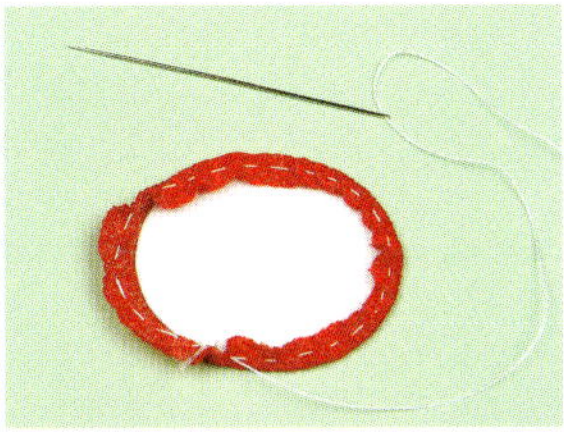

5　底用布の周囲をぐし縫いし、厚紙を入れてぐし縫いを引き絞ります。

6　胴に底を合わせてまつります。これで胴ができました。厚紙が二重になっているので安定します。

7　頭を作ります。周囲をぐし縫いし、綿を入れてぐし縫いを引き絞ります。

8　胴に頭の縫い代を下にして重ね、まつります。

9　ひも飾りを作ります。ひも飾りの周囲をぐし縫いし、綿と組ひもを入れて縫い代を折り込みながらぐし縫いを引き絞り、縫い止めます。ひもの両端に飾りを付けます。

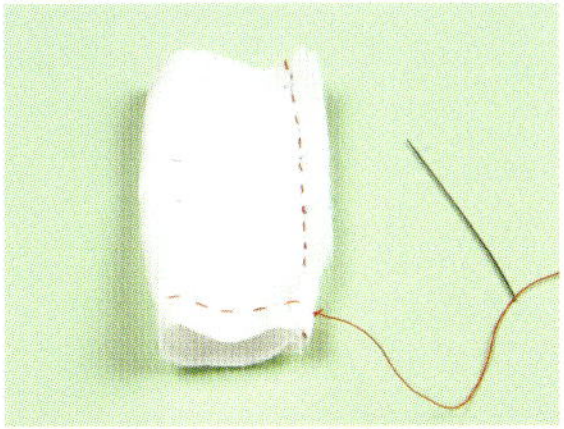

10　袋を作ります。脇を中表に合わせて縫い、底をぐるりとぐし縫いします。

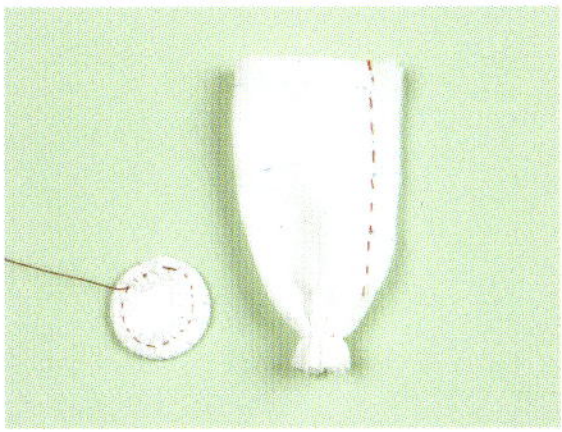

11　底のぐし縫いを引き絞ります。袋底を胴底と同様に作ります。

12　袋を表に返し、ぐし縫い側に袋底を合わせてまつります。

13　袋の口を折り線で内側に折り込み、綿を入れて口を9の組ひもでちょう結びをします。

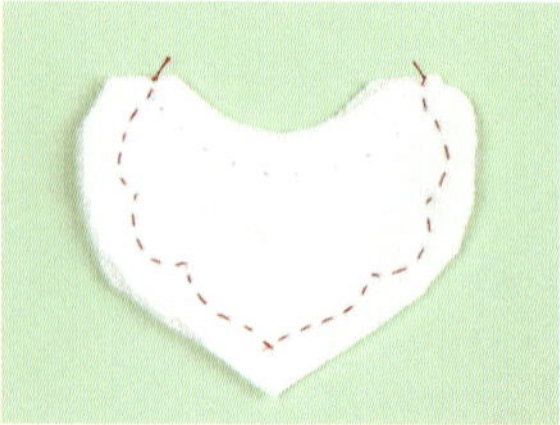

14　ひげを作ります。2枚を中表に合わせて返し口を残して周囲を縫います。カーブやへこみには切り込みを入れます。

15　返し口から表に返し、薄く綿を入れます。返し口の縫い代を折り込んでまつってとじます。小はキルト綿を入れます。

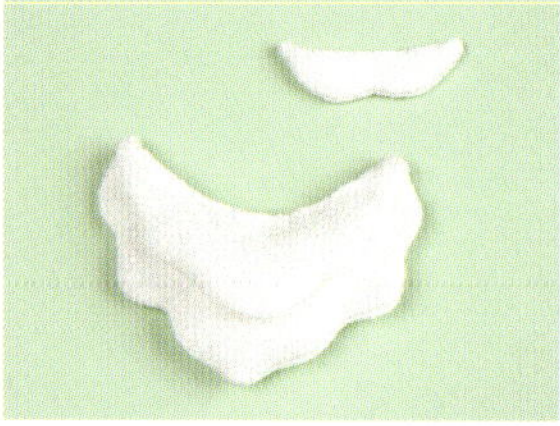

16　ひげ大中小とも作ります。大の上に中を重ね、上側をまつります。

17　頭にひげ大中を合わせ、縫い付けます。

18　鼻を頭と同様に作ります。縫い代はぐし縫いを引き絞りながら内側に折り込みます。

19　頭に鼻を付けます。頭の中心に、ひげに沿わせてまつります。

20　ひげ小を鼻の下に重ねて中心だけを縫い止め、左右を浮かせます。

21　帽子を中表に二つ折りし、カーブを縫います。このカーブの縫い目が後ろ中心になります。

22　帽子の縁を作ります。中心を合わせて8×1.5cmのキルト綿を裏に重ね、上の縫い代0.5cmを折ります。アイロンで接着します。

23　中表に合わせて輪に縫います。縫い目が後ろ中心になります。

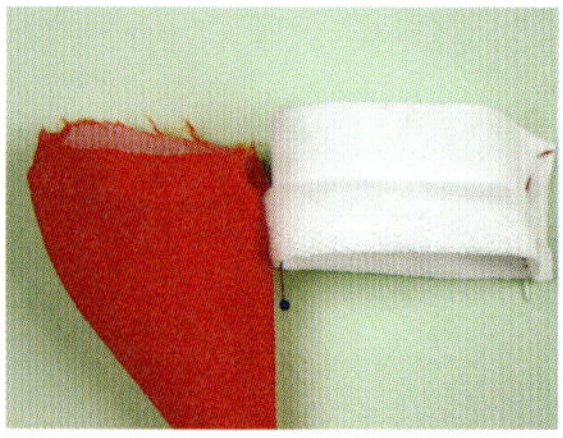

24　帽子の出来上がり線を折って印を付けます。印と帽子の縁のキルト綿の端と、前中心の位置を合わせてまち針で留めます。帽子は表、縁は裏です。

25　帽子の縁を表に返して帽子に重ね、上の輪をまつります。縁のキルト綿の境目（折り線）から帽子の縫い代と一緒に内側に折り込み、内側を表に響かないように縫い止めます。

26　帽子のポンポンを作ります。作り方は頭や鼻と同様です。

27　帽子の先にポンポンを縫い付けます。

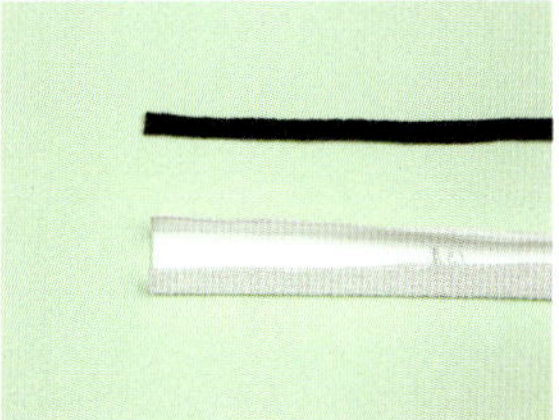

28　胴の縁とベルトを作ります。三つ折りしてアイロンで接着します。

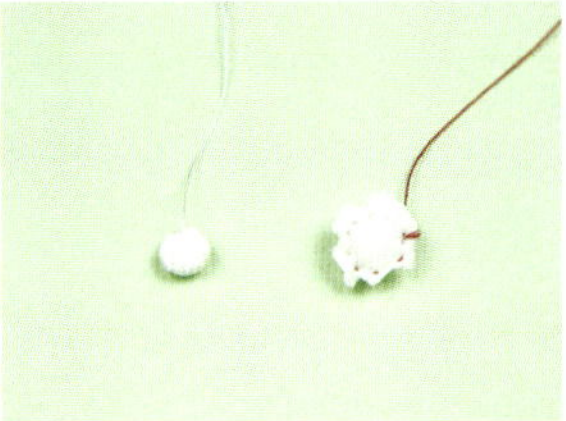

29　ボタンを2つ作ります。作り方は頭や鼻と同じです。

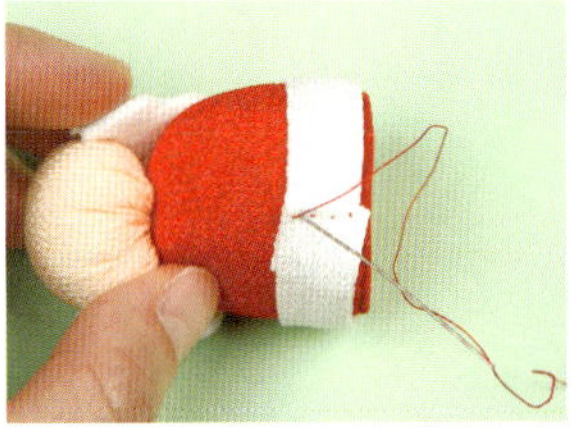

30　胴の下側に胴の縁をぐるりと巻き、袋を付ける側の脇で重ねて星止めで縫い付けます。下側をかるくまつって胴に縫い止めます。

31　ベルトを胴の縁の上側に、ボンドで同様に付けます。前中心にボタンをまつります。

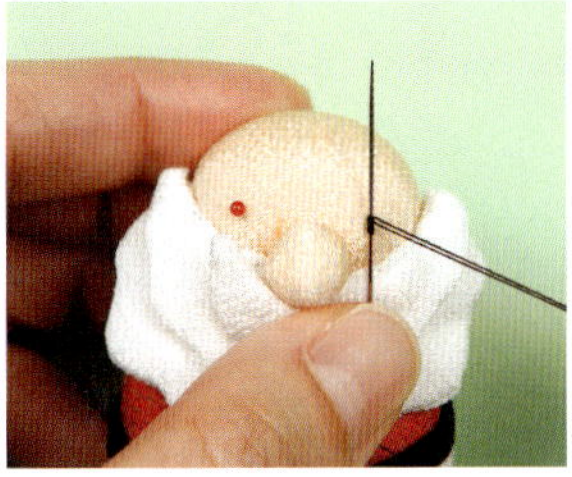

32　目を作ります。目の位置を鼻より少し上にバランスを見ながらまち針を刺して決め、2本取りの糸で2回巻きの玉止めをして目を作ります。頭の後ろから針を入れ、玉止めをしたら再度後ろに針を出して少し引きます。

33　目深に帽子をかぶせます。脇に袋を少し傾けて縫い止めます。

34　帽子の先を折って縫い止めます。ふわりとしわが寄るようにします。鼻に軽くほお紅を付ければ完成です。

飾り結びのしかた

ちりめんの飾りものに飾り結びはつきものです。何種類もの結びがありますが、定番でよく使う結びをいくつか覚えておくだけで十分です。作品の大きさに合わせてひもの太さを変えます。この本では0.8㎜から1.5㎜の太さの組ひもを使っています。

梅結び

①

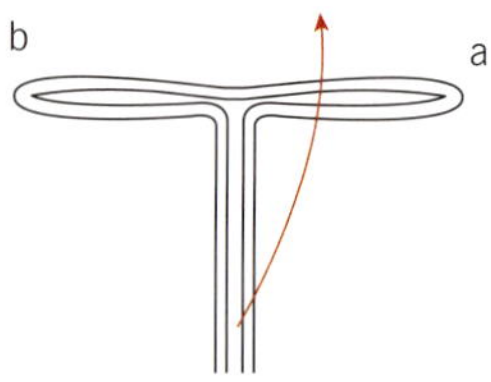

輪を2つ作り、ひもの足を
2本ともaの輪の上にのせます

②

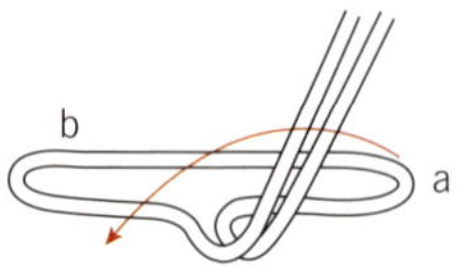

aの輪をひもの足の上に重ね
左斜め下におろします

③

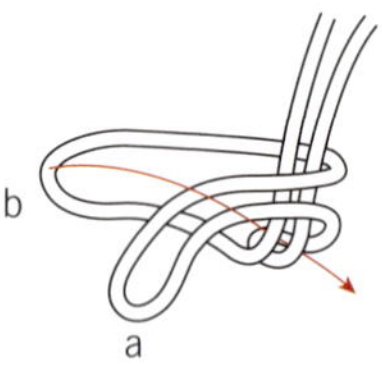

bの輪を矢印の方向に通します

④

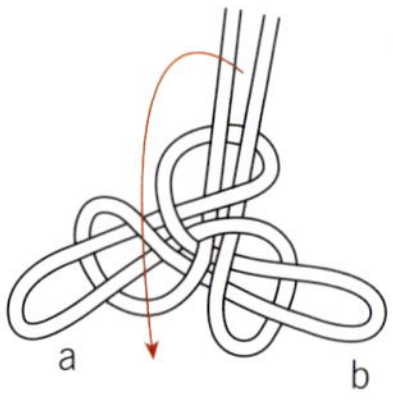

ひもの足を下におろします

⑤

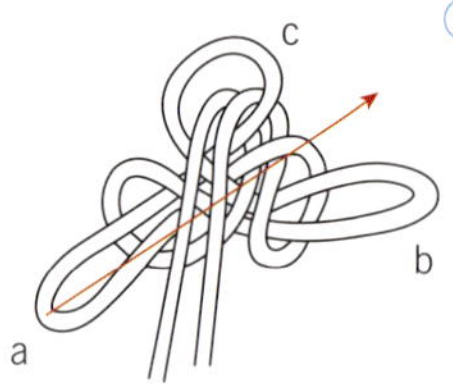

aの輪を右斜め上に
折って重ねます

⑥

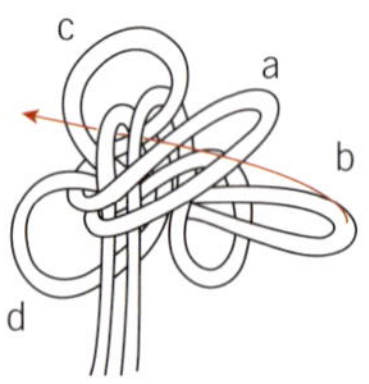

bの輪をaの輪の上に重ね
矢印の方向に引き出します

⑦

a、bの輪とひもの足を
矢印の方向に引きしめたら
c、d、eの輪も引きしめます

⑧

形を整えます

つゆ結び

①

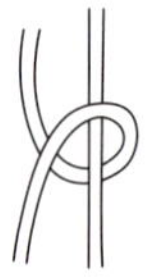

左のひもで
輪を作ります

②

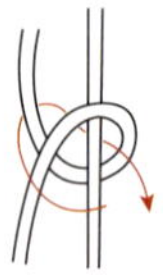

矢印通りに通します

③

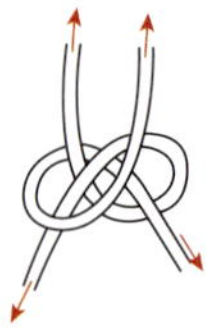

上下に引きしめます

④

完成です

封じ結び

①

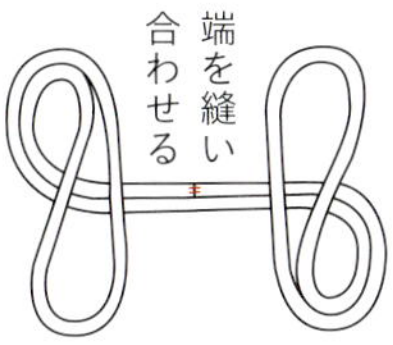

2 本をそろえて輪の部分を
上下に曲げる

②

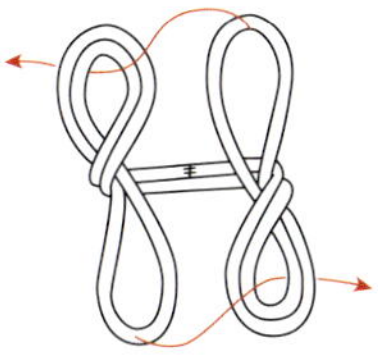

内側にひねって輪の部分を
反対側の 2 重の輪に通します

③

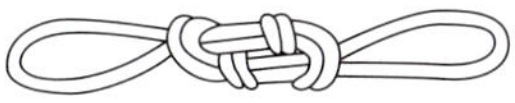

輪を引っぱって結び目を
中心に寄せます

④

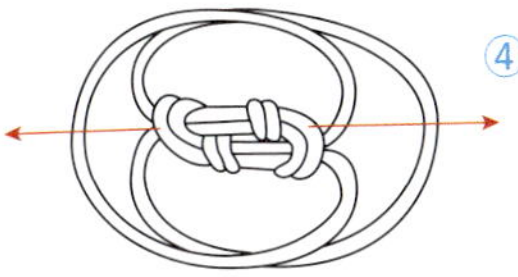

輪を広げて結び目にかぶせ
矢印の部分の 2 本を引っぱって
結び目を小さくします

⑤

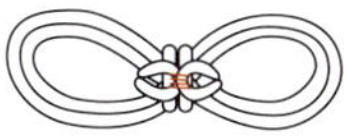

後ろで小さくなった輪の部分を
重ねて縫い止めます
ここで縫い止めないと
ほどけてしまいます

⑥

完成です

あげまき結び

①

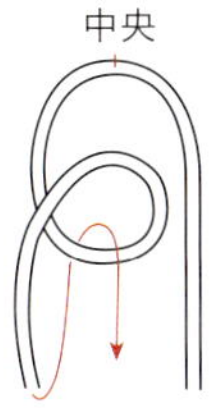

中央より 5cm ほど下で
輪を作り、通します

②

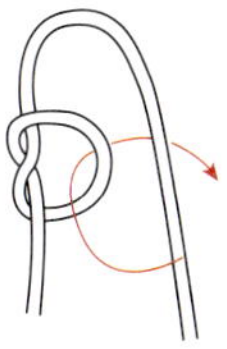

反対側のひもを通します

③

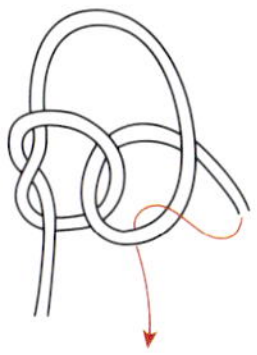

図のように通し、2 つの輪の
大きさをそろえます

④

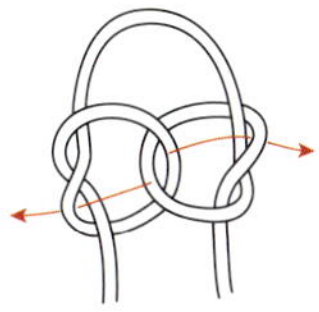

交差した輪を左右に引っぱります

⑤

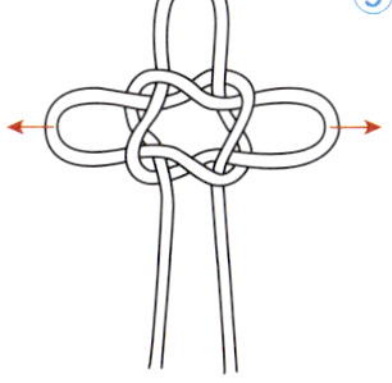

輪を引っぱります

⑥

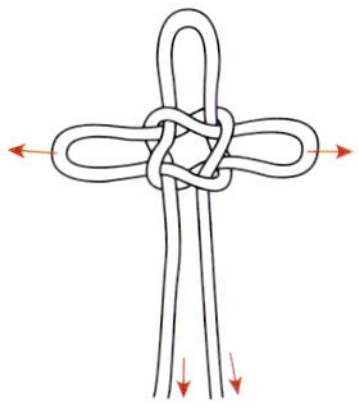

さらに矢印の部分を引いて
形を整えます

⑦

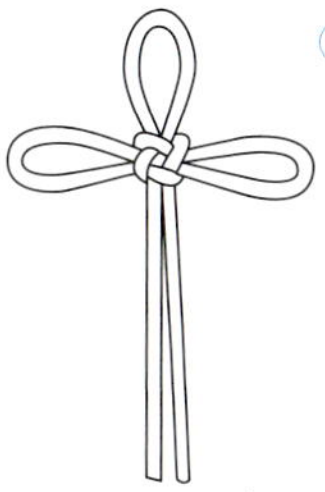

完成です

あわじ結び

①

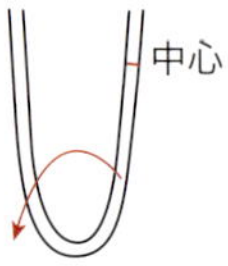

2つ折りにして矢印のように
交差させます

②

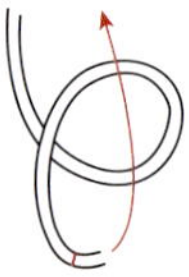

さらに矢印のように重ねます

③

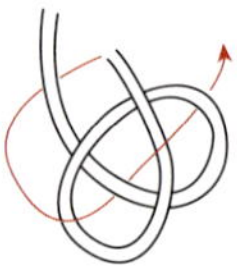

矢印のように通します

④

完成です

まとめ結び

①

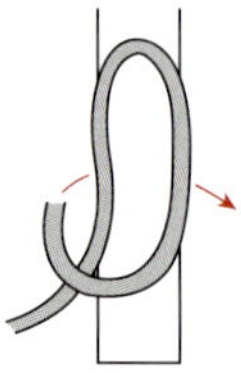

二つ折りしたひもを重ねます

②

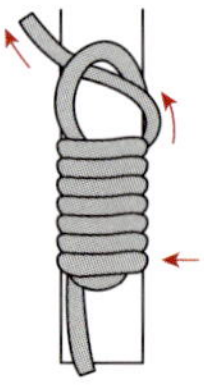

片方のひもを必要な幅だけ巻き付け
①の輪に通し、反対側のひもの端を
引きます

けさ結び

①

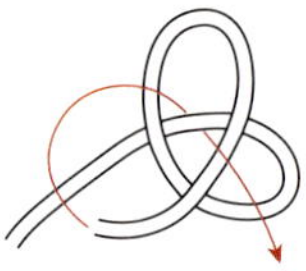

ひもの中央で輪を作り
右のひもを下に重ねます
もう一方のひもの端を通します

②

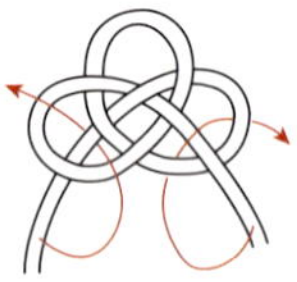

矢印の方向に通して
輪を作ります

③

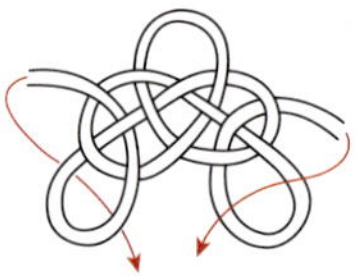

右のひもは輪の上にのせ
左のひもは輪の下におきます

④

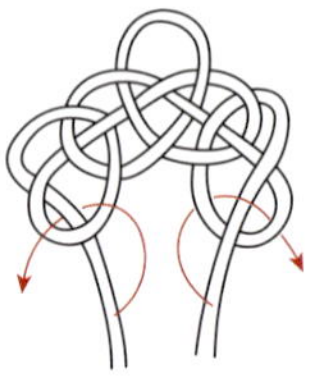

それぞれのひもを通します

⑤

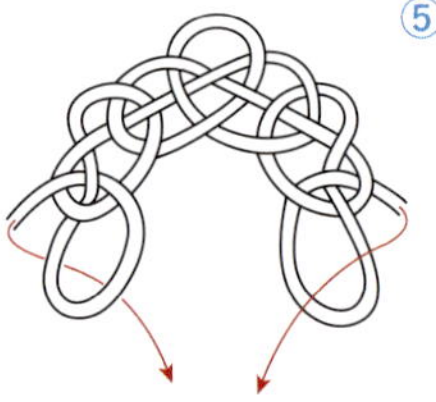

右のひもは輪の上にのせ
左のひもは輪の下におきます

⑥

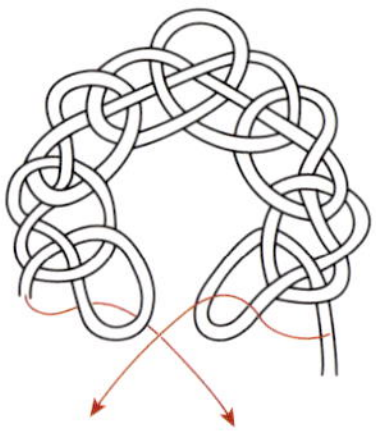

④、⑤をくり返し、ひもを
交差させます

留め方

⑦

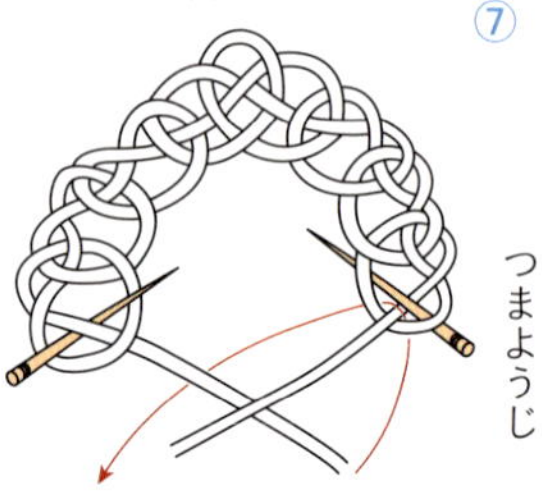

ずれないようにつまようじを入れます
交差した右のひもを矢印の方向に通して
つまようじを抜きます

⑧

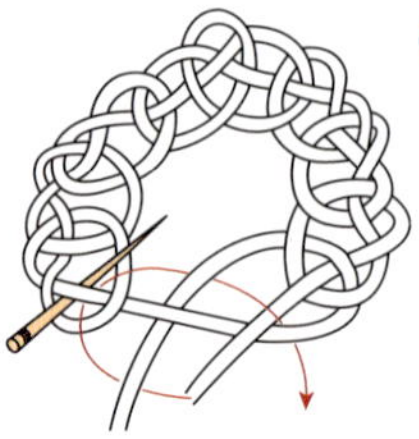

もう一方のひもも矢印の通りに
通します

⑨

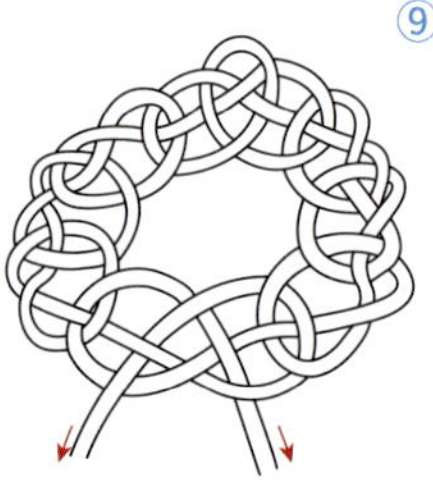

左右のひもを引きしめ
形を整えれば完成です

箱結び　結び部分は叶結び

①

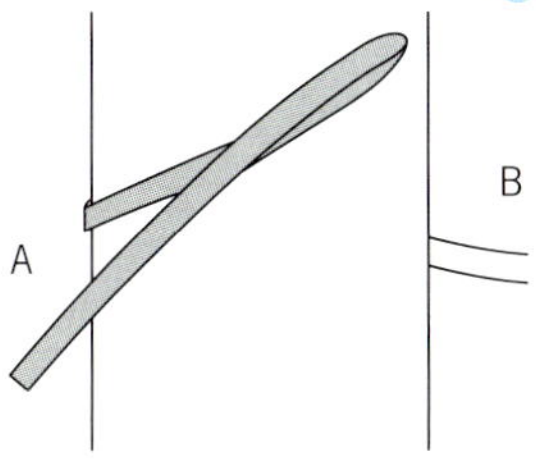

わら束の後ろからひもを渡し、
Aを正面で二つ折りします

②

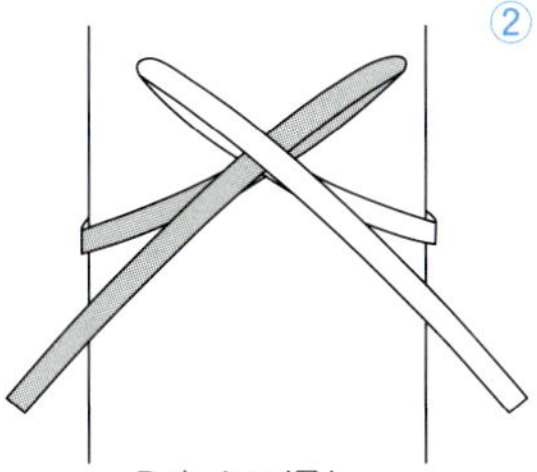

BをAに通し
二つ折りにします

③

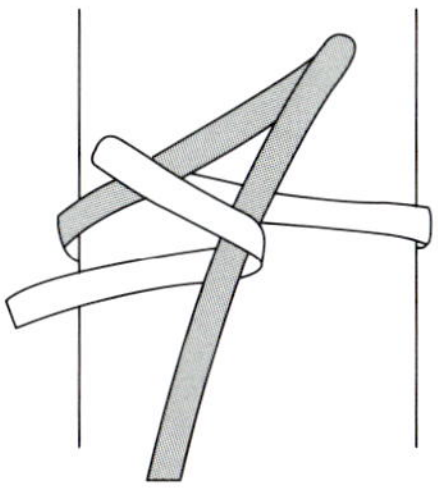

ひもをずらして
BをAの下に回します

④

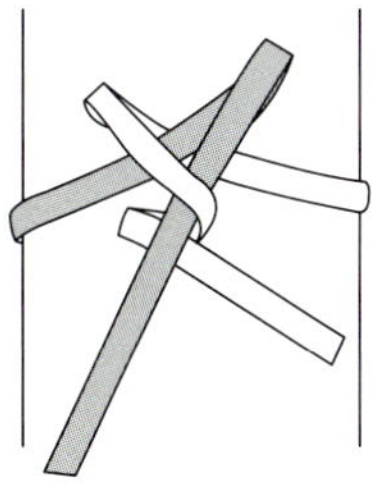

Bを折り返して輪を作ります

⑤

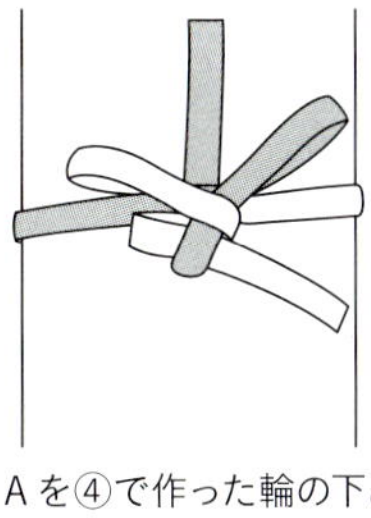

Aを④で作った輪の下と
交差して重なったひもの
下を通します

⑥

Aの先端を②で作ったBの輪の上にかけ
すぐ下の④の小さい輪の中に通します
上の左右の輪を引きしめ、結び目の
ゆるみをひも先に送って形を整えます

几帳結び

①

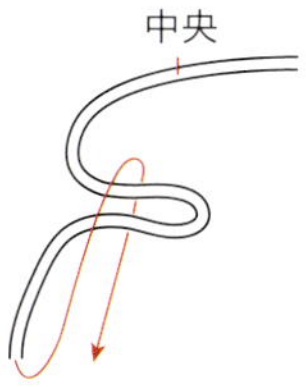

図のようにカーブを作り
下のひもをかけます

②

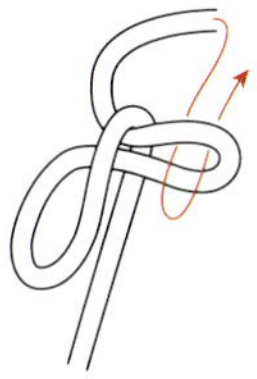

上のひもを通します

③

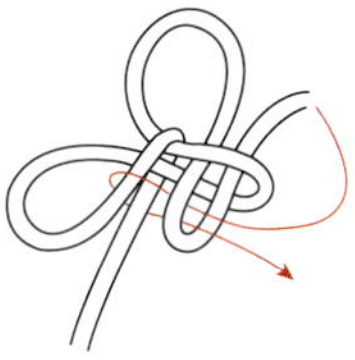

端から図のように通します

④

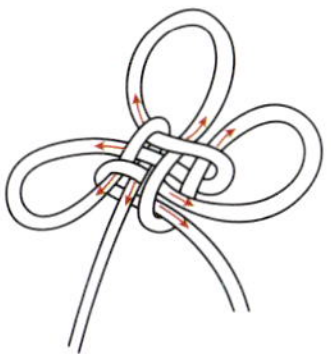

3つの輪を矢印の方向に
引きしめます

⑤

輪の根元と形を整えれば
完成です

道具の話

小さな作品が多いので、ピンセットは必需品です。布をつまんだり、引っぱったりして使います。目打ちは目などの穴をあけるときに。ペンチはワイヤーの先や縫い目をつぶして平らにしたり、針を引き抜くときに使います。縫わずに止めることも多いので、ボンドや手芸用ののりも用意しておきます。はさみは小さくて、先がよく切れるものを。とじ針は口べりのひも通しや飾り結びを付けるときに使います。針は絹縫い、まち針は頭の小さいタイプがじゃまにならなくて使いやすいです。定規も長い距離を測らないので、短いものでかまいません。

接着芯と両面接着シートの話

左は接着芯です。ちりめんを使うときは、裏に接着芯をはります。特に古布の場合は補強になり、印も付けやすくなります。接着芯にはさまざまな種類がありますが、ちりめんに使うのは薄手です。ちりめん用接着芯として売られているものもあります。やわらかい風合いを残したいので、ニットタイプ、または布タイプがおすすめです。しっかりぱりっとさせたいときは不織布タイプを使ってください。

右は両面接着シートです。はくり紙にくもの巣状の接着樹脂が付いています。布に接着樹脂をはってからはくり紙をはがし、折ったり布を重ねたりしてアイロンではり付けます。厚紙をくるむ場合によく使います。

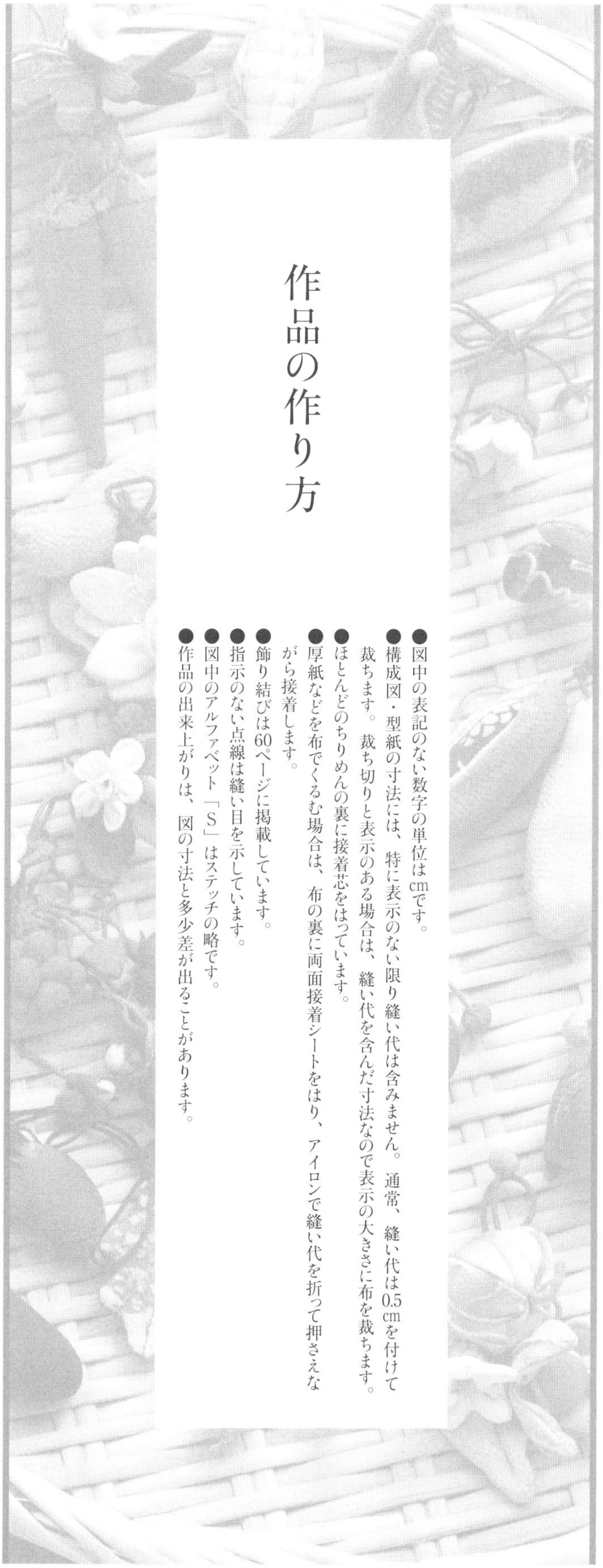

作品の作り方

●図中の表記のない数字の単位はcmです。
●構成図・型紙の寸法には、特に表示のない限り縫い代は含みません。通常、縫い代は0.5cmを付けて裁ちます。裁ち切りと表示のある場合は、縫い代を含んだ寸法なので表示の大きさに布を裁ちます。
●ほとんどのちりめんの裏に接着芯をはっています。
●厚紙などを布でくるむ場合は、布の裏に両面接着シートをはり、アイロンで縫い代を折って押さえながら接着します。
●飾り結びは60ページに掲載しています。
●指示のない点線は縫い目を示しています。
●図中のアルファベット「S」はステッチの略です。
●作品の出来上がりは、図の寸法と多少差が出ることがあります。

P.8

いちご

4×9cm

材料

実大、がく(口べり分含む)、花びら、花芯、実小用布各種　0.8mm組ひも50cm　手芸綿、両面接着シート、接着芯各適宜

作り方のポイント

●25cmひも2本の両端に、実と花をそれぞれ付ける。

作り方

①実大と小を作り、がくとひもを付ける。
②花びらと花芯、口べりを作り、ひもをはさんで花にまとめる。
③ひもをまとめてちょう結びをする。

実がく小1枚　**実がく大2枚**　**実小1枚**　**実大2枚**

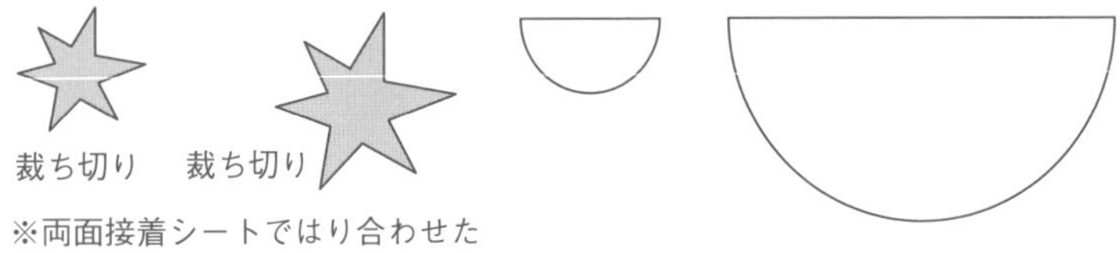
裁ち切り
裁ち切り

※両面接着シートではり合わせた布をカットする

口べり1枚

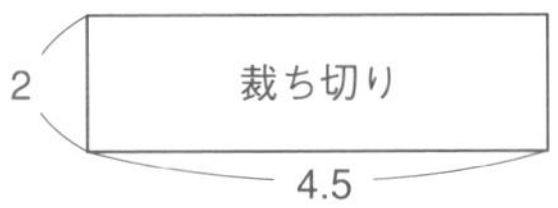
2
裁ち切り
4.5

※付け方は74ページとうがらし参照

花がく1枚

裁ち切り

※両面接着シートではり合わせた布をカットする

花びら10枚

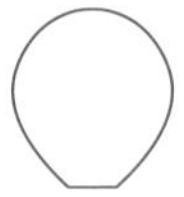

花芯1枚

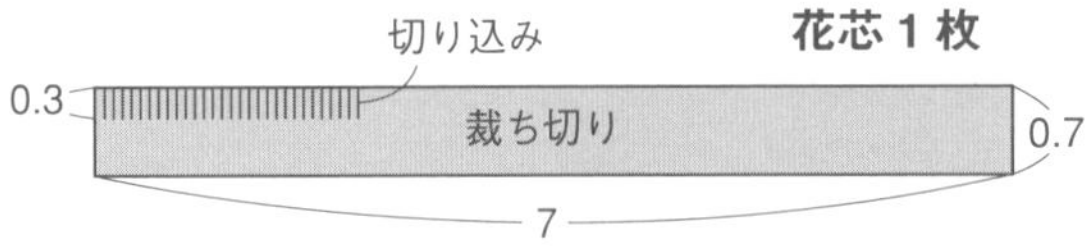
切り込み
0.3
裁ち切り
0.7
7

※両面接着シートをはる

実大・小の作り方

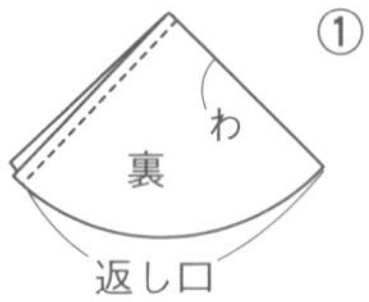
①
わ
裏
返し口

中表に二つ折りし脇を縫って表に返す

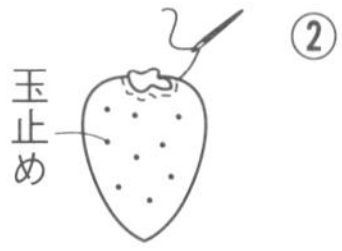
②
玉止め

返し口をぐし縫いし綿をつめて引き絞り大は粒を作る

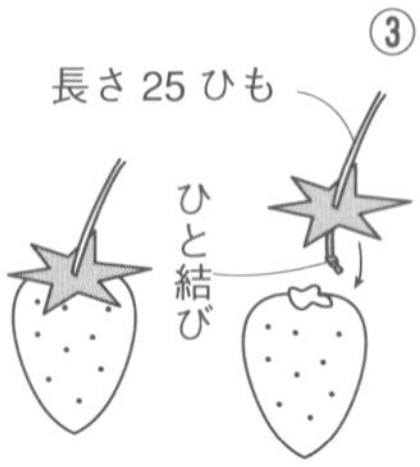
③
長さ25ひも
ひと結び

がくの中心にひもを通し実に縫い付ける
実大の反対側のひもの端に実小を付ける

花びらの作り方

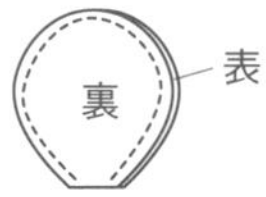
裏
表

2枚を中表に合わせて縫い表に返す

花芯の作り方

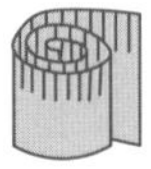

端から順に巻いてはる

2本まとめてちょう結び

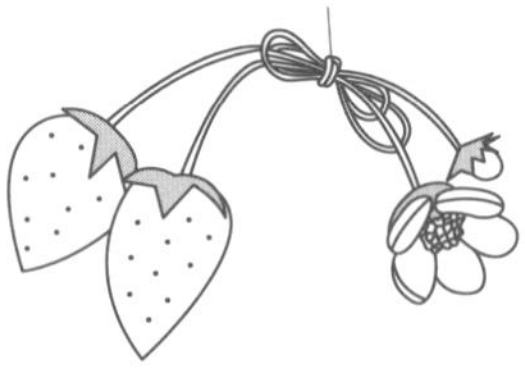

花の作り方

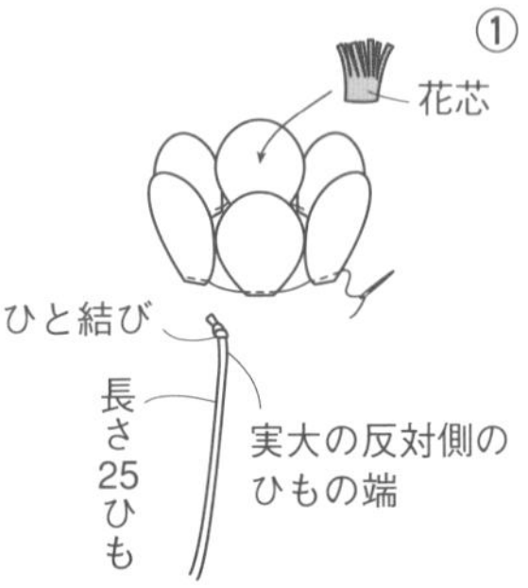
①
花芯
ひと結び
長さ25ひも
実大の反対側のひもの端

花びら5枚を縫いつなぎひもの先端をはさむ
花芯を中央にはる

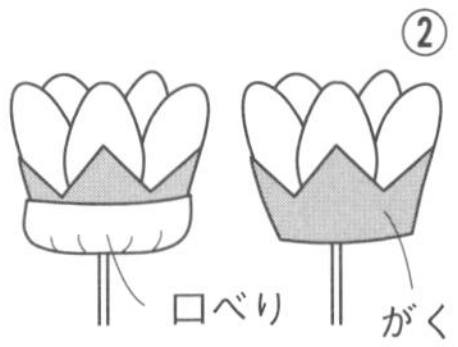
②
口べり
がく

がくを花びらの周囲にはり口べりを付ける

口べりの作り方

裏
わ

中表に合わせて縫い、表に返す

実物大型紙

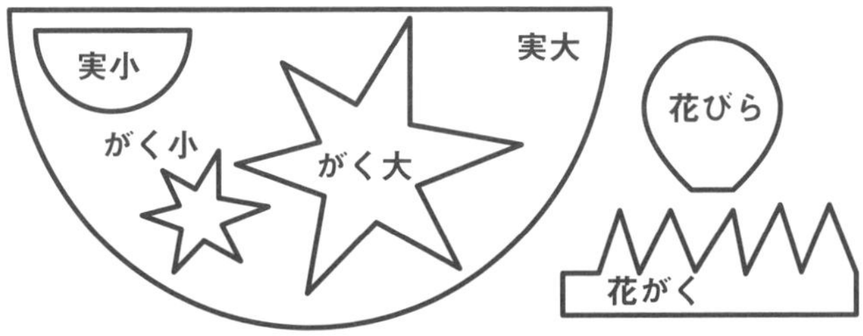
実小
実大
がく小
がく大
花びら
花がく

P.8

かぶ

7×5cm

材料

実（花びら分含む）、葉（ひも飾り分含む）、口べり（花口べり分含む）用布各種　0.8mm組ひも50cm　28番ワイヤー15cm　丸小ビーズ1個　手芸綿、接着芯各適宜

作り方のポイント

●87ページのにんじんの作り方参照。

●つゆ結びのしかたは60ページ参照。

作り方

①実、葉、口べりを作る。

②実に口べりを付けて葉を付ける。

③ひもを通して結ぶ。

④ひも飾りと花を作ってひもの先に付ける。

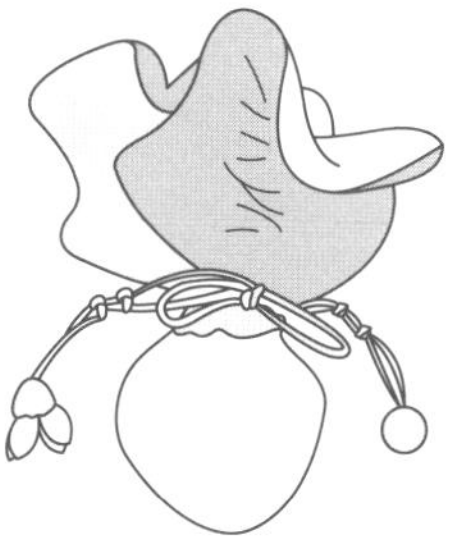

葉４枚

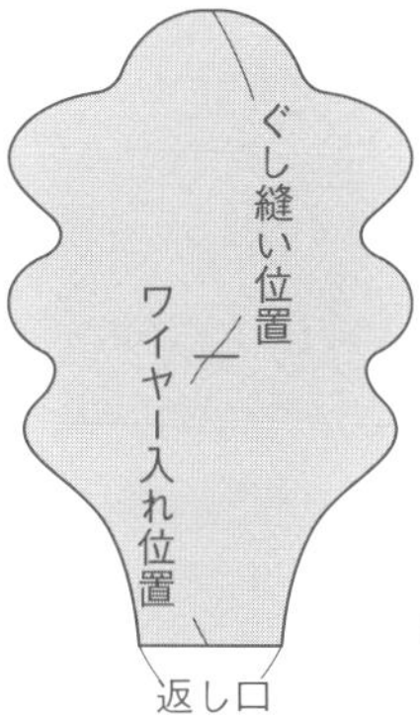

※作り方は 87 ページ
にんじん参照

口べり２枚

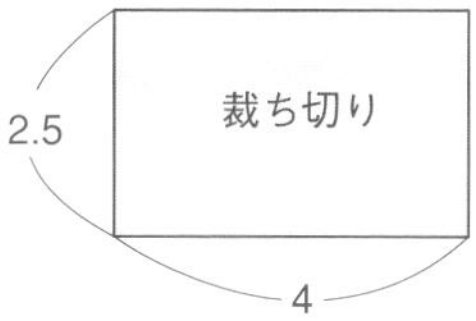

※作り方は 87 ページのにんじん参照

実左右対称各１枚

花口べり１枚

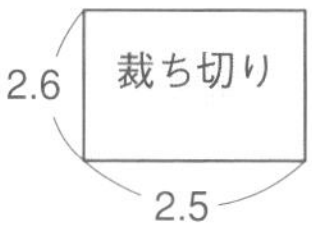

花びら４枚

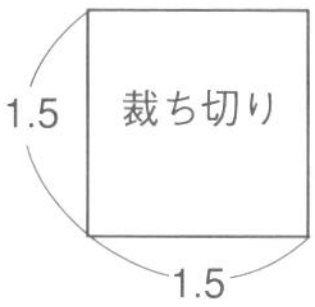

ひも飾り１枚

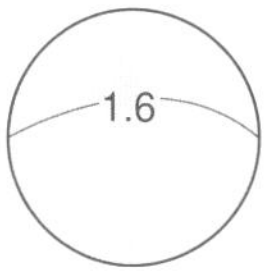

葉の作り方

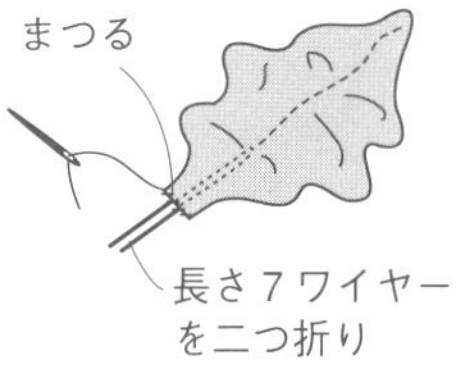

ぐし縫いを引き絞り
ワイヤーを入れて作る
87 ページにんじん参照

花の作り方

縫い代を折って
ぐし縫いし
ひもを入れて
口べりを
縫い付ける

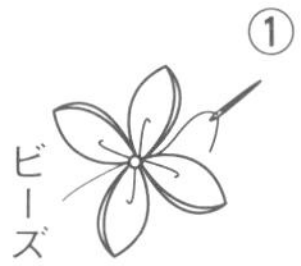

38 ページを参照して
剣つまみを作り
４枚を縫いつなぐ
中心にビーズを
縫い止める

花口べりの作り方

中表に合わせて
縫い、表に返す

花に口べりを中表に合わせて
下を縫い、口べりを表に返す

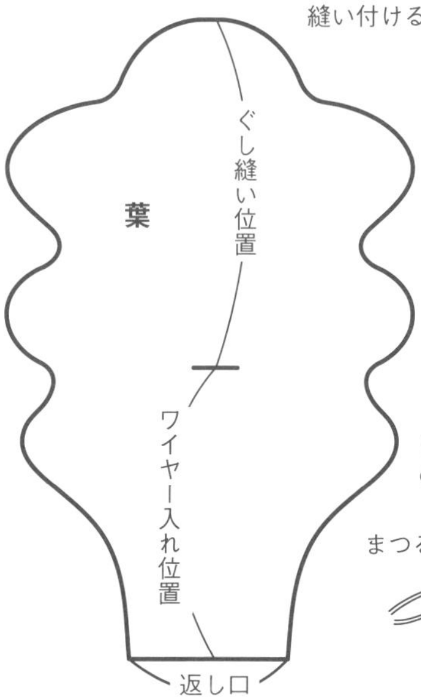

まとめ方

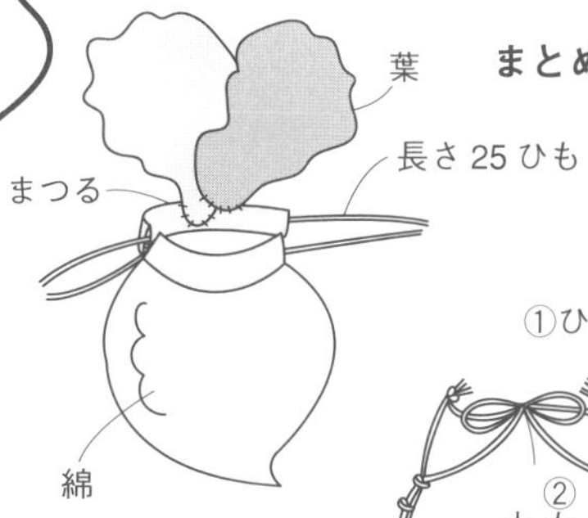

口べりの内側に
葉を縫い止め
ひもを通して順に結び
ひも飾りと花を付ける

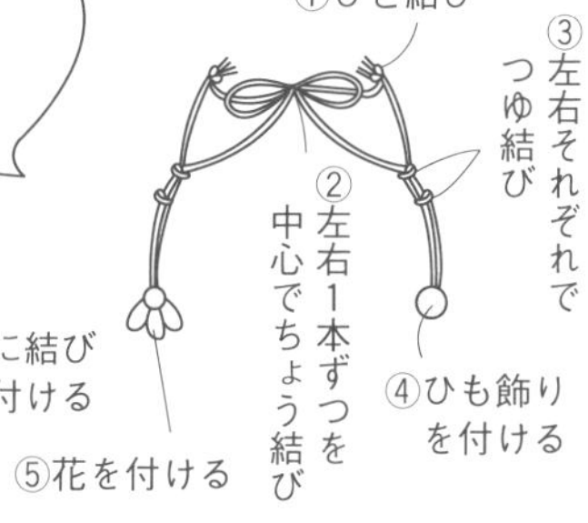

ひも飾りの作り方

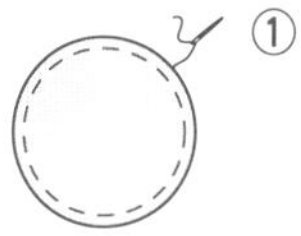

周囲をぐし縫いする

ひもをはさみ
ぐし縫いを
引き絞りながら
綿をつめる

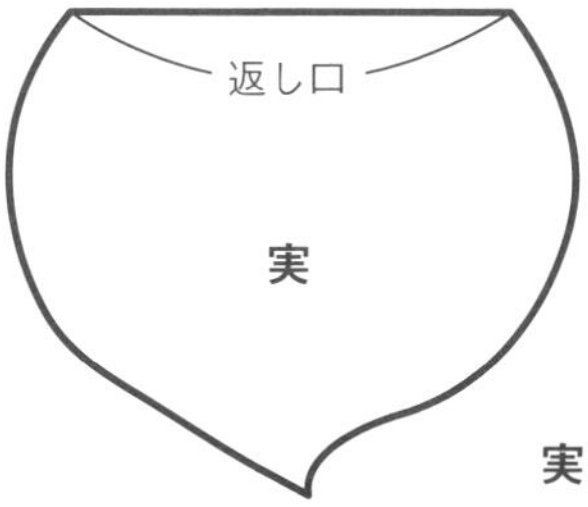

実物大型紙

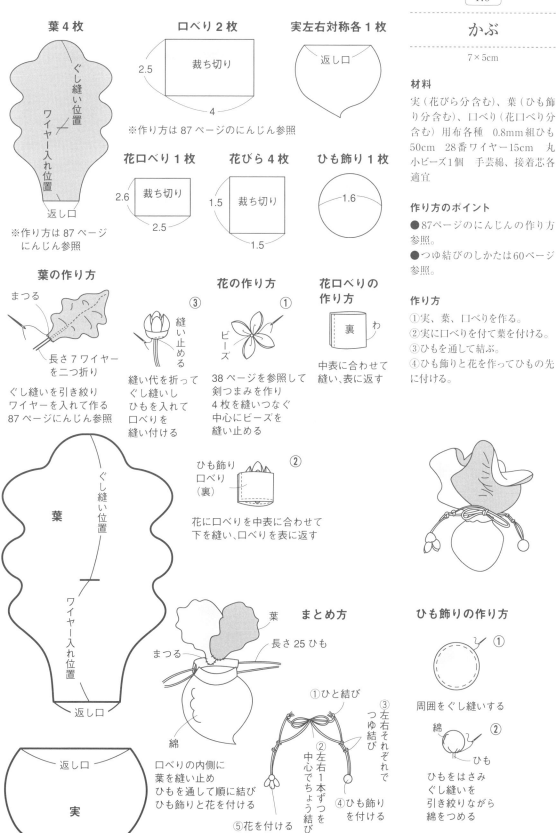

P.9

木いちご

7×4cm

材料

実、花びら(つぼみ分含む)、葉(口べり、がく分含む)、花芯用布各種　0.8mm組ひも130cm　28番ワイヤー5cm　手芸綿、両面接着シート、接着芯各適宜

作り方のポイント

●ひもは梅結びをして葉の上に重ねてもよい。

●ひもは両端に実が1本、実とつぼみが1本、両端にワイヤーが1本の合計3本。

作り方

①実を3つとつぼみを作る。

②ひも2本に実とつぼみを付ける。

③ひも1本にワイヤーを通す。

④葉と花を作る。

⑤葉2枚を縫い止め、上に実とつぼみ、ワイヤーのひもの3本を自由に付ける。

⑥さらに上に葉1枚と花を縫い付ける。

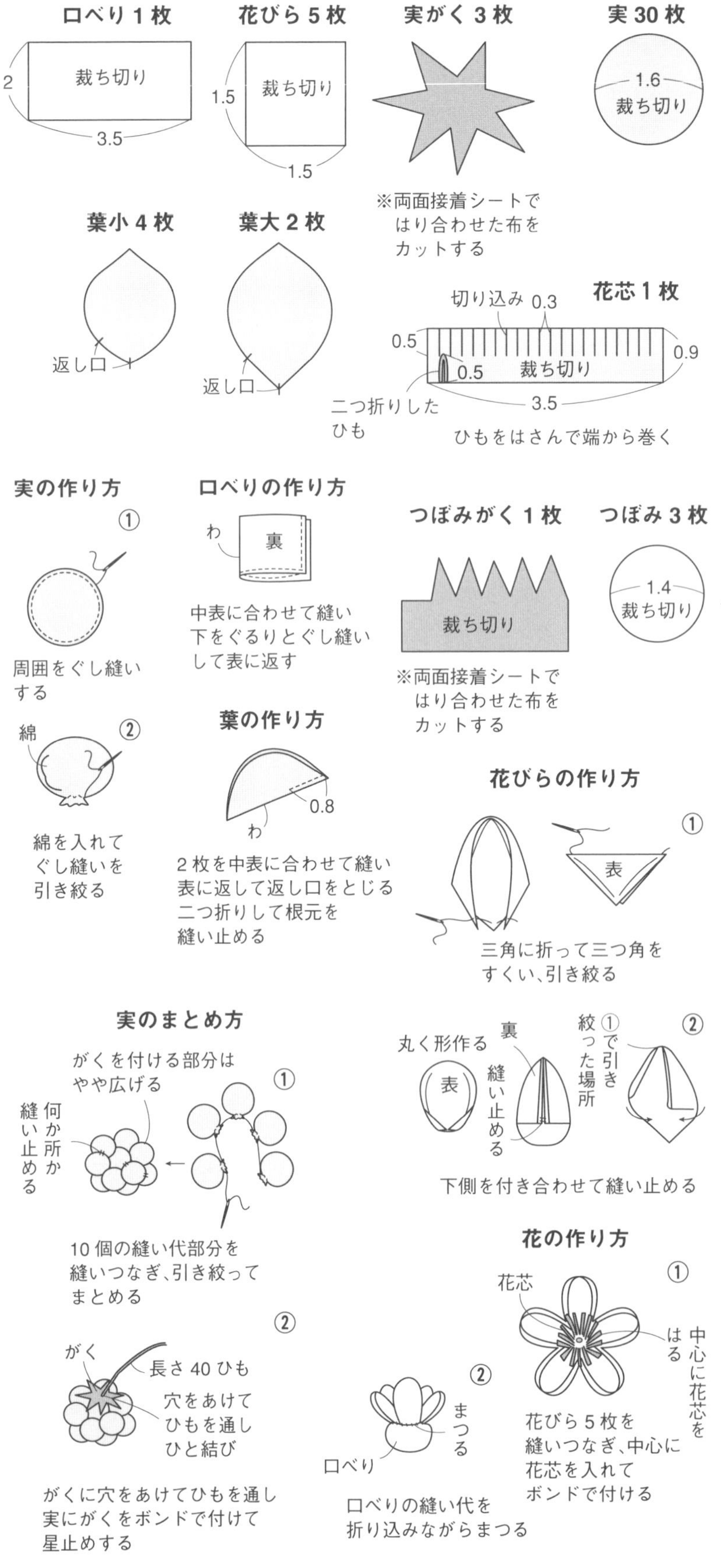

口べり1枚
2
裁ち切り
3.5
花びら5枚
1.5
裁ち切り
1.5
実がく3枚
※両面接着シートで
はり合わせた布を
カットする
実30枚
1.6
裁ち切り
葉小4枚
返し口
葉大2枚
返し口
花芯1枚
切り込み
0.3
0.5
0.9
0.5
裁ち切り
二つ折りした
ひも
3.5
ひもをはさんで端から巻く
実の作り方
①
周囲をぐし縫い
する
綿
②
綿を入れて
ぐし縫いを
引き絞る
口べりの作り方
わ
裏
中表に合わせて縫い
下をぐるりとぐし縫い
して表に返す
つぼみがく1枚
裁ち切り
※両面接着シートで
はり合わせた布を
カットする
つぼみ3枚
1.4
裁ち切り
葉の作り方
0.8
わ
2枚を中表に合わせて縫い
表に返して返し口をとじる
二つ折りして根元を
縫い止める
花びらの作り方
①
表
三角に折って三つ角を
すくい、引き絞る
丸く形作る
表
裏
縫い止める
①で引き絞った場所
②
下側を付き合わせて縫い止める
実のまとめ方
①
がくを付ける部分は
やや広げる
何か所か縫い止める
10個の縫い代部分を
縫いつなぎ、引き絞って
まとめる
②
がく
長さ40ひも
穴をあけて
ひもを通し
ひと結び
がくに穴をあけてひもを通し
実にがくをボンドで付けて
星止めする
花の作り方
①
花芯
中心に花芯をはる
花びら5枚を
縫いつなぎ、中心に
花芯を入れて
ボンドで付ける
②
まつる
口べり
口べりの縫い代を
折り込みながらまつる

まとめ方

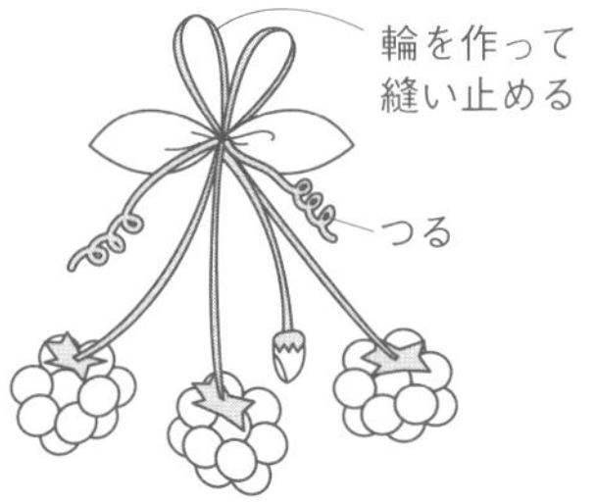

輪を作って
縫い止める
つる

葉2枚を突き合わせて縫い止め
その上にひもを自由に重ねて
縫い止める
上に葉と花を縫い付ける

つる1本

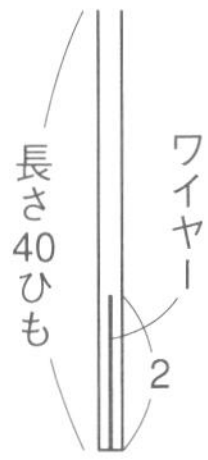

長さ40ひも
ワイヤー
2

ひもの両端にワイヤーを
入れてカールさせる

つぼみのがくの付け方

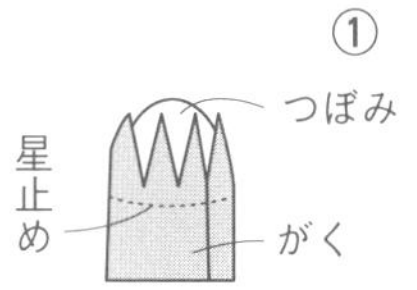

①
つぼみ
星止め
がく

つぼみにがくを
巻き、星止めする

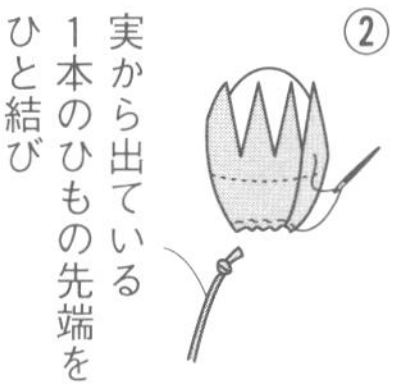

②
実から出ている1本のひもの先端をひと結び

下辺をぐし縫いし
ひもを入れて引き絞る

つぼみの作り方

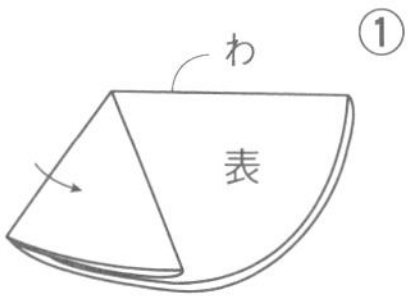

わ
①
表

外表に二つ折りし
端からくるくると巻く

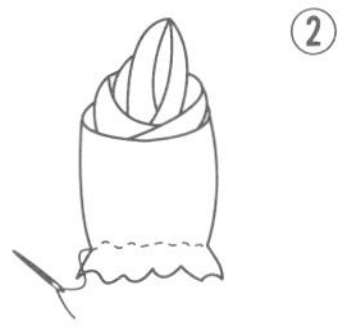

②

残り2枚も二つ折りし
順に①に巻き付けて
下を縫い止める

実物大型紙

つぼみがく

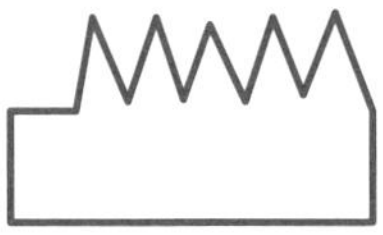

実がく

葉小
返し口

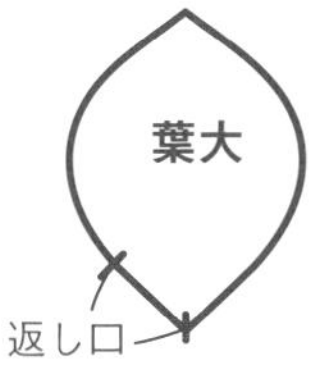

葉大
返し口

作り方 81 ページ
さつまいも実物大型紙

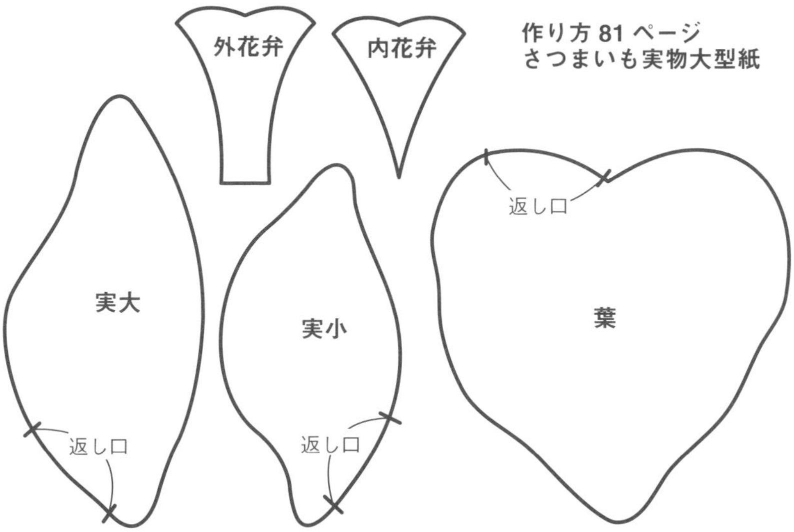

外花弁
内花弁
実大
返し口
実小
返し口
返し口
葉

P.9

トマト

5×8cm

材料

実、葉、がく（口べり分含む）、茎、茎大、小枝、花びら、花芯用布各種　24・26・28番ワイヤー、両面接着シート、接着芯、手芸綿各適宜

作り方

①花びらと花芯、口べり、がくを作り、花を作る。
②茎大と小枝を作り、まとめる。
③葉を作り、茎を付ける。
④実を作る。
⑤②の茎大と小枝に、実、花、葉をバランスよく付ける。

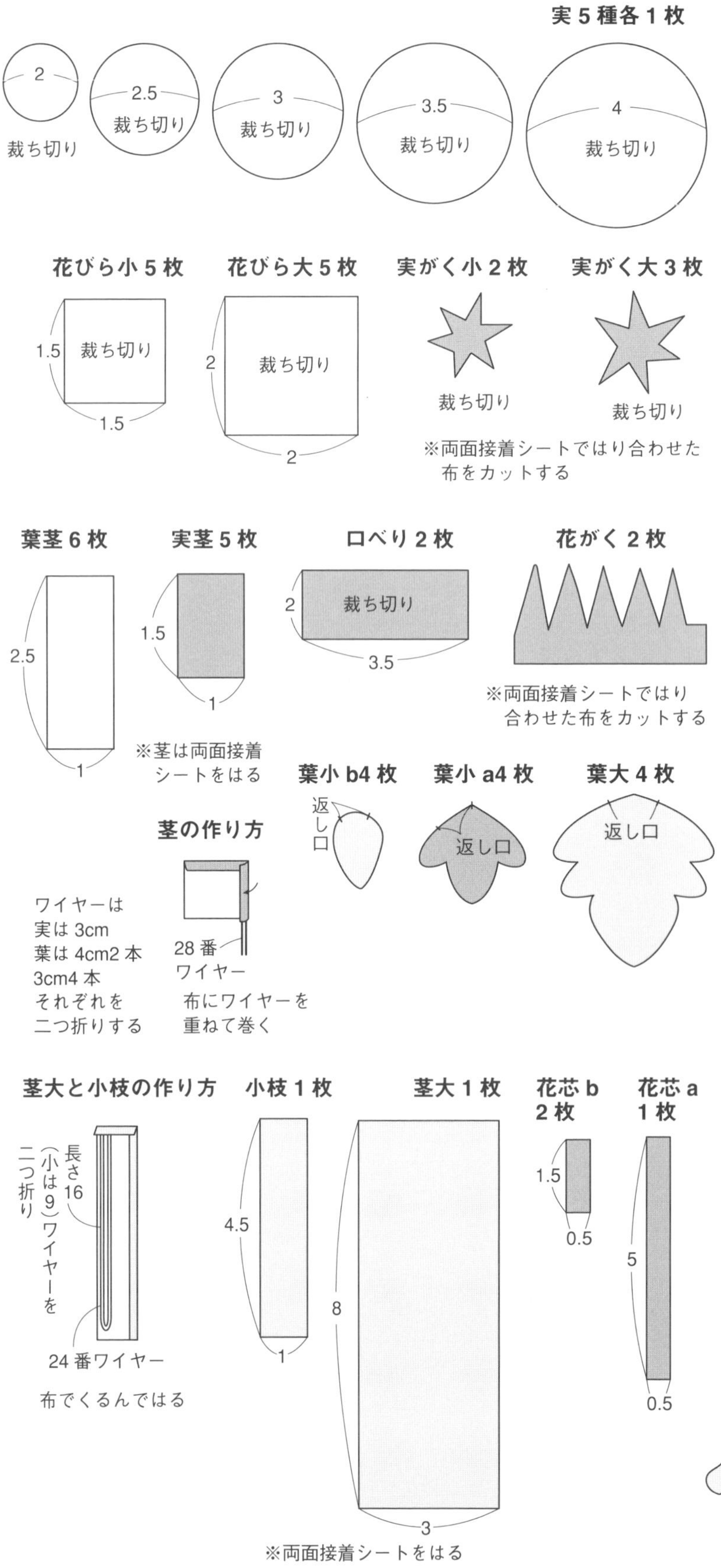

実５種各１枚
2
裁ち切り
2.5
裁ち切り
3
裁ち切り
3.5
裁ち切り
4
裁ち切り
花びら小５枚
1.5
裁ち切り
1.5
花びら大５枚
2
裁ち切り
2
実がく小２枚
裁ち切り
実がく大３枚
裁ち切り
※両面接着シートではり合わせた布をカットする
葉茎６枚
2.5
1
実茎５枚
1.5
1
※茎は両面接着シートをはる
口べり２枚
2
裁ち切り
3.5
花がく２枚
※両面接着シートではり合わせた布をカットする
葉小 b4 枚
返し口
葉小 a4 枚
返し口
葉大４枚
返し口
茎の作り方
ワイヤーは
実は 3cm
葉は 4cm2 本
3cm4 本
それぞれを
二つ折りする
28 番
ワイヤー
布にワイヤーを
重ねて巻く
茎大と小枝の作り方
長さ16（小は9）ワイヤーを二つ折り
24 番ワイヤー
布でくるんではる
小枝１枚
4.5
1
茎大１枚
8
3
※両面接着シートをはる
花芯 b
２枚
1.5
0.5
花芯 a
１枚
5
0.5

花の作り方

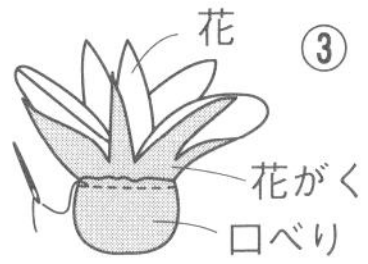
③
花
花がく
口べり

花がくに口べりを
縫い代を折り込み
ながらまつる

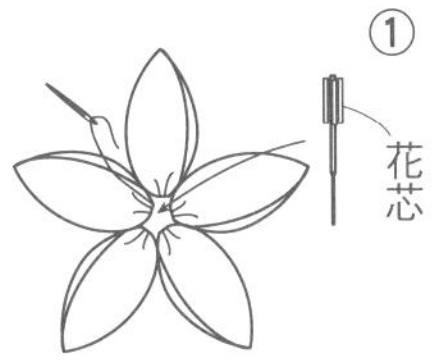
①
花芯

5枚の花びらを縫いつなぎ
中心に花芯を入れて
引き絞って縫い止める

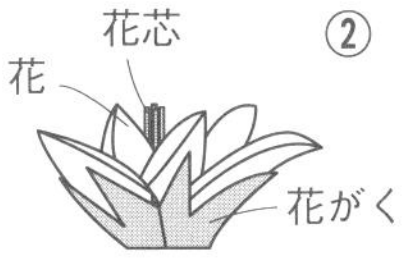
②
花芯
花
花がく

花の下にがくを巻いて
縫い止める

花びらの作り方

38ページを参照して
剣つまみに折り
先を縫い止める

口べりの作り方

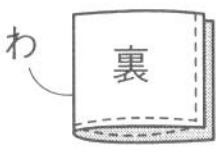
わ
裏

中表に合わせて縫い
下をぐるりとぐし縫い
して表に返す

花芯の作り方

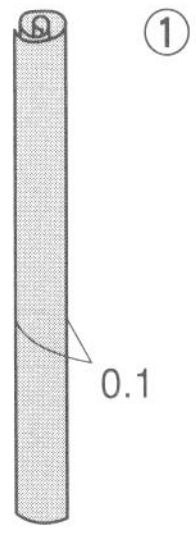
①
0.1

花芯aは巻いて棒状にし
0.5cmで10本カットする

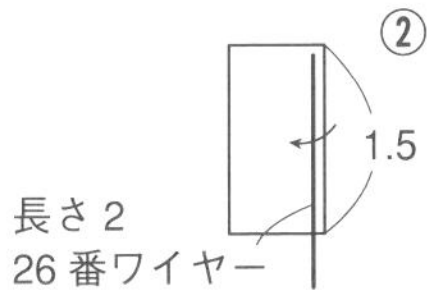
②
1.5
長さ2
26番ワイヤー

花芯bは
ワイヤーを
重ねて巻く

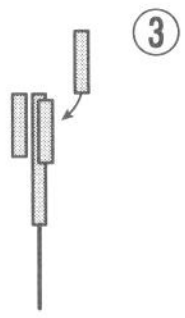
③

②の周囲に①を
ボンドで5本ずつ
はる

実の作り方

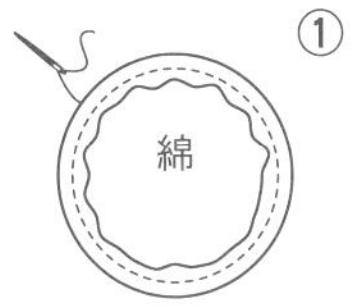
①
綿

周囲をぐし縫いして
綿を入れる

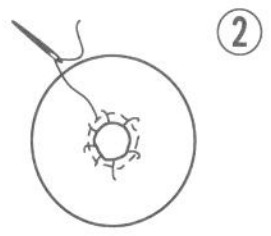
②

縫い代を入れ込み
ぐし縫いを引き絞る

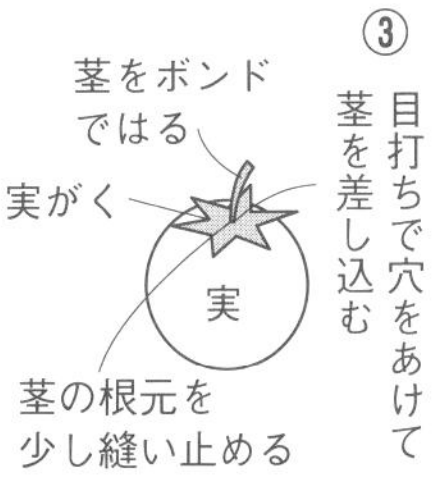
③
茎をボンド
ではる
実がく
実
茎の根元を
少し縫い止める
目打ちで穴をあけて
茎を差し込む

実にがくを重ね
茎をさし込んで付ける

茎大と小枝のまとめ方

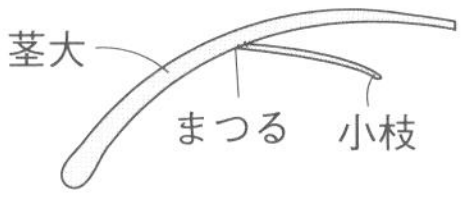
茎大
まつる
小枝

茎大の中央に小枝を
縫い止める

まとめ方

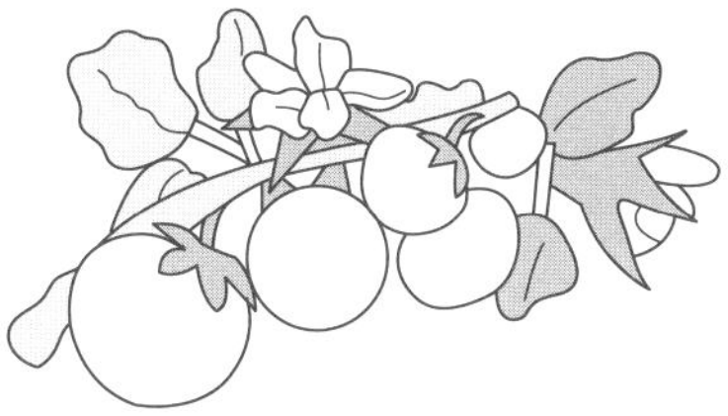

バランスを見て
各パーツを縫い止める

葉の作り方

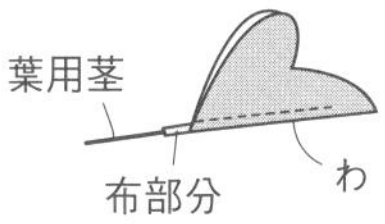
葉用茎
布部分
わ

中表に合わせて縫った
葉を表に返し
間に茎をはさんで折り
茎をはさんだ上を縫う

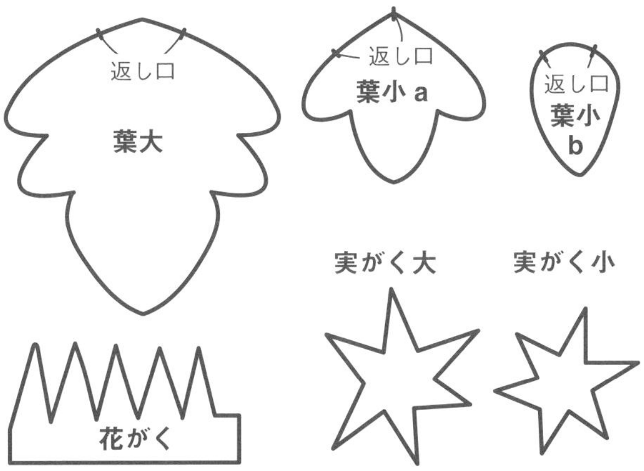
返し口
葉大
返し口
葉小a
返し口
葉小b
実がく大
実がく小
花がく

実物大型紙

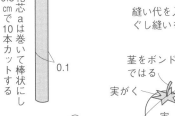

P.10

オクラ

6×7cm

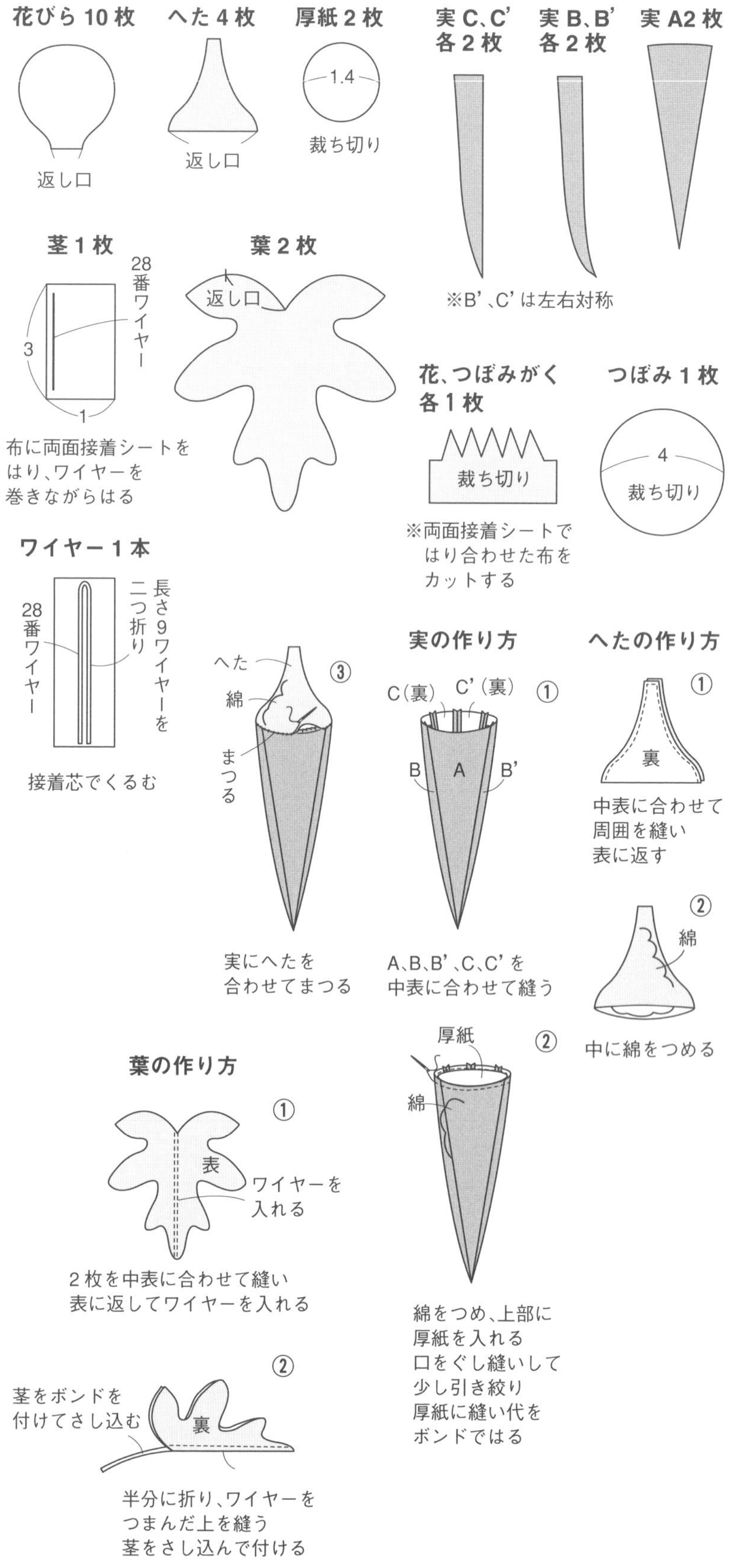

花びら 10 枚
返し口
へた 4 枚
返し口
厚紙 2 枚
1.4
裁ち切り
実 C、C' 各 2 枚
実 B、B' 各 2 枚
実 A2 枚
※B'、C' は左右対称
茎 1 枚
28番ワイヤー
3
1
布に両面接着シートをはり、ワイヤーを巻きながらはる
葉 2 枚
返し口
花、つぼみがく各 1 枚
裁ち切り
※両面接着シートではり合わせた布をカットする
つぼみ 1 枚
4
裁ち切り
ワイヤー 1 本
28番ワイヤー
長さ9ワイヤーを二つ折り
接着芯でくるむ
へた
綿
まつる
③
実にへたを合わせてまつる
実の作り方
C（裏）
C'（裏）
①
B
A
B'
A、B、B'、C、C'を中表に合わせて縫う
へたの作り方
①
裏
中表に合わせて周囲を縫い表に返す
②
綿
中に綿をつめる
厚紙
②
綿
綿をつめ、上部に厚紙を入れる口をぐし縫いして少し引き絞り厚紙に縫い代をボンドではる
葉の作り方
①
表
ワイヤーを入れる
2 枚を中表に合わせて縫い表に返してワイヤーを入れる
②
茎をボンドを付けてさし込む
裏
半分に折り、ワイヤーをつまんだ上を縫う茎をさし込んで付ける

材料

実、へた、葉（茎分含む）、花びら（つぼみ分含む）、がく用布各種　1mm組ひも25cm　花芯用1mm組ひも5cm　28番ワイヤー15cm　手芸綿、両面接着シート、接着芯各適宜

作り方のポイント

●花びらの花芯付近と花芯用のひもをペンで赤紫にぬる。

作り方

①実とへたを作り、まとめる。
②茎と葉を作り、葉をまとめる。
③花びらを作り、花芯とがくを付ける。
④つぼみを作り、がくを付ける。
⑤葉に花、ひも、実をのせて自由に縫い止める。

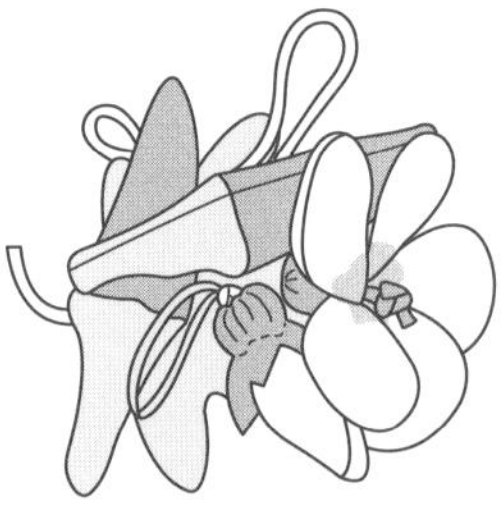

つぼみの作り方

①

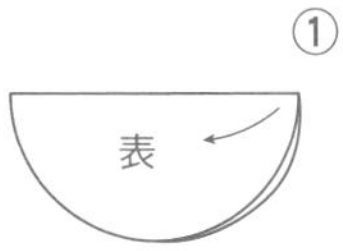
表

二つ折りし
端から巻く

②

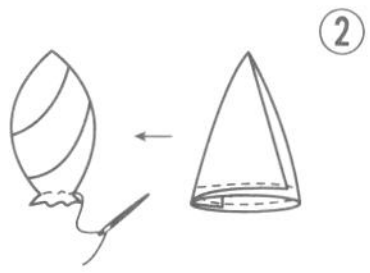

底をぐし縫いして
引き絞る
つぼみに花と同様に
がくを付ける
ひもの長さは 10cm

花の作り方

①

先端を結ぶ
長さ 3
ひも花芯

花びらは同じ方向に
重ねて縫いつなぎ
花芯を通す

②

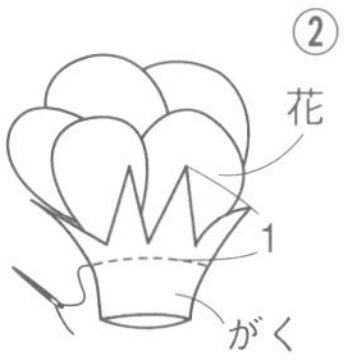
花
1
がく

花の下にがくを
かぶせてぐし縫いし
引き絞る

③

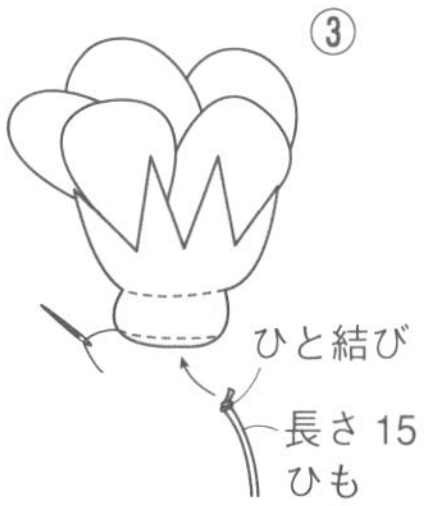
ひと結び
長さ 15
ひも

がくの下をぐるりとぐし縫いし
縫い代を折り込みながら
ひもを入れて引き絞る

がくの作り方

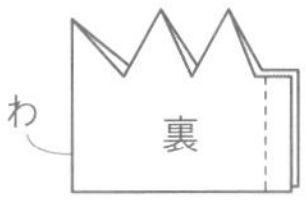
わ
裏

中表に合わせて
端を縫い、表に返す

花びらの作り方

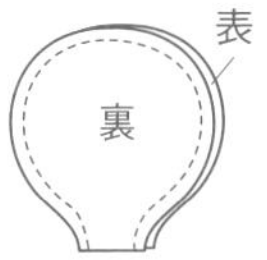
表
裏

2 枚を中表に合わせて
縫い、表に返す

実物大型紙

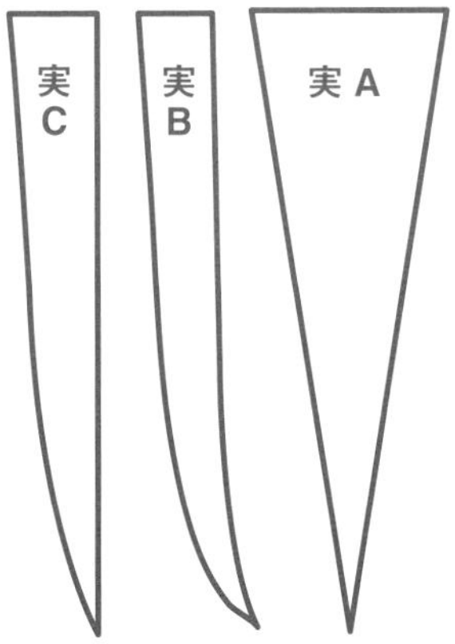
実
C
実
B
実 A

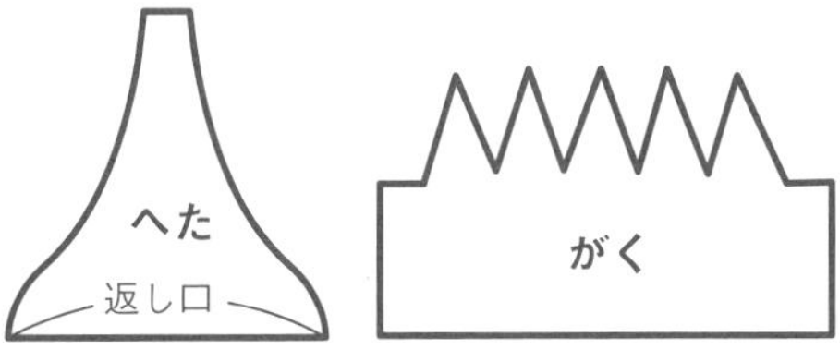
へた
返し口
がく

花びら
返し口

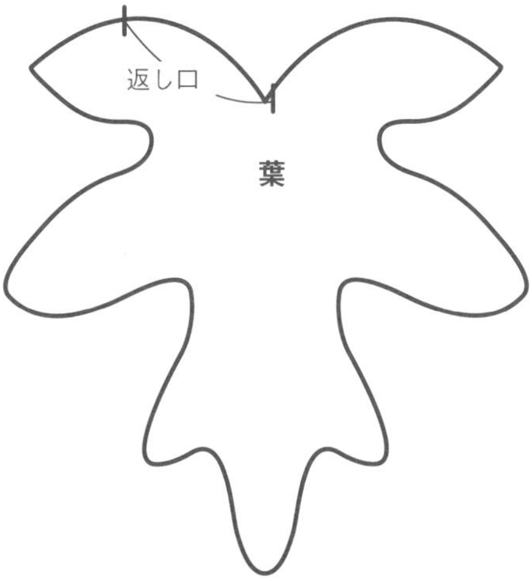
返し口
葉

P.11

とうがらし

9.5×6cm

材料

実、花口べり（つぼみ口べり分含む）、葉、花びら（つぼみ、花芯A分含む）、花芯B（つぼみ分含む）、口べり用布各種　0.8mm組ひも100cm　28番ワイヤー5cm　手芸綿、接着芯各適宜

作り方のポイント

●つゆ結びのしかたは60ページ参照。

作り方

①実、口べり、葉を作る。
②実に口べりを付けて綿を入れ、ひもを通して結ぶ。
③花びら、花口べり、花芯を作ってまとめる。
④実のひもを結び、③の花口べりに入れて縫い止める。
⑤もう片方の実のひもも同様に結び、先につぼみを作って付ける。
⑥葉を付ける。

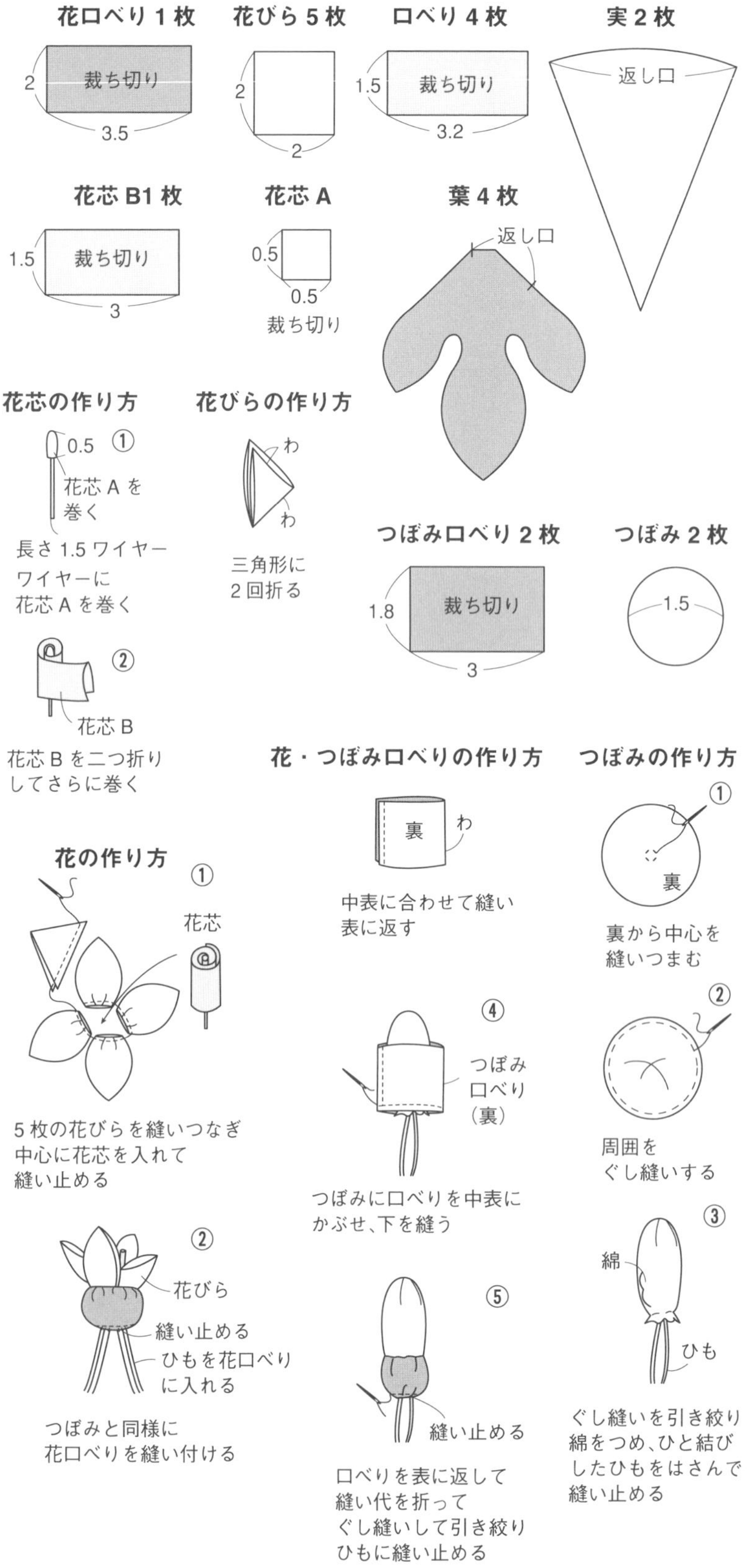

花口べり1枚
2
裁ち切り
3.5
花びら5枚
2
2
口べり4枚
1.5
裁ち切り
3.2
実2枚
返し口
花芯B1枚
1.5
裁ち切り
3
花芯A
0.5
0.5
裁ち切り
葉4枚
返し口
花芯の作り方
0.5
①
花芯Aを巻く
長さ1.5ワイヤー
ワイヤーに
花芯Aを巻く
②
花芯B
花芯Bを二つ折りしてさらに巻く
花びらの作り方
わ
わ
三角形に
2回折る
つぼみ口べり2枚
1.8
裁ち切り
3
つぼみ2枚
1.5
花の作り方
①
花芯
5枚の花びらを縫いつなぎ
中心に花芯を入れて
縫い止める
②
花びら
縫い止める
ひもを花口べり
に入れる
つぼみと同様に
花口べりを縫い付ける
花・つぼみ口べりの作り方
裏
わ
中表に合わせて縫い
表に返す
④
つぼみ
口べり
（裏）
つぼみに口べりを中表に
かぶせ、下を縫う
⑤
縫い止める
口べりを表に返して
縫い代を折って
ぐし縫いして引き絞り
ひもに縫い止める
つぼみの作り方
①
裏
裏から中心を
縫いつまむ
②
周囲を
ぐし縫いする
③
綿
ひも
ぐし縫いを引き絞り
綿をつめ、ひと結び
したひもをはさんで
縫い止める

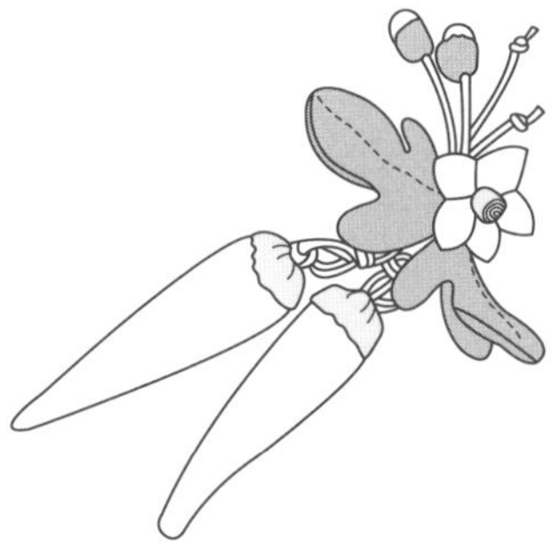

③
長さ25ひも

口べりを上に返し
ひもを左右から通す

実の作り方

①
表

中表に二つ折りし
脇を縫い、表に返す

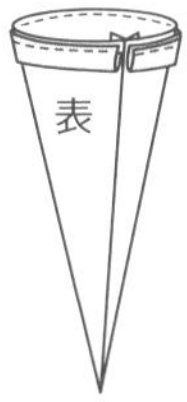
②
表

口べりを中表に
合わせて縫う

口べりの作り方

①
裏
0.3

両端の縫い代を折って
縫う

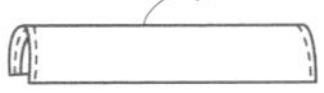
②
わ

外表に二つ折りする

葉の作り方

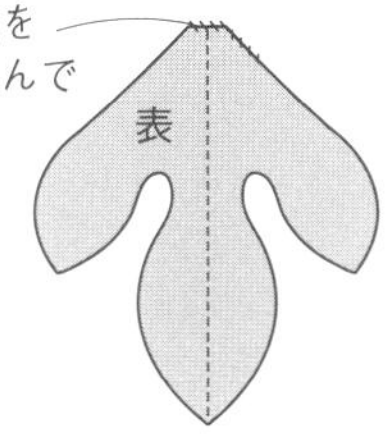
縫い代を
折り込んで
まつる
表

2枚を中表に合わせて縫い
表に返して返し口をまつる
中心にステッチをする

まとめ方

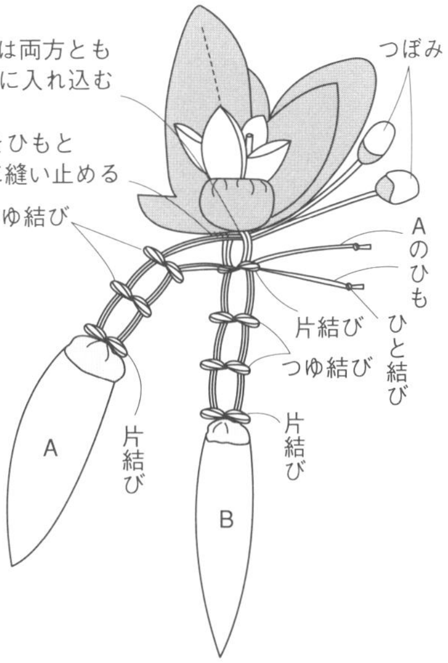
Bのひもは両方とも
花口べりに入れ込む
葉2枚をひもと
口べりに縫い止める
つゆ結び
つぼみ
Aのひも
ひと結び
片結び
つゆ結び
片結び
片結び
A
B

それぞれつゆ結びをし
AとBの片側ずつで片結びする
Bのひもは両方とも花を付け
Aのひもは1つはひと結びし
もう1つはつぼみを付ける

実物大型紙

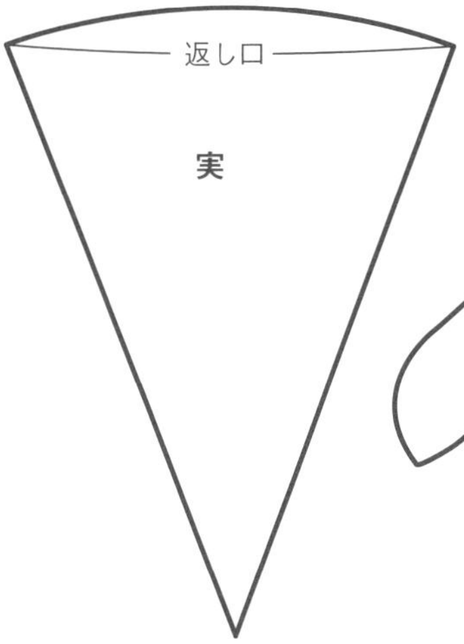
返し口
実

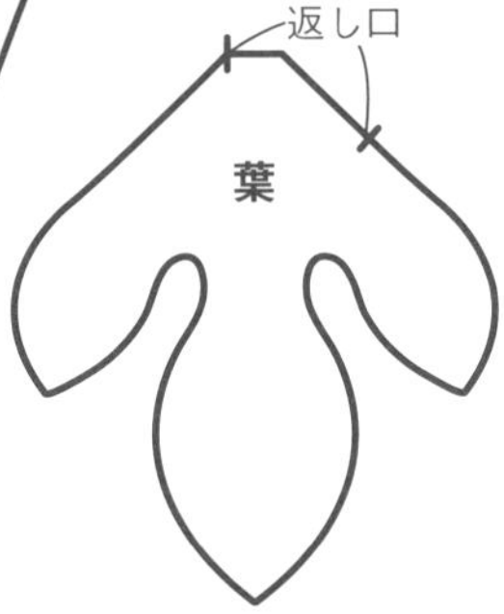
返し口
葉

P.12

なす

7×7cm

材料

実(ひも飾り分含む)、がく(口べり、茎分含む)、葉、花弁（つぼみ分含む)、花芯用布各種　0.8mm組ひも60cm　手芸綿、28番ワイヤー、両面接着シート、接着芯各適宜

作り方のポイント

●花の作り方は18ページかぼちゃ参照。

●花、つぼみ、ひも飾りは実から出ているひもの先端にそれぞれ付ける。

作り方

①茎と葉を作り、まとめる。
②実を作り、がくと口べりを付けてひもを通す。
③ひもの先端に花、つぼみ、ひも飾りを作って付ける。
④葉茎を巻き込みながら、ひもを結ぶ。

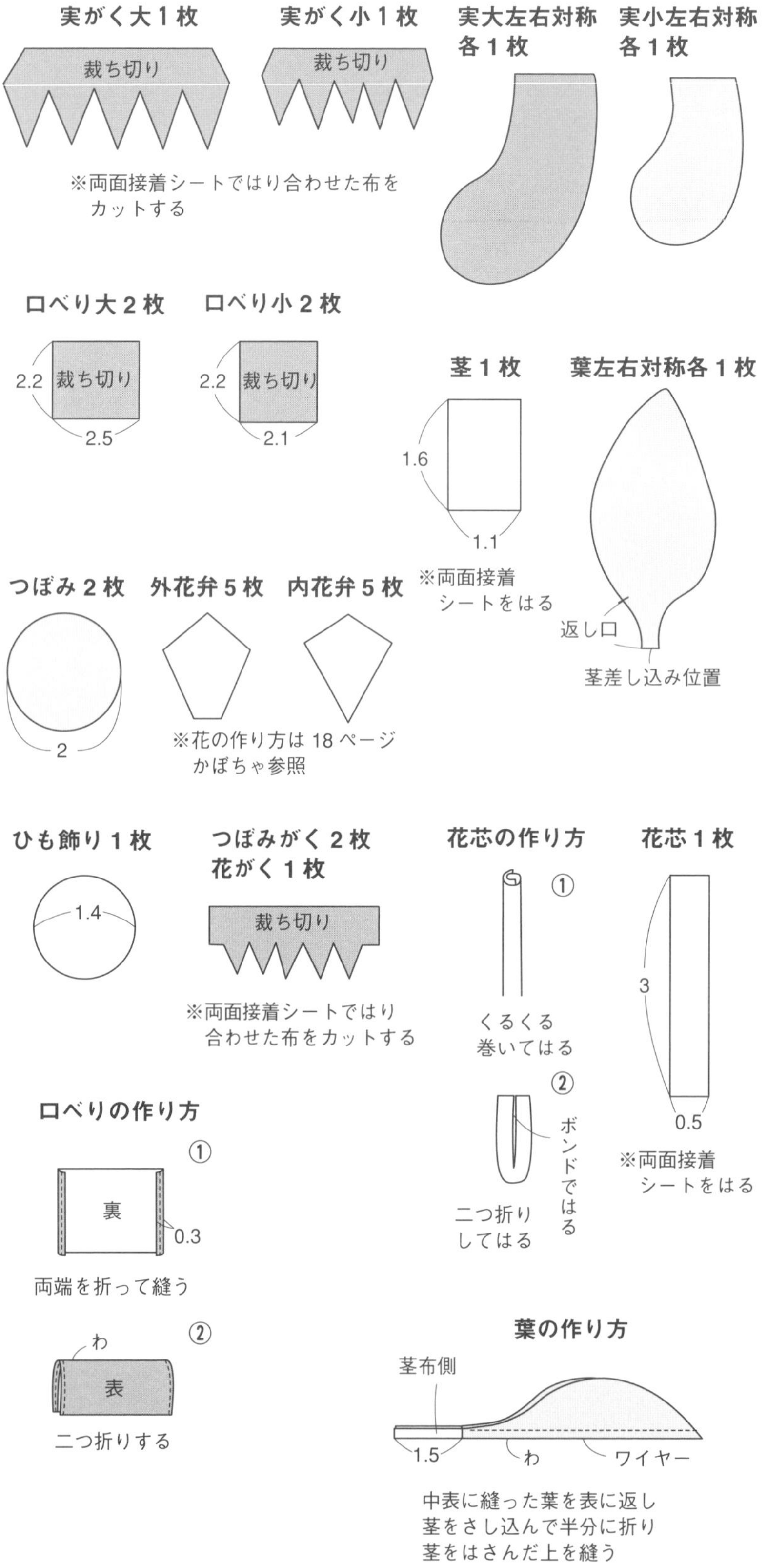

実がく大１枚
裁ち切り
実がく小１枚
裁ち切り
※両面接着シートではり合わせた布をカットする
実大左右対称各１枚
実小左右対称各１枚
口べり大２枚
2.2
裁ち切り
2.5
口べり小２枚
2.2
裁ち切り
2.1
茎１枚
1.6
1.1
※両面接着シートをはる
葉左右対称各１枚
返し口
茎差し込み位置
つぼみ２枚
2
外花弁５枚
内花弁５枚
※花の作り方は 18 ページかぼちゃ参照
ひも飾り１枚
1.4
つぼみがく２枚
花がく１枚
裁ち切り
※両面接着シートではり合わせた布をカットする
花芯の作り方
①
くるくる巻いてはる
②
ボンドではる
二つ折りしてはる
花芯１枚
3
0.5
※両面接着シートをはる
口べりの作り方
①
裏
0.3
両端を折って縫う
②
わ
表
二つ折りする
葉の作り方
茎布側
1.5
わ
ワイヤー
中表に縫った葉を表に返し茎をさし込んで半分に折り茎をはさんだ上を縫う

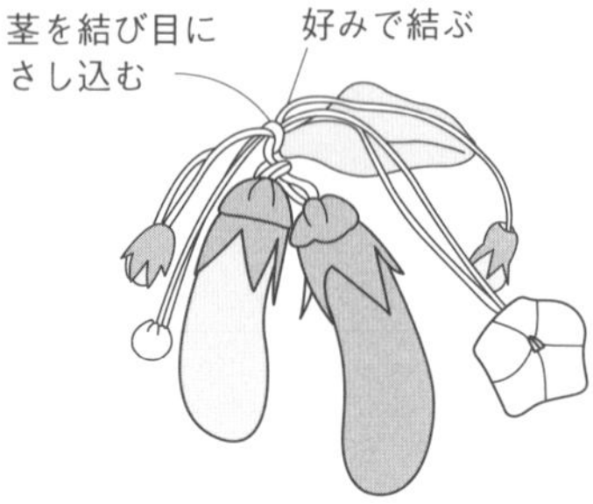

茎を結び目にさし込む
好みで結ぶ

茎の作り方
二つ折り
長さ6.5ワイヤー
裏
上を折り､端からくるくる巻いて付ける

実の作り方

①
ぐし縫い
綿

中表に合わせて
周囲を縫う
表に返して綿をつめ
口をぐし縫いして
かるく引き絞る

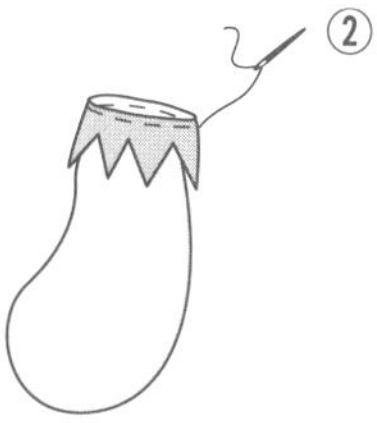
②

実がくを輪に縫い
実に縫い止める

③
口べり
実がく
わ

②の上に口べりを
重ねて縫う

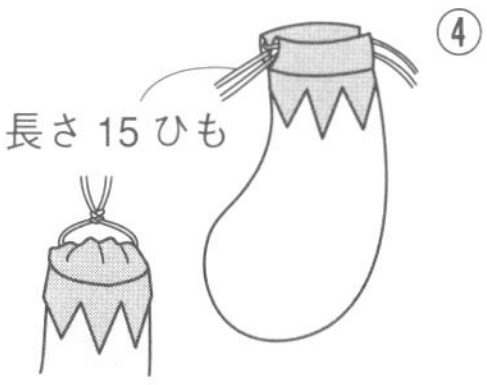
④
長さ 15 ひも

左右から口べりにひもを通し
引き絞って上で２回結ぶ

がくの作り方

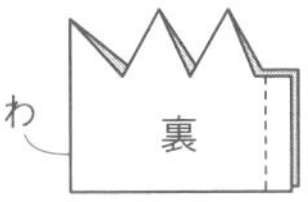
わ
裏

中表に合わせて
端を縫い、表に返す

がくの付け方

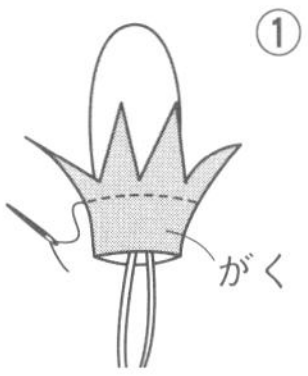
①
がく

つぼみ(花)の下にがくを
かぶせてぐし縫いし
引き絞る

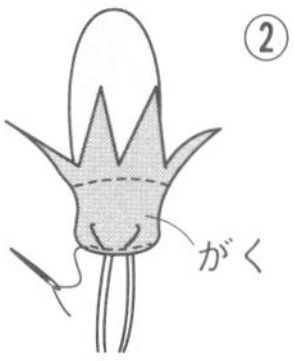
②
がく

がくの下をぐるりと
ぐし縫いし、縫い代を
折り込みながら引き絞る
花はここでひもを入れる

つぼみの作り方

①
裏

裏から中心を
縫いつまむ

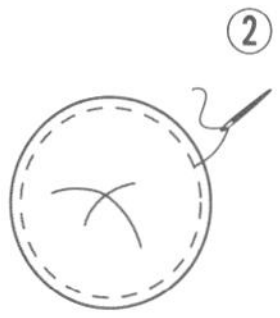
②

周囲を
ぐし縫いする

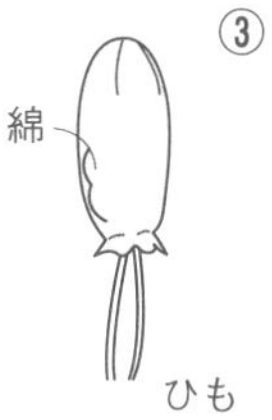
③
綿
ひも

ぐし縫いを引き絞り
綿をつめる
ひと結びしたひもを
はさんで縫い止める

ひも飾りの作り方

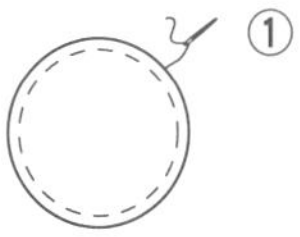
①

周囲をぐし縫いする

②
綿
ひも

ひもをはさみ
ぐし縫いを
引き絞りながら
綿をつめる

実物大型紙

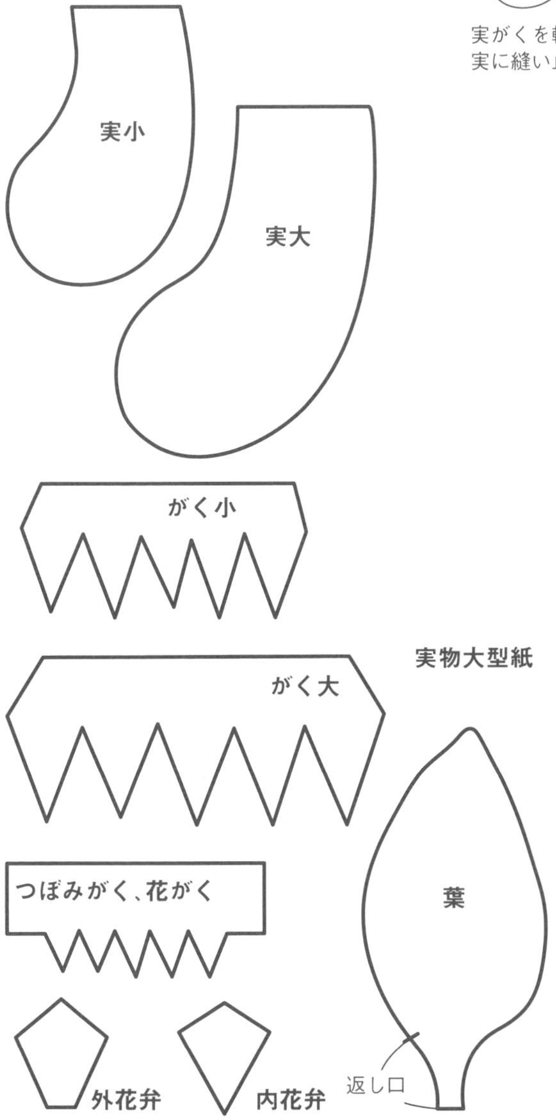
実小
実大
がく小
がく大
つぼみがく、花がく
葉
返し口
外花弁
内花弁

P.12

ほおずき

5×5cm

材料

実、がくA・B（ひも飾り分含む）、茎、花びら(つぼみ分含む)、葉(口べり分含む) 用布各種　1mm組ひも20cm　0.8mm組ひも25cm　幅0.4cmビーズ1個　28番ワイヤー35cm　接着芯、両面接着シート、手芸綿各適宜

作り方のポイント

●花の作り方は18ページかぼちゃ参照。
●花と葉にはひもをはさみ、ひもの反対側の先端にそれぞれひも飾りとつぼみを付ける。
●花に花芯を通すとき、ビーズも通す。

作り方

①茎を作る。
②がくAを作り、縫い合わせて綿をつめて茎を入れる。
③茎を入れて実を作る。
④がくBと実を作り、縫い合わせる。
⑤花を作り、ひもを付けてつぼみを付ける。
⑥葉を作り、ひもを付けてひも飾りを付ける。
⑦葉の上にがくA・Bと花をのせて自由に縫い止める。

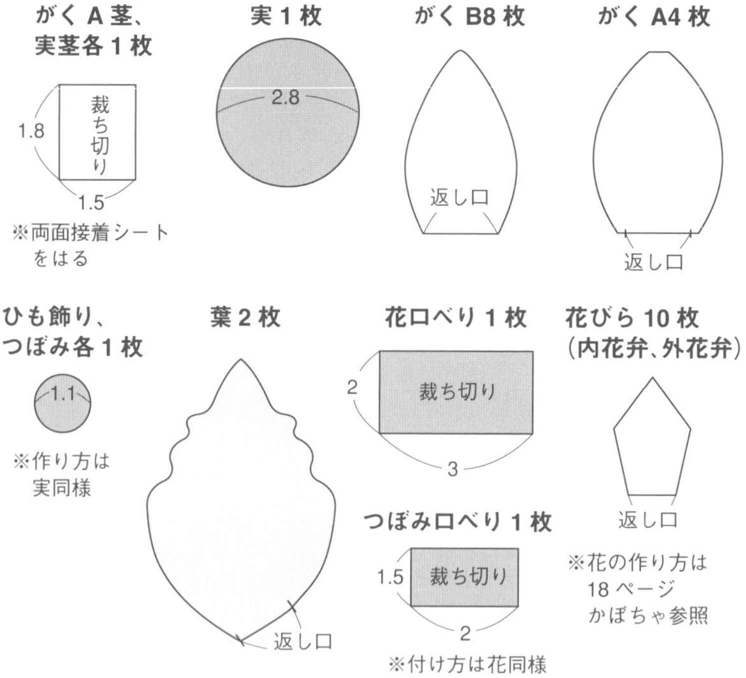

がくA茎、実茎各1枚
1.8
1.5
裁ち切り
※両面接着シートをはる
実1枚
2.8
がくB8枚
返し口
がくA4枚
返し口
ひも飾り、つぼみ各1枚
1.1
※作り方は実同様
葉2枚
返し口
花口べり1枚
2
3
裁ち切り
つぼみ口べり1枚
1.5
2
裁ち切り
※付け方は花同様
花びら10枚（内花弁、外花弁）
返し口
※花の作り方は18ページかぼちゃ参照

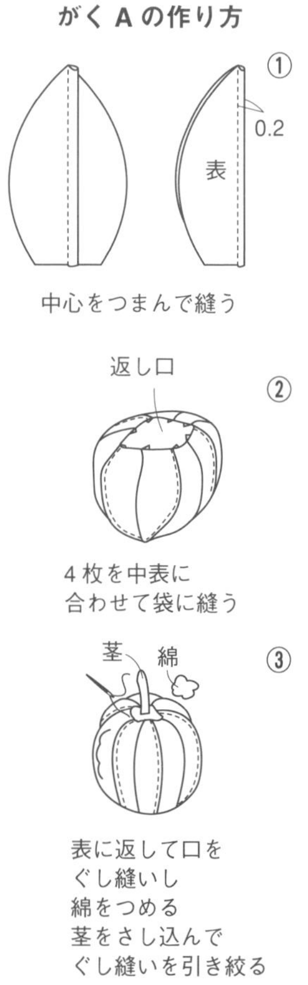

がくAの作り方
①
0.2
表
中心をつまんで縫う
②
返し口
4枚を中表に合わせて袋に縫う
③
茎
綿
表に返して口をぐし縫いし綿をつめる茎をさし込んでぐし縫いを引き絞る

茎の作り方
長さ3ワイヤーを二つ折り
二つ折りしたワイヤーを重ねてくるくる巻く

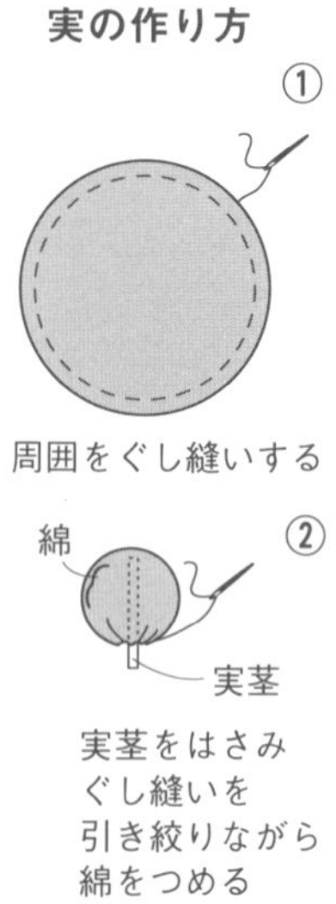

実の作り方
①
周囲をぐし縫いする
②
綿
実茎
実茎をはさみぐし縫いを引き絞りながら綿をつめる

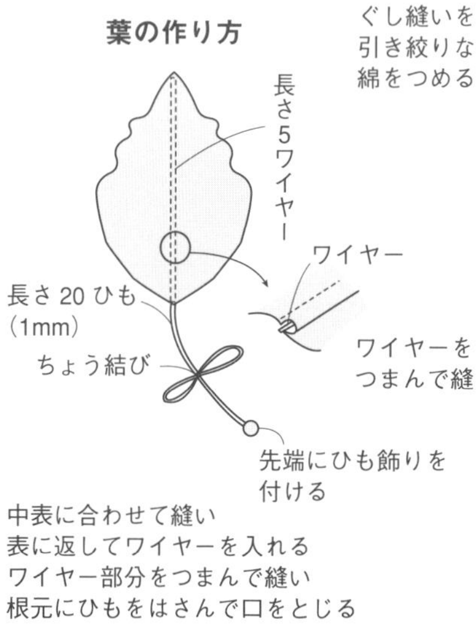

葉の作り方
長さ5ワイヤー
ワイヤー
ワイヤーをつまんで縫う
長さ20ひも(1mm)
ちょう結び
先端にひも飾りを付ける
中表に合わせて縫い表に返してワイヤーを入れるワイヤー部分をつまんで縫い根元にひもをはさんで口をとじる

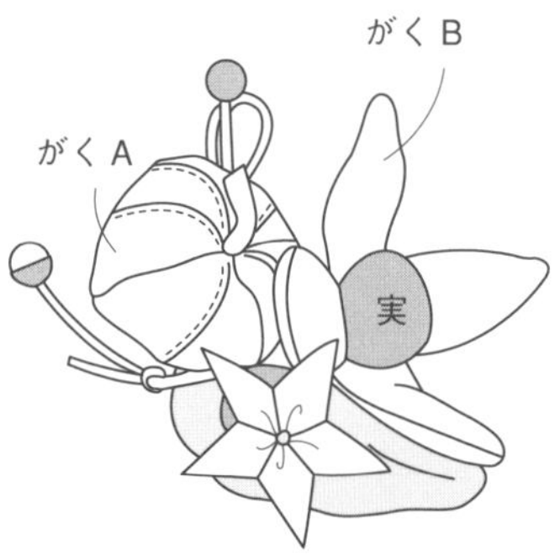

がくB
がくA
実

花芯１本

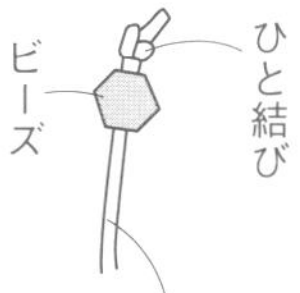
ビーズ
ひと結び
長さ４ひも（0.8mm）

がくＢの作り方

①

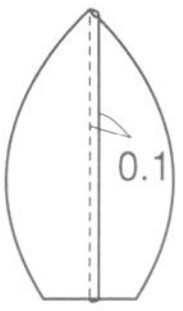
0.1

中心をつまんで
縫う

②

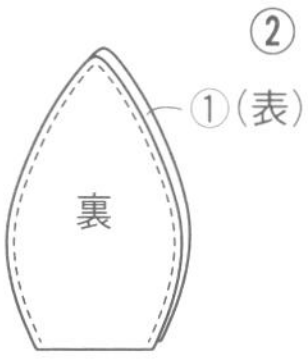
①（表）
裏

中央をつまんだものと
つまんでないものを
中表に合わせ
返し口を残して縫う

③

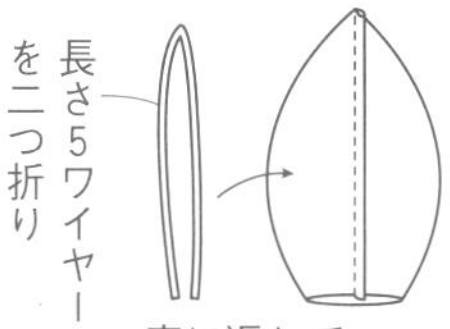
長さ5ワイヤーを二つ折り

表に返して
ワイヤーを入れる

④

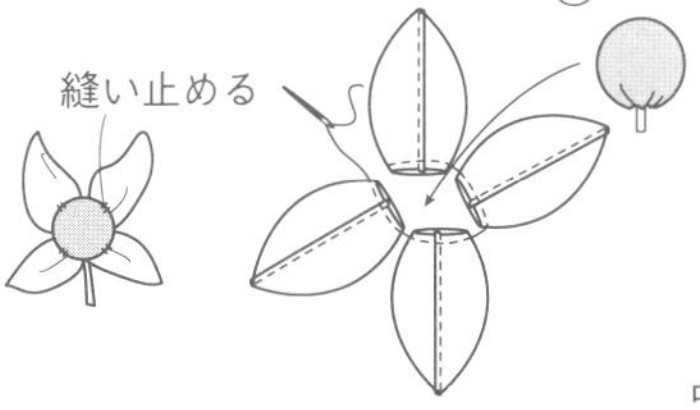
縫い止める

４枚をぐし縫いして
縫いつなぎ、中心に
実を入れて引き絞って
縫い止める

花びら
返し口

葉
返し口

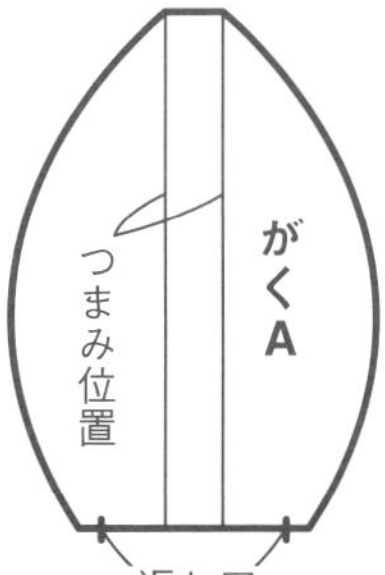
がくA
つまみ位置
返し口

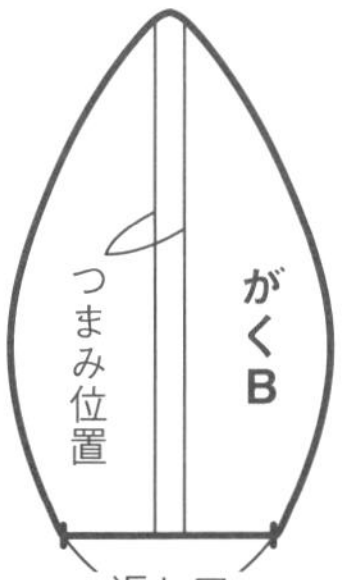
がくB
つまみ位置
返し口

花の作り方

①

花芯をはさむ

18ページのかぼちゃを
参照して外花弁と内花弁を
縫い合わせる

②

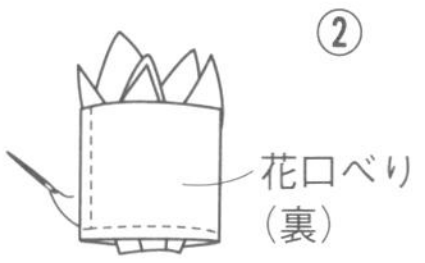
花口べり
（裏）

花に口べりを中表に
かぶせ、下を縫う

③

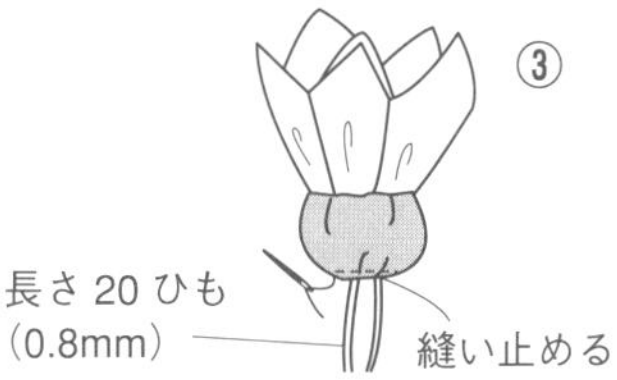
長さ 20 ひも
（0.8mm）
縫い止める

口べりを表に返して
縫い代を折って
ぐし縫いして引き絞り
ひもを入れて縫い止める

④

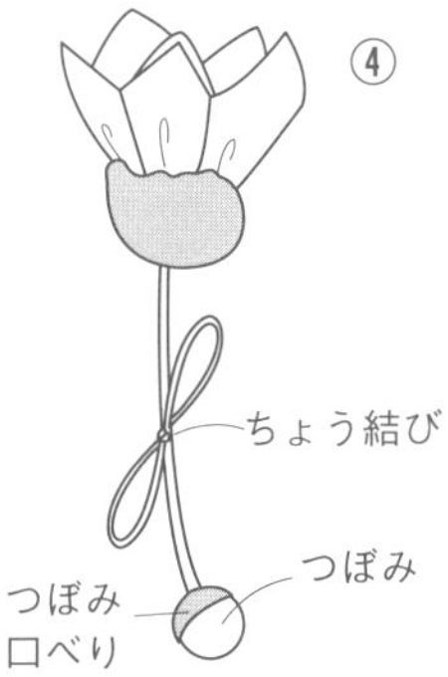
ちょう結び
つぼみ
つぼみ
口べり

つぼみとつぼみ口べりを
花同様に付けてちょう結び
をする

口べりの作り方

裏
わ

中表に合わせて
縫い、表に返す

P.10

とうもろこし

7×1.8cm

材料

実、茎、葉用布各種　つまようじ1本　手芸綿、両面接着シート、接着芯各適宜

作り方のポイント

●葉の周囲にほつれ止めののりを付ける。

作り方

①茎と実を作り、茎を実に付ける。
②実の模様を作り、ひげを付ける。
③葉を作り、実に巻いて付ける。

茎1本

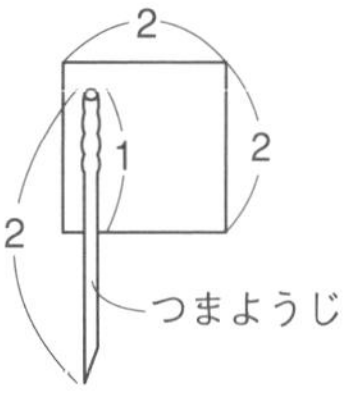
2
1
2
2
つまようじ

葉3枚

裁ち切り

※両面接着シートではり合わせた布をカットする

実2枚

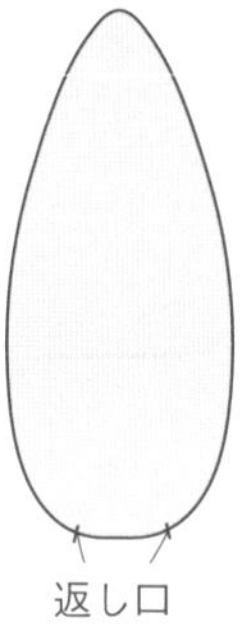
返し口

作り方

①

表
裏
返し口

実2枚を中表に合わせ
返し口を残して
周囲を縫う

②

ひげ
糸を通して結ぶ
2
模様を縫う
綿
まつる
茎

表に返して綿をつめて
茎をさし込み、返し口をとじる
実の模様を糸を渡して縫い止め
ひげを縫い付ける

③

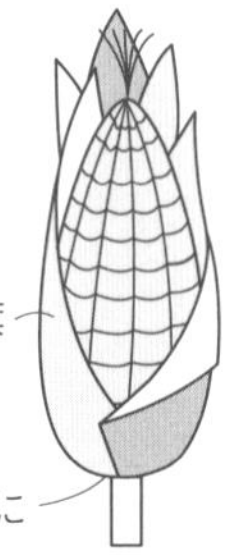
葉

茎のさし込み口に
かぶせる

実をくるむように
バランスを見ながら
葉をはる

実
返し口
葉

実物大型紙

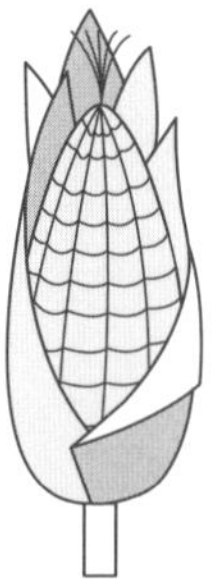

P.13

さつまいも

4×6cm

材料

実、外花弁（内花弁分含む）、つぼみ、花口べり、葉（つぼみ口べり分含む）用布各種　1mm組ひも35cm　花芯用1mm組ひも10cm　28番ワイヤー15cm　接着芯、両面接着シート、手芸綿各適宜

作り方のポイント

●花の作り方は18ページかぼちゃ参照。

●花のひもの反対側につぼみを付ける。

作り方

①実を作る。

②ワイヤーを入れて葉を作り、ひもをはさむ。

③花を作り、ひもの先に付ける。

④もう片方のひもの先につぼみを作って付ける。

⑤葉の上に花と実をのせて自由に縫い止める。

●実物大型紙69ページ

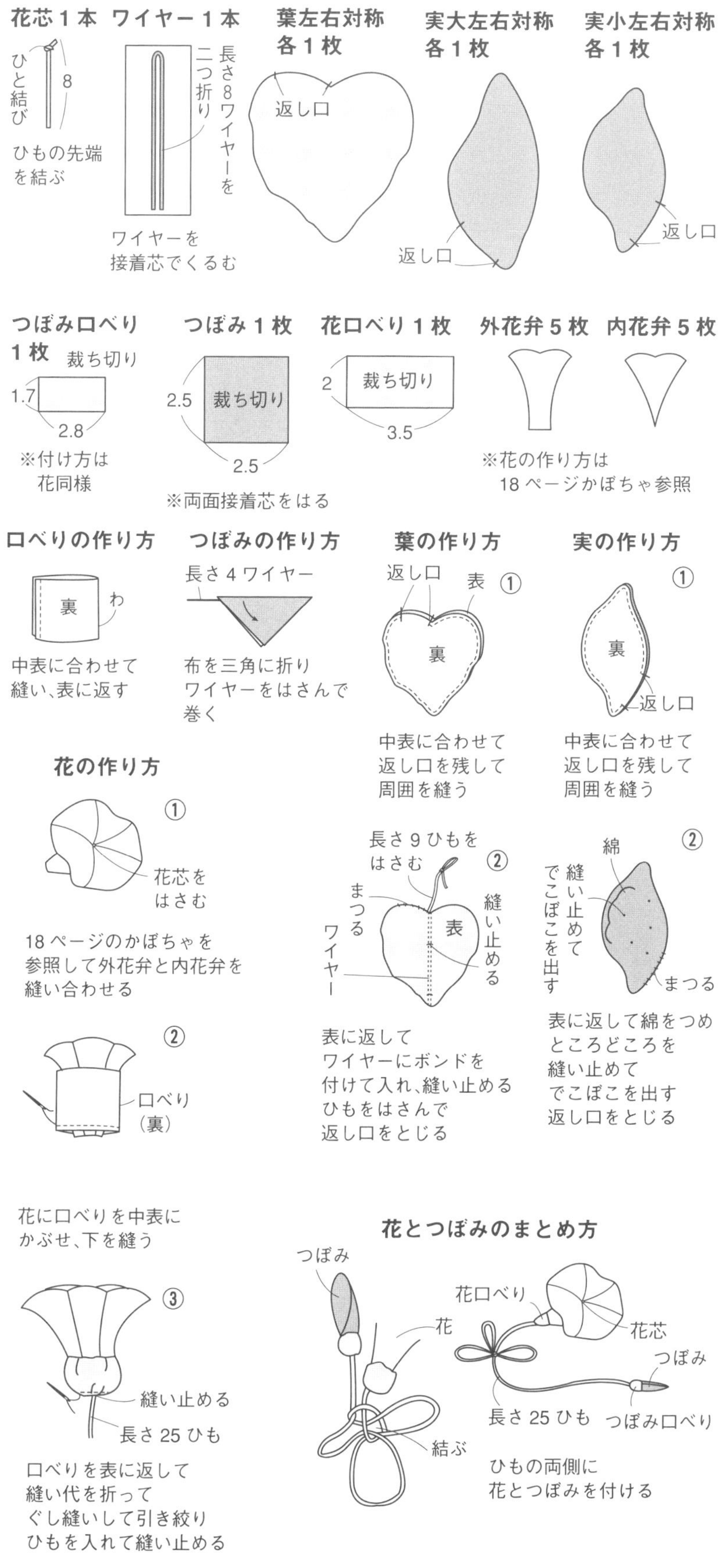

花芯1本
ひと結び
8
ひもの先端を結ぶ
ワイヤー1本
長さ8ワイヤーを二つ折り
ワイヤーを接着芯でくるむ
葉左右対称 各1枚
返し口
実大左右対称 各1枚
返し口
実小左右対称 各1枚
返し口
つぼみ口べり 1枚
裁ち切り
1.7
2.8
※付け方は花同様
つぼみ1枚
2.5
裁ち切り
2.5
※両面接着芯をはる
花口べり1枚
2
裁ち切り
3.5
外花弁5枚
内花弁5枚
※花の作り方は18ページかぼちゃ参照
口べりの作り方
裏
わ
中表に合わせて縫い、表に返す
つぼみの作り方
長さ4ワイヤー
布を三角に折りワイヤーをはさんで巻く
葉の作り方
返し口
表
①
裏
中表に合わせて返し口を残して周囲を縫う
実の作り方
①
裏
返し口
中表に合わせて返し口を残して周囲を縫う
花の作り方
①
花芯をはさむ
18ページのかぼちゃを参照して外花弁と内花弁を縫い合わせる
②
口べり（裏）
花に口べりを中表にかぶせ、下を縫う
③
縫い止める
長さ25ひも
口べりを表に返して縫い代を折ってぐし縫いして引き絞りひもを入れて縫い止める
長さ9ひもをはさむ
②
まつる
ワイヤー
表
縫い止める
表に返してワイヤーにボンドを付けて入れ、縫い止めるひもをはさんで返し口をとじる
綿
②
縫い止めてでこぼこを出す
まつる
表に返して綿をつめところどころを縫い止めてでこぼこを出す返し口をとじる
花とつぼみのまとめ方
つぼみ
花
結ぶ
花口べり
花芯
つぼみ
長さ25ひも
つぼみ口べり
ひもの両側に花とつぼみを付ける

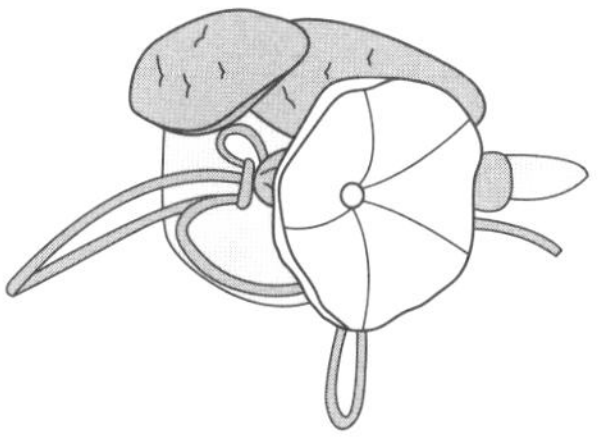

P.14

どんぐり

7.5×5.5cm

材料

実、帽子、葉、ひも飾り用布各種　直径1.5cmスチロールボール3個　28番ワイヤー5cm　飾り結び用0.8mm組ひも（どんぐり1つ分含む）35cm　どんぐり用0.8mm組ひも20cm　接着芯、手芸綿各適宜

作り方のポイント

●長さ25cmのひもの両端にひも飾りを付け、梅結びをする。梅結びは上の輪っかを後ろに折り込んで縫い止め、左右の輪っかを大きく引き出す。梅結びのしかたは60ページ参照。

作り方

①帽子を作り、実を作ってかぶせる。
②葉を作る。
③葉とどんぐりをまとめる。
④ひもの先にひも飾りを付ける。
⑤梅結びをして葉の上に付ける。

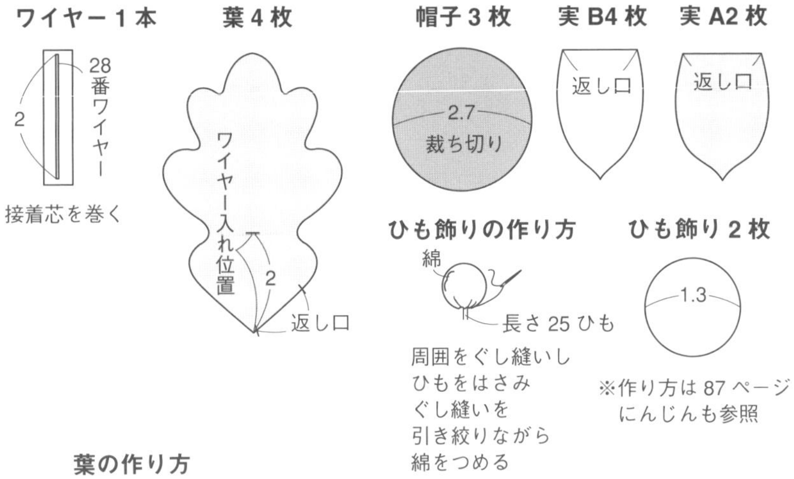

葉の作り方

①

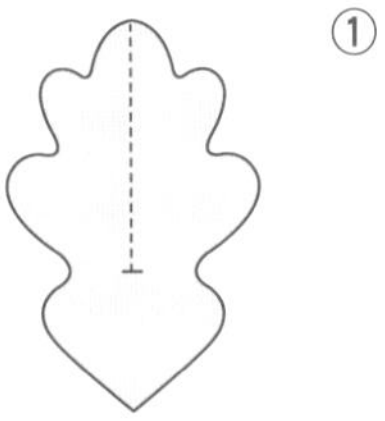

2枚を中表に合わせて縫い
表に返してステッチをする

②

ワイヤーを入れて返し口をとじ
ワイヤー部分をつまんで縫う

実の作り方

①

中表に合わせて
周囲を縫う

②

表に返して綿をつめ
口をぐし縫いして
引き絞る
先端にひげを付ける

③

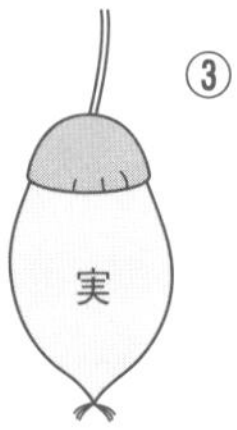

実に帽子をかぶせて
ボンドで付ける

帽子の作り方

①

スチロールボールを
カットし、中身をくり抜く

②

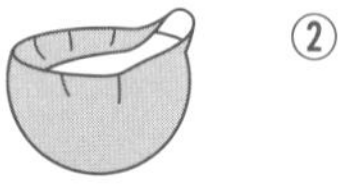

帽子用布で
スチロールボールを
くるんではる

③

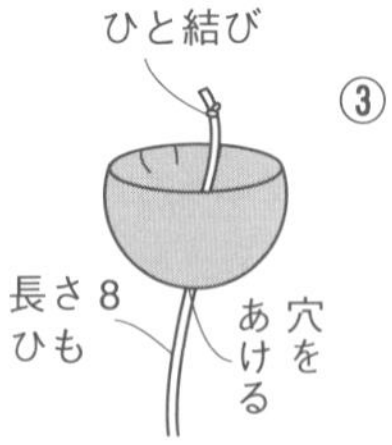

目打ちで穴をあけて
ひもを通す

まとめ方

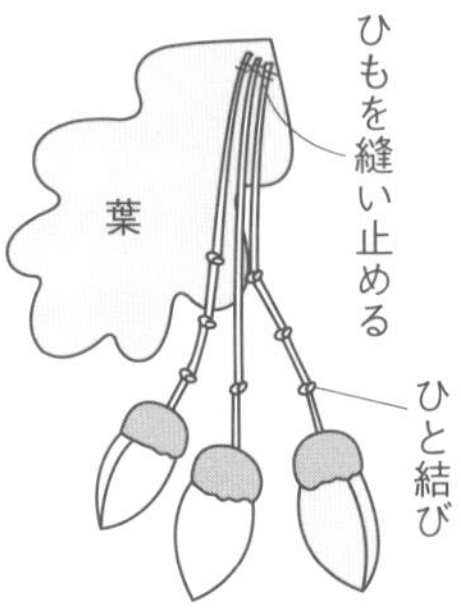

葉1枚の上にどんぐりのひもを
重ねて縫い止め、さらに上に
葉を重ねて縫い止める

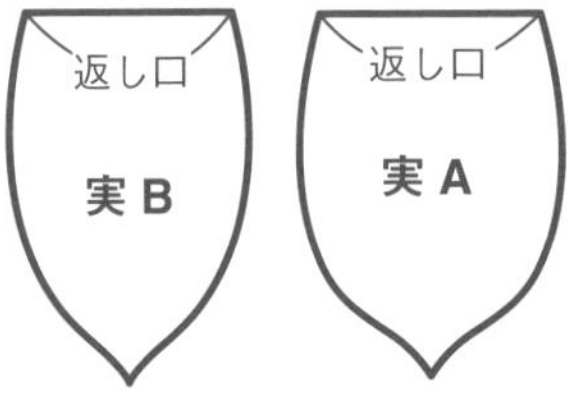

実物大型紙

銀杏

6×8cm

材料

実、葉（茎分含む）用布各種 0.8mm組ひも40cm　26番ワイヤー20cm　手芸綿、両面接着シート、接着芯各適宜

作り方のポイント

●つゆ結びと梅結びのしかたは、60ページ参照。

作り方

①葉と茎を作ってまとめる。
②実を作る。
③実から出ているひもをつゆ結びする。
④葉を組み合わせ、間に実のひもをはさんで縫い止める。
⑤梅結びを作り、縫い止める。

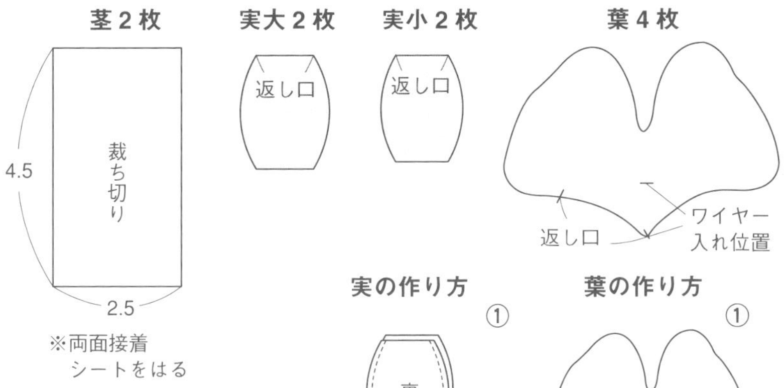
茎２枚
4.5
裁ち切り
2.5
※両面接着シートをはる
実大２枚
返し口
実小２枚
返し口
葉４枚
返し口
ワイヤー入れ位置

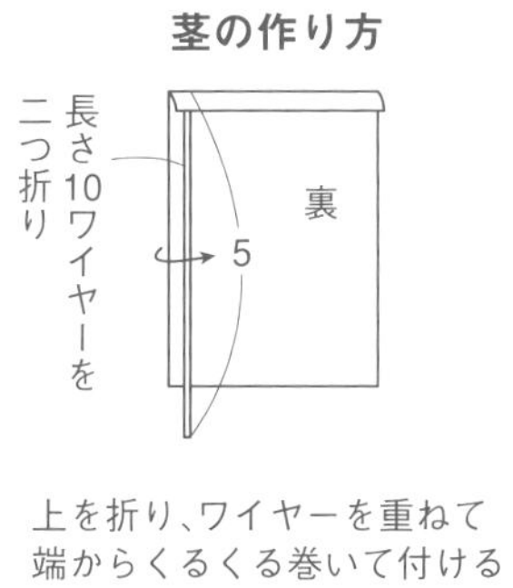
茎の作り方
長さ10ワイヤーを二つ折り
5
裏
上を折り、ワイヤーを重ねて端からくるくる巻いて付ける

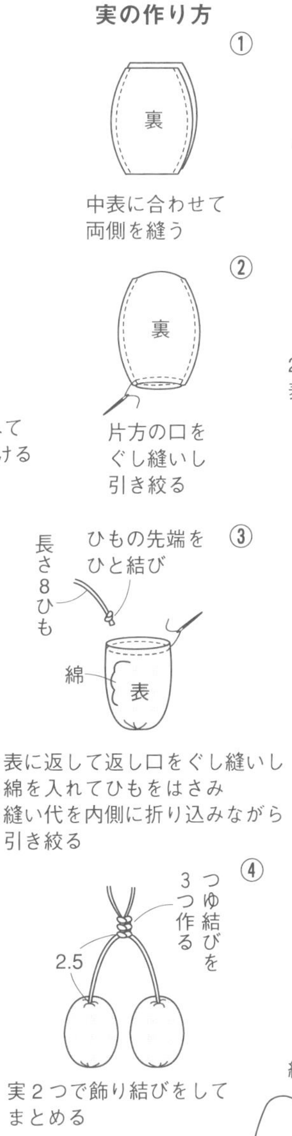
実の作り方
①
裏
中表に合わせて両側を縫う
②
裏
片方の口をぐし縫いし引き絞る
③
長さ8ひも
ひもの先端をひと結び
綿
表
表に返して返し口をぐし縫いし綿を入れてひもをはさみ縫い代を内側に折り込みながら引き絞る
④
3つ作る
つゆ結びを
2.5
実２つで飾り結びをしてまとめる

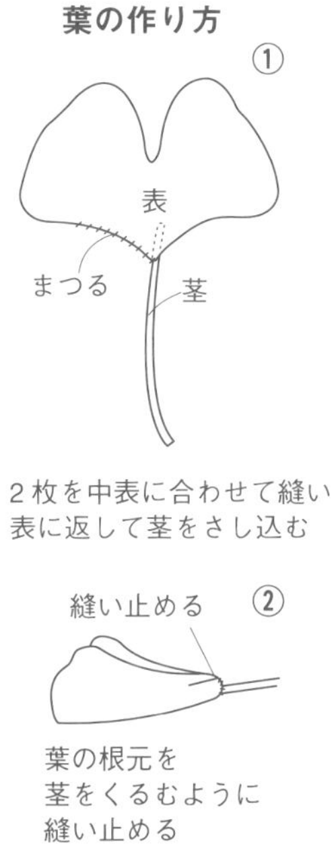
葉の作り方
①
表
まつる
茎
２枚を中表に合わせて縫い表に返して茎をさし込む
②
縫い止める
葉の根元を茎をくるむように縫い止める

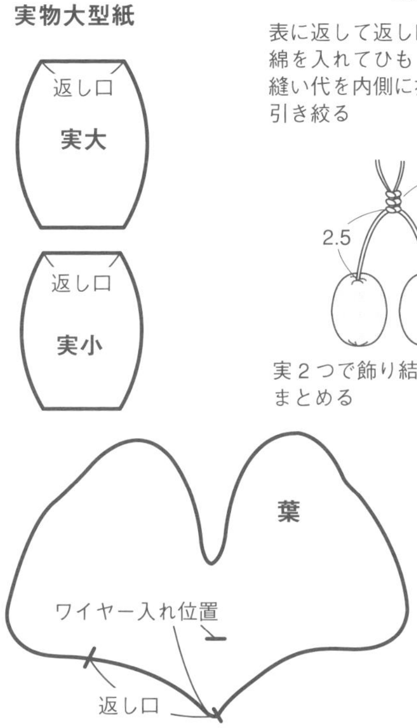
実物大型紙
返し口
実大
返し口
実小
葉
ワイヤー入れ位置
返し口

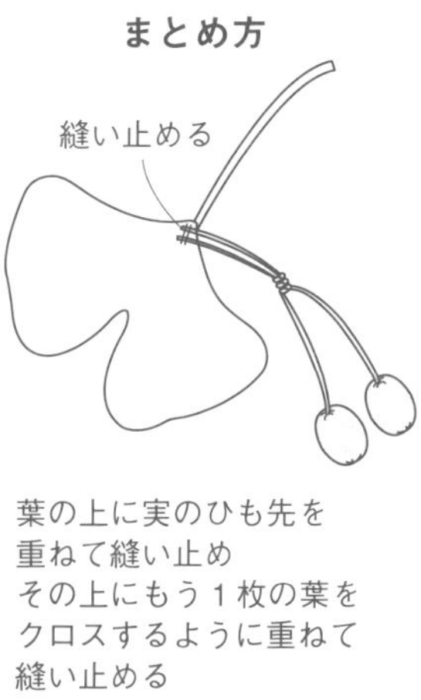
まとめ方
縫い止める
葉の上に実のひも先を重ねて縫い止めその上にもう１枚の葉をクロスするように重ねて縫い止める

長さ20ひも梅結び

P.14

あけび

8×8cm

材料

皮、実、花びら、花芯、葉、口べり、ひも飾り用布各種　実用0.8mm組ひも20cm　まとめ用0.8mm組ひも40cm　28番ワイヤー130cm　穴糸、両面接着シート、接着芯、手芸綿各適宜

作り方のポイント

●まとめ用の長さ40cmひもで実、葉、花をまとめてまとめ結びする。
●実のひもの1本とまとめ用のひもの片方のはしにひも飾りを付ける。

作り方

①実と皮を作り、皮の中に実を入れて縫い止め、2本のひも同士をつゆ結びをする。
②茎を作る。
③葉を作り、茎を入れて5本まとめる。
④茎を入れて花芯を作り、花を作って口べりを付けてまとめる。
⑤花と葉をまとめ、茎にまとめ用のひもを巻きながら、実のひもを巻き込んでまとめ結びをする。
⑥ひもの先端にワイヤーを通してくるくる巻いたり形を作る。
⑦ひも飾りを付ける。

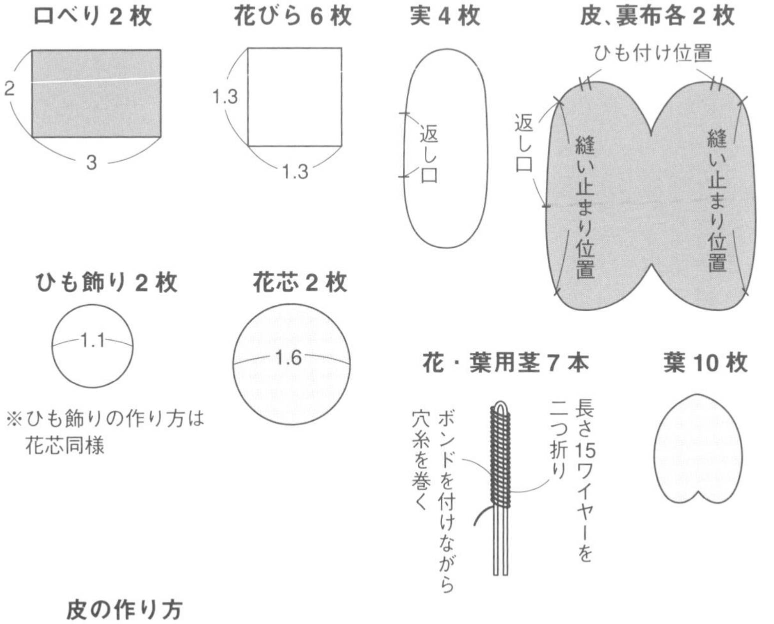

口べり2枚
2
3
花びら6枚
1.3
1.3
実4枚
返し口
皮、裏布各2枚
ひも付け位置
返し口
縫い止まり位置
縫い止まり位置
ひも飾り2枚
1.1
※ひも飾りの作り方は花芯同様
花芯2枚
1.6
花・葉用茎7本
長さ15ワイヤーを二つ折り
ボンドを付けながら穴糸を巻く
葉10枚

皮の作り方

①

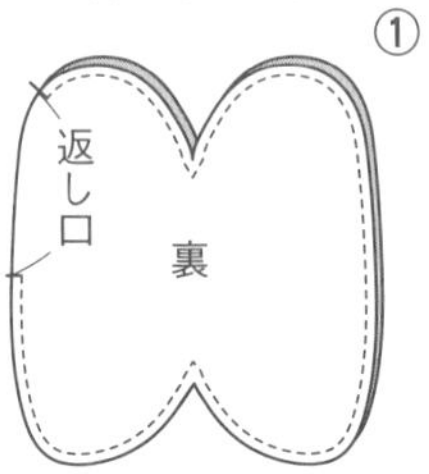

返し口
裏

中表に合わせ
返し口を残して
周囲を縫う

②

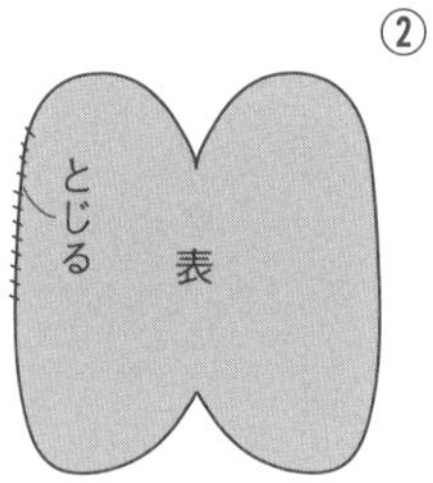

とじる
表

表に返して
返し口をとじる

③

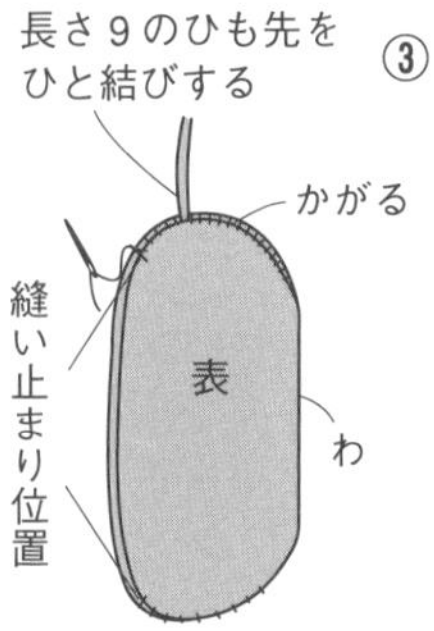

長さ9のひも先をひと結びする
かがる
縫い止まり位置
表
わ

外表に二つ折りし
縫い止まり位置から
縫い止まり位置まで縫う

実の作り方

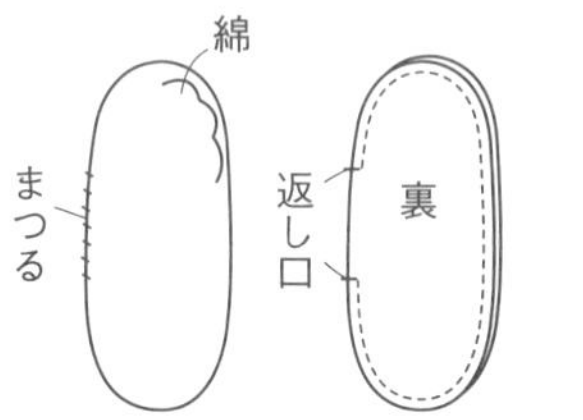

綿
まつる
返し口
裏

中表に合わせて
返し口を残して周囲を縫い
表に返して綿をつめて
返し口をとじる

実のまとめ方

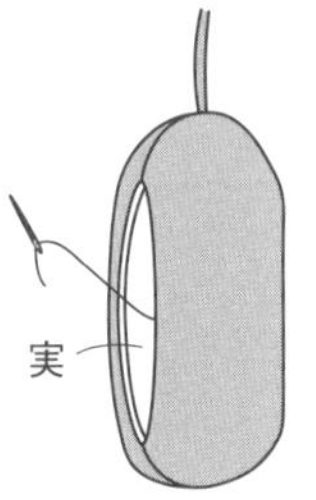

実

皮の中に実を入れ
内側でまつる

葉の作り方

①

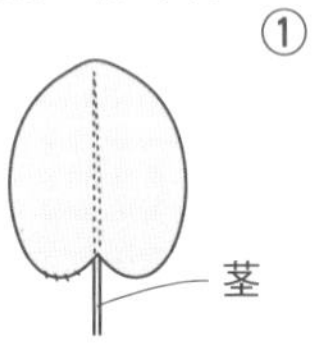

茎

2枚を中表に合わせて
縫い、表に返して茎を
入れる

②

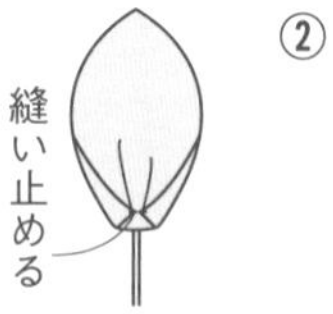

縫い止める

根元をつまんで
縫い止める

③

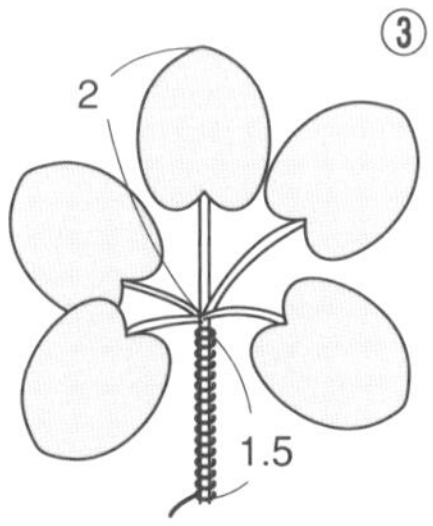

2
1.5

5枚をまとめて
ひもで巻く

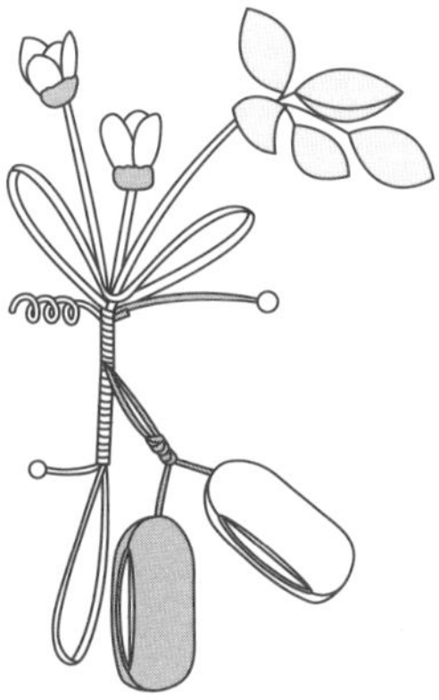

花のまとめ方

①

花芯

花びら 3 枚を縫いつなぎ
内側に花芯を入れて
引き絞る

②

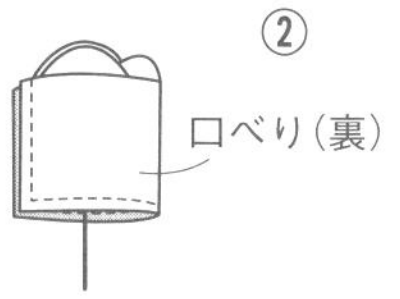
口べり（裏）

花に口べりを中表に合わせて
下を縫い、表に返す

③

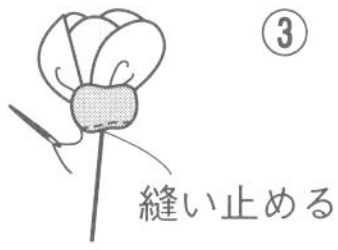
縫い止める

縫い代を折ってぐし縫いし
引き絞る

口べりの作り方

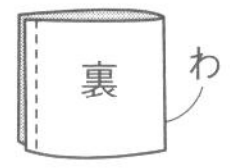
裏
わ

中表に合わせて
縫い、表に返す

花芯の作り方

①

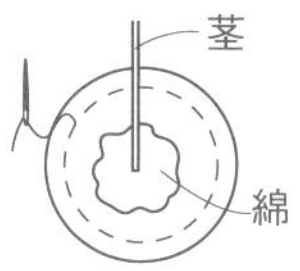
茎
綿

ぐし縫いをして
茎と綿を入れて
縫い代を折り込んで
引き絞る

②

花芯
糸を 8 方向に
渡す

中心から外に向けて
糸を渡す

花びらの作り方

①

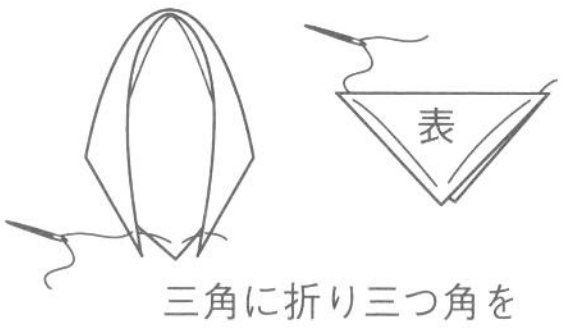
表

三角に折り三つ角を
すくい、引き絞る

②

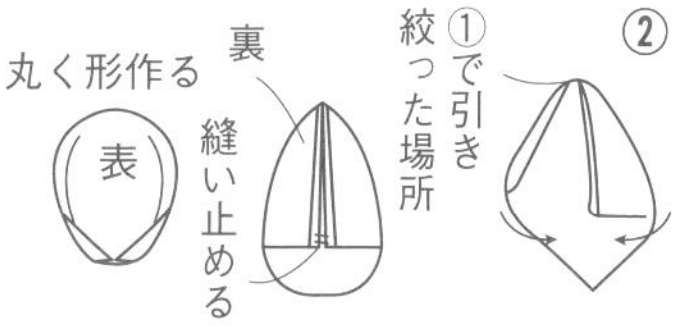
丸く形作る
表
裏
縫い止める
①で引き絞った場所

下側を付き合わせて縫い止める

まとめ方

花と葉をまとめる

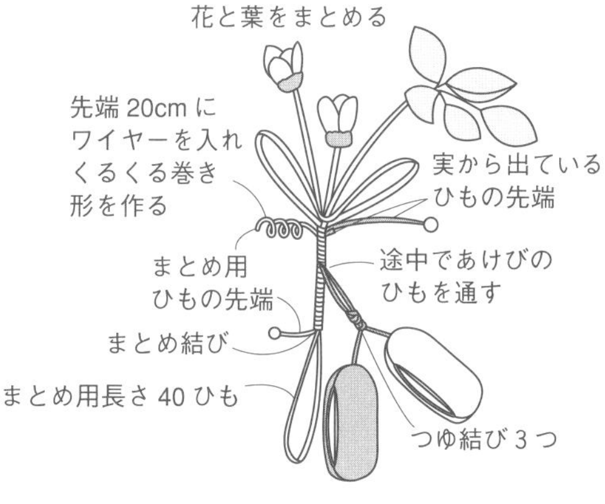
先端 20cm に
ワイヤーを入れ
くるくる巻き
形を作る
実から出ている
ひもの先端
まとめ用
ひもの先端
途中であけびの
ひもを通す
まとめ結び
まとめ用長さ 40 ひも
つゆ結び 3 つ

葉と花のワイヤーをまとめ
ひもでまとめ結びをし
途中で実のひもをはさむ

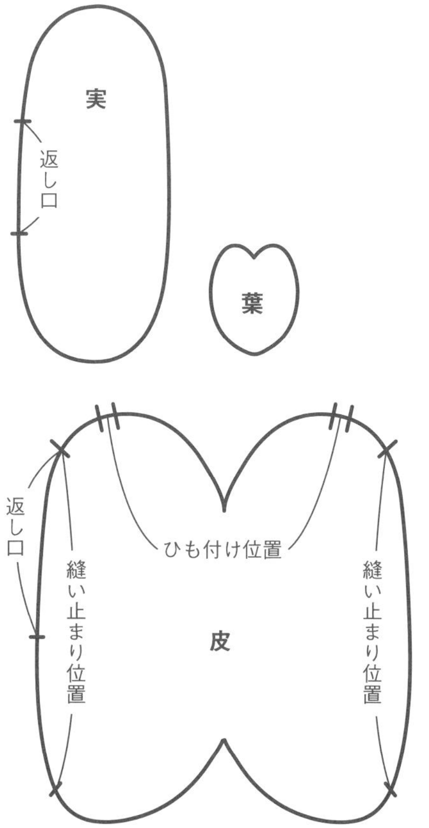
実
返し口
葉
返し口
ひも付け位置
縫い止まり位置
皮
縫い止まり位置

実物大型紙

栗

6.5×5cm

材料

実、口べり、葉、茎、ひも飾り用布各種　0.8mm組ひも50cm　28番ワイヤー5cm　両面接着シート、接着芯、手芸綿各適宜

作り方のポイント

●几帳結びのしかたは63ページ参照。

作り方

①実を作り、口べりを付けてひもを通す。
②ひもにひも飾りを付けて几帳結びをする。
③茎と葉を作り、葉に茎を入れてまとめる。
④葉の上に実をのせて自由に縫い止める。

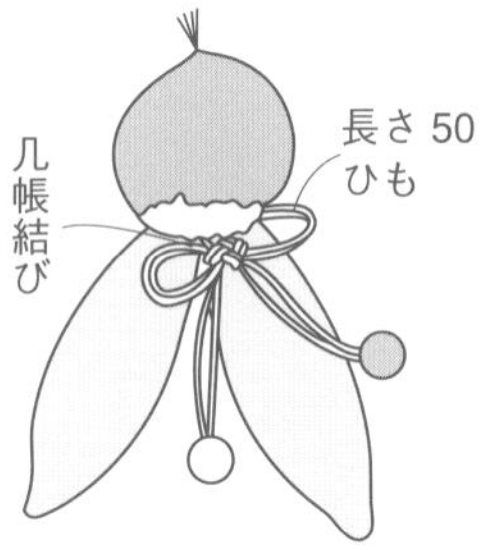

茎 2 枚

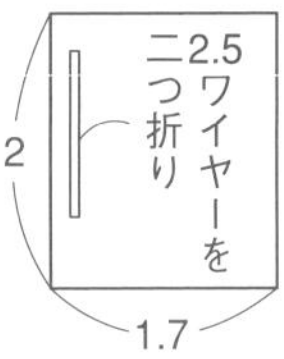

※両面接着シートをはってワイヤーを巻く

葉 4 枚

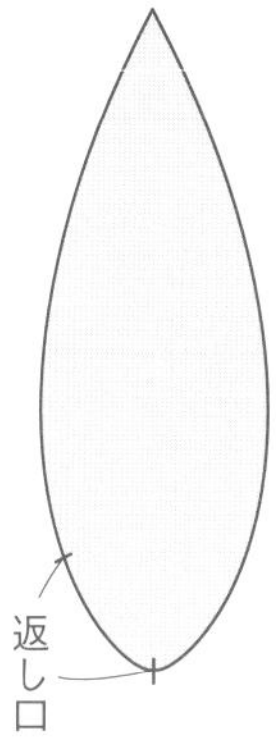

実 B 左右対称各 1 枚

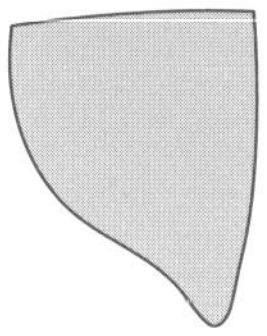

実 A1 枚

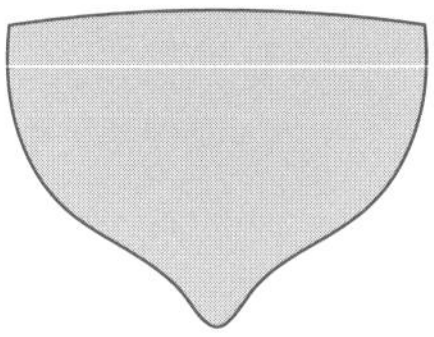

ひも飾り 2 枚

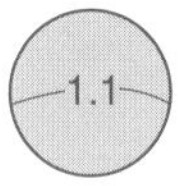

口べり 2 枚

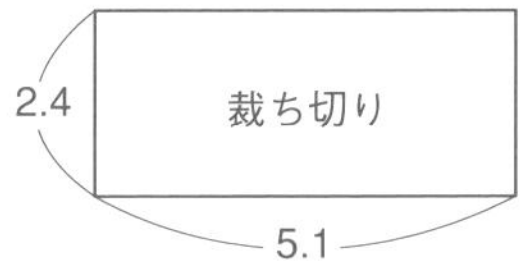

ひも飾りの作り方

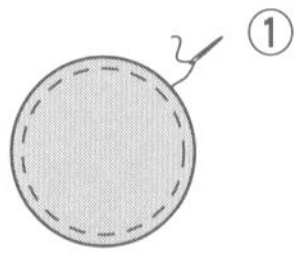

周囲をぐし縫いする

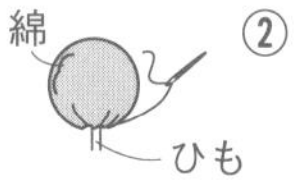

ひもをはさみ
ぐし縫いを
引き絞りながら
綿をつめる

葉の作り方

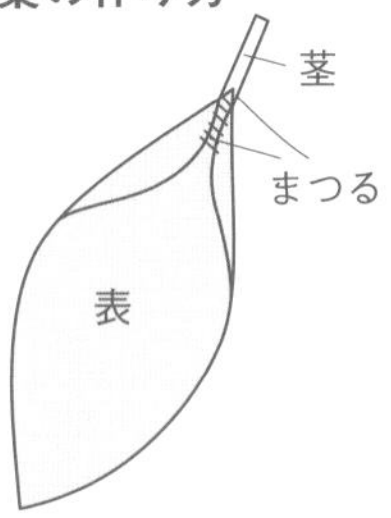

2 枚を中表に合わせて縫い
表に返して茎を入れて
返し口をとじる
葉の根元を合わせてまつる

口べりの作り方

両端の縫い代を折って
縫う

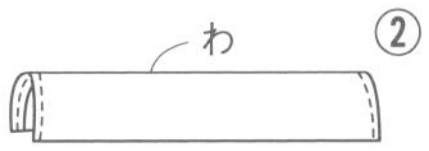

外表に二つ折りする

実の作り方

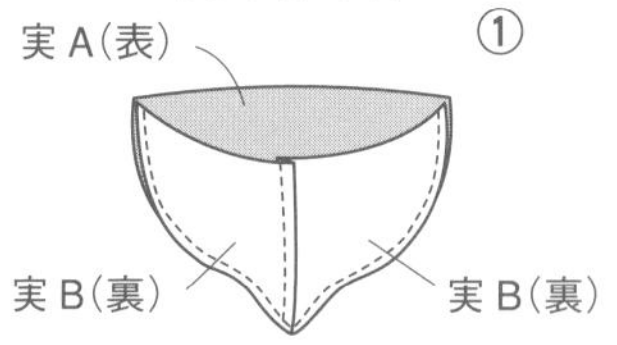

3 枚を中表に合わせて縫う

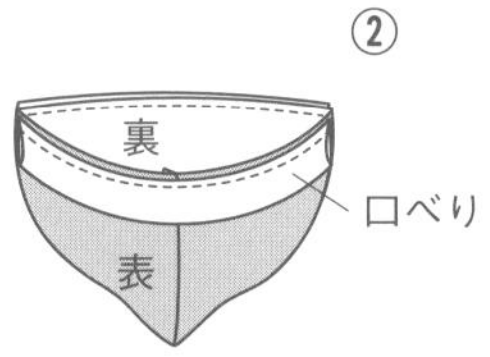

表に返して口べりを縫う

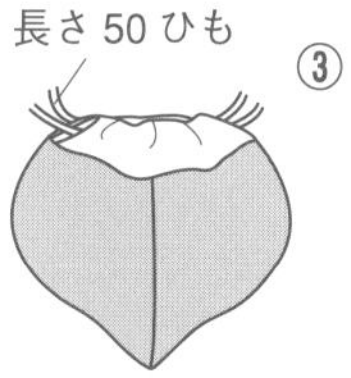

口べりを上に返し
左右からひもを通す

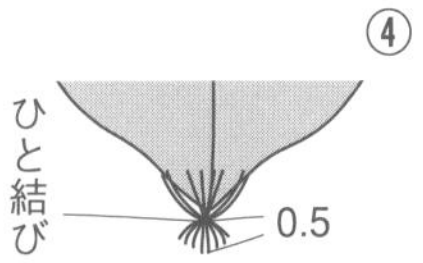

実の先に 4 つに糸を渡し
上でひと結びする

実物大型紙

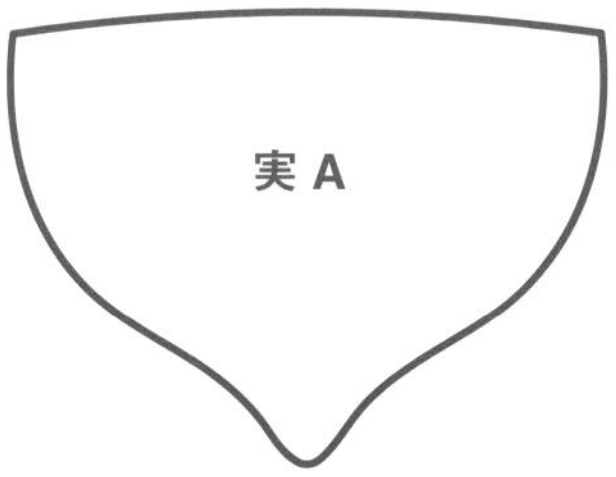

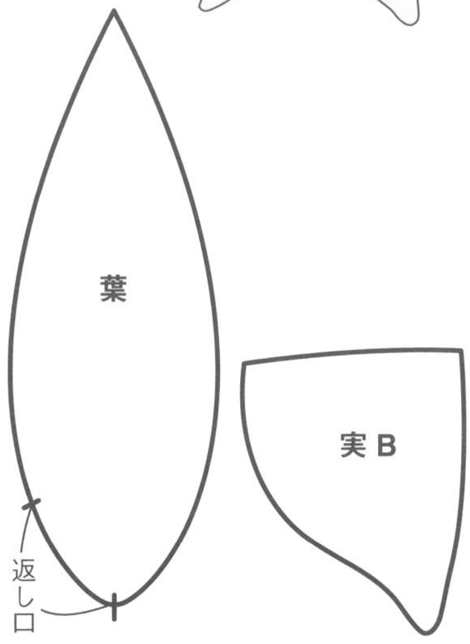

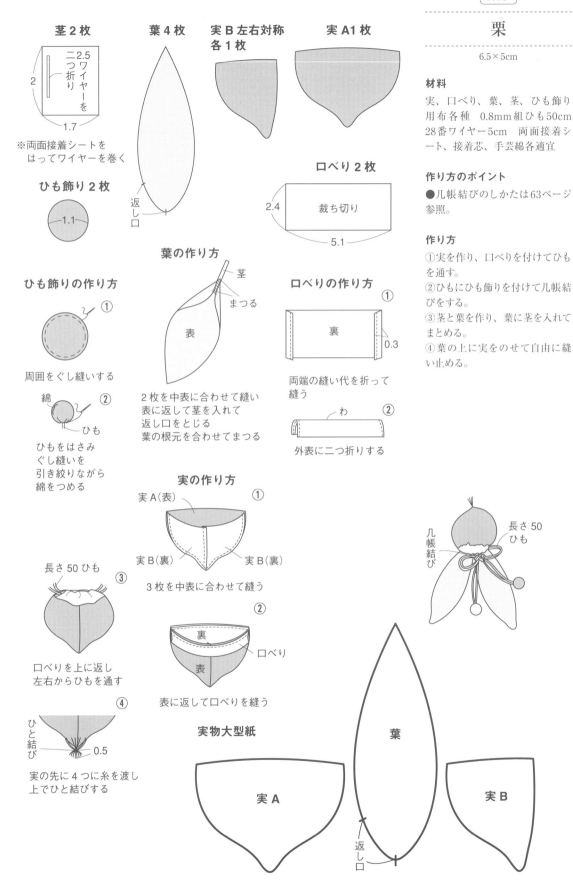

P.16

にんじん

8.5×4cm

材料

実、口べり、葉、ひも飾り用布各種　0.8mm組ひも50cm　28番ワイヤー20cm　接着芯、手芸綿各適宜

作り方のポイント

●ストレートステッチの刺し方は96ページ参照。

作り方

①実、葉、口べりを作る。
②実に口べりを付けてひもを通す。
③口べりに葉を付ける。
④実に刺しゅうをし、綿をつめる。
⑤ひも飾りを作り、ひもに付ける。
⑥ちょう結びをする。

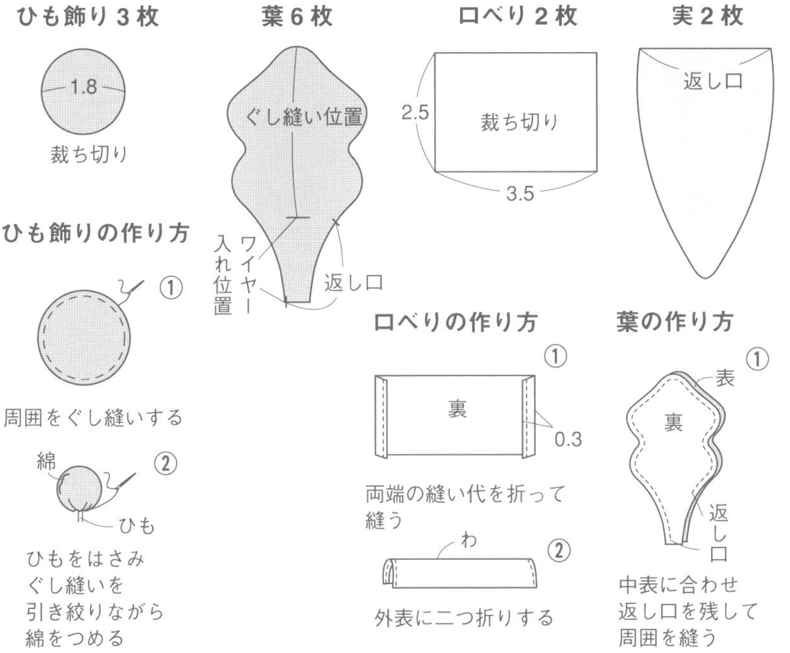

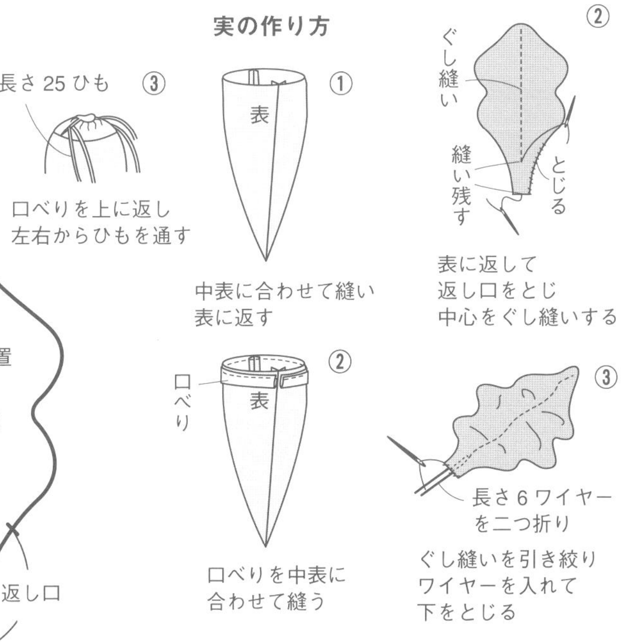

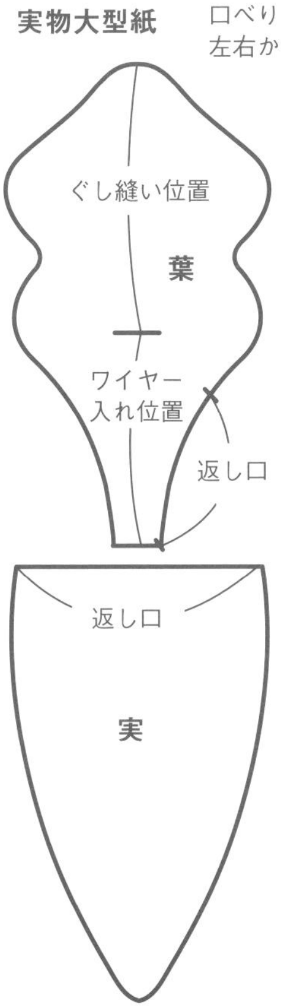

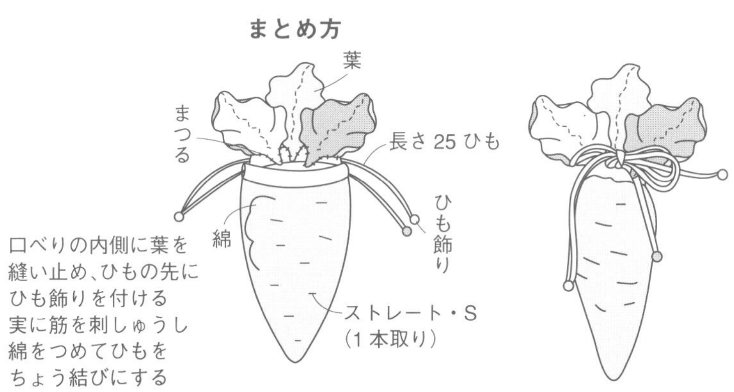

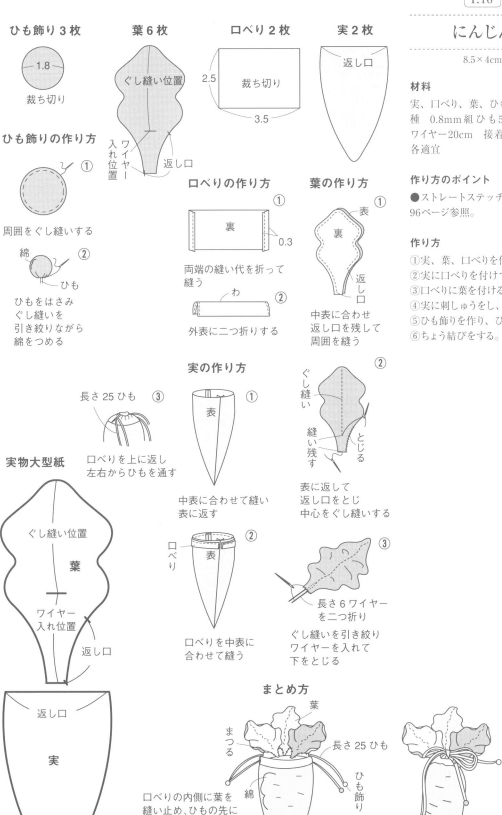

P.16

蓮

6.5×6cm

材料

実、実底、葉、花びら、花芯上(はすのひも飾り上分含む)、花芯側面、ペップ用布、口べり、つぼみ、はすのひも飾り側面用布各種　花用1mm組ひも50cm　実用1mm組ひも25cm　直径0.3cmつぶし玉2個　絹糸素玉ペップ、キルト綿、手芸綿、接着芯、両面接着シート、厚紙各適宜

作り方のポイント

●几帳結びのしかたは63ページ参照。

作り方

①花びらと花芯を作る。
②花芯の周りに花びらを縫い付け、口べり布を付けてひもを通す。
③つぼみとはすのひも飾りを作ってそれぞれひもの先端に付け、ひもをちょう結びする。
④葉を作る。
⑤実を作り、ひもを几帳結びにする。
⑥葉に花と実をのせて自由に縫い付ける。

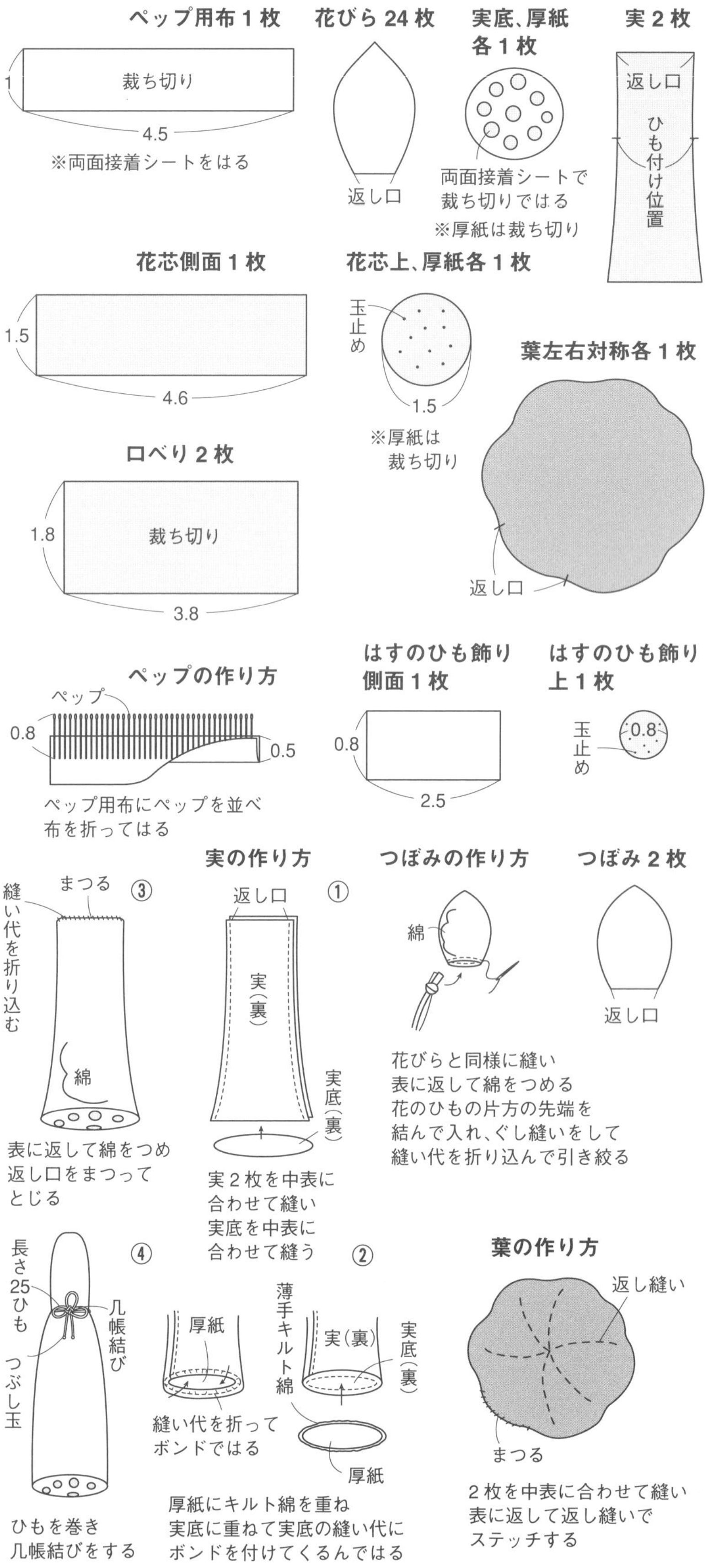

ペップ用布1枚
裁ち切り
1
4.5
※両面接着シートをはる
花びら24枚
返し口
実底、厚紙各1枚
両面接着シートで裁ち切りではる
※厚紙は裁ち切り
実2枚
返し口
ひも付け位置
花芯側面1枚
1.5
4.6
花芯上、厚紙各1枚
玉止め
1.5
※厚紙は裁ち切り
葉左右対称各1枚
返し口
口べり2枚
裁ち切り
1.8
3.8
ペップの作り方
ペップ
0.8
0.5
ペップ用布にペップを並べ布を折ってはる
はすのひも飾り側面1枚
0.8
2.5
はすのひも飾り上1枚
0.8
玉止め
実の作り方
③
まつる
縫い代を折り込む
綿
表に返して綿をつめ返し口をまつってとじる
①
返し口
実(裏)
実底(裏)
実2枚を中表に合わせて縫い実底を中表に合わせて縫う
つぼみの作り方
綿
花びらと同様に縫い表に返して綿をつめる花のひもの片方の先端を結んで入れ、ぐし縫いをして縫い代を折り込んで引き絞る
つぼみ2枚
返し口
④
長さ25ひも
几帳結び
つぶし玉
ひもを巻き几帳結びをする
②
厚紙
縫い代を折ってボンドではる
薄手キルト綿
実(裏)
実底(裏)
厚紙
厚紙にキルト綿を重ね実底に重ねて実底の縫い代にボンドを付けてくるんではる
葉の作り方
返し縫い
まつる
2枚を中表に合わせて縫い表に返して返し縫いでステッチする

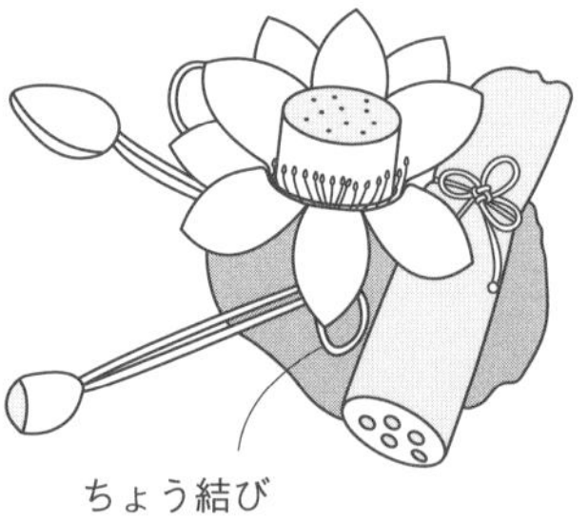

ちょう結び

花の作り方

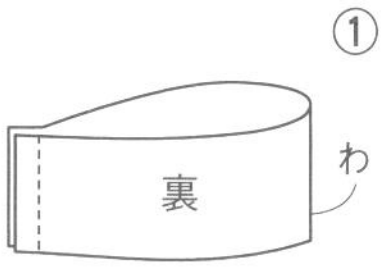
①
わ
裏

花芯側面を中表に
合わせて輪に縫う

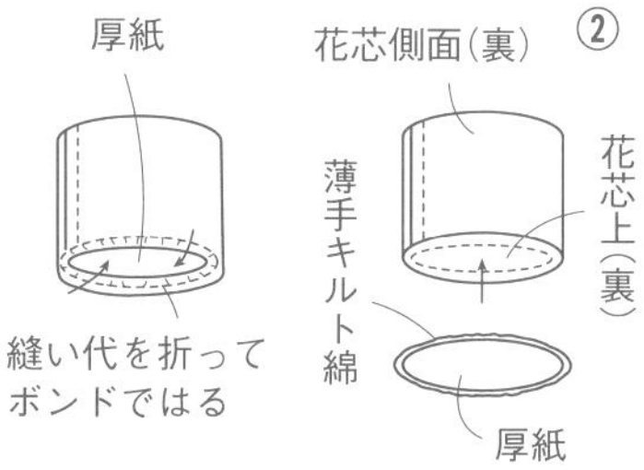
②
厚紙
縫い代を折って
ボンドではる
花芯側面（裏）
薄手キルト綿
花芯上（裏）
厚紙

花芯上を中表に合わせて縫い
厚紙にキルト綿を重ね、花芯上の
縫い代にボンドを付けてくるんではる

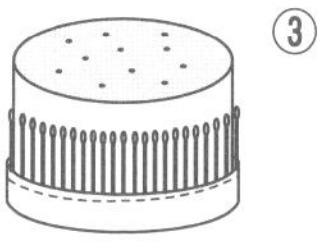
③

表に返してペップを
ぐるりと仮留めする
中に綿をつめる

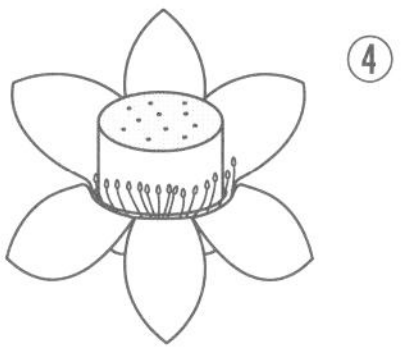
④

花芯の周囲に花びらを
6 枚仮留めする

⑤
口べり
長さ 25 ひも

花びらの間に残りの 6 枚を重ねて縫う
口べりを付け、左右からひもを通す

花びらの作り方

裏

2 枚を中表に合わせて
縫い、表に返す

はすのひも飾りの作り方

花の花芯と同様に作り
綿をつめてもう片方のひもの
先端を入れて縫い絞る

実物大型紙

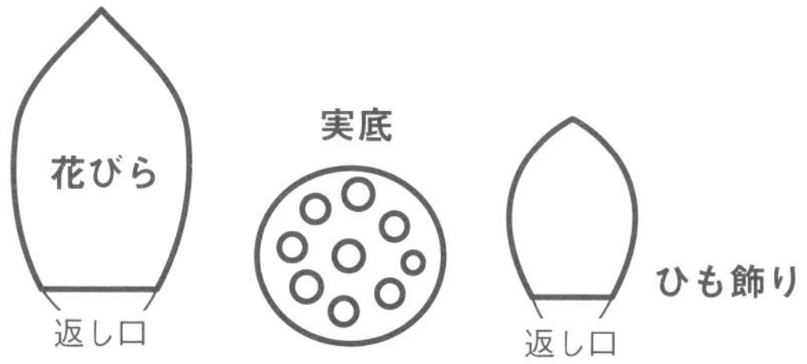
花びら
返し口
実底
ひも飾り
返し口

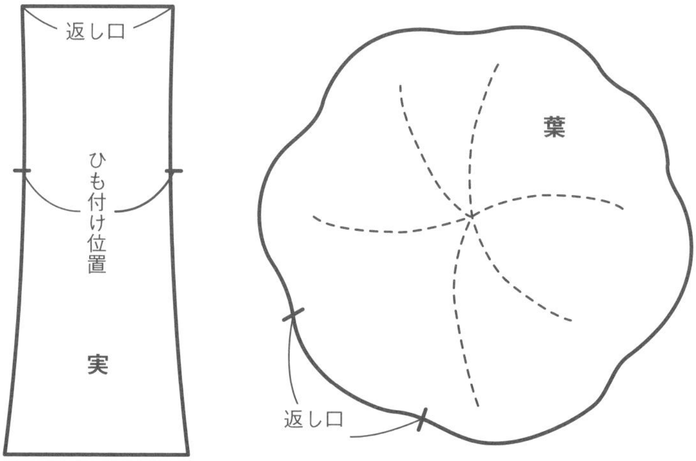
返し口
ひも付け位置
実
葉
返し口

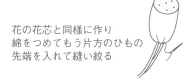

鏡餅

9×15cm

材料

干し柿へた用布各種　餅用布35×30cm　橙実用布10×10cm　橙茎用布（橙へた分含む）、橙葉用布各5×5cm　干し柿用布各30×10cm　ゆずり葉用布15×10cm　昆布用布、昆布裏布各10×5cm　裏白用布25×10cm　四方紅白用布15×15cm　四方紅紅用布30×15cm　直径7.5・10cmスチロールボール各1個　両面接着シート、厚手接着芯、28番ワイヤー、干し柿用ワイヤー、手芸綿、紙粘土、穴糸各適宜

作り方のポイント

●干し柿のワイヤーは金色のものを使用。

作り方

①スチロールボールを餅形にカットして紙粘土を付け、布でくるんで餅を作る。
②橙の実、葉、茎、へたを作り、実にへたと茎をボンドで付けて葉をまつる。
③ゆずり葉、裏白、昆布を作る。
④干し柿の実とへたを作り、実にへたをまつり、中心に玉止めをする。
⑤干し柿を10個ワイヤーに通して付ける。
⑥餅大に昆布、裏白をボンドで付け、餅小を重ねてボンドで付ける。
⑦ゆずり葉と橙をボンドで付け、最後に干し柿をボンドで付ける。
⑧四方紅を作る。

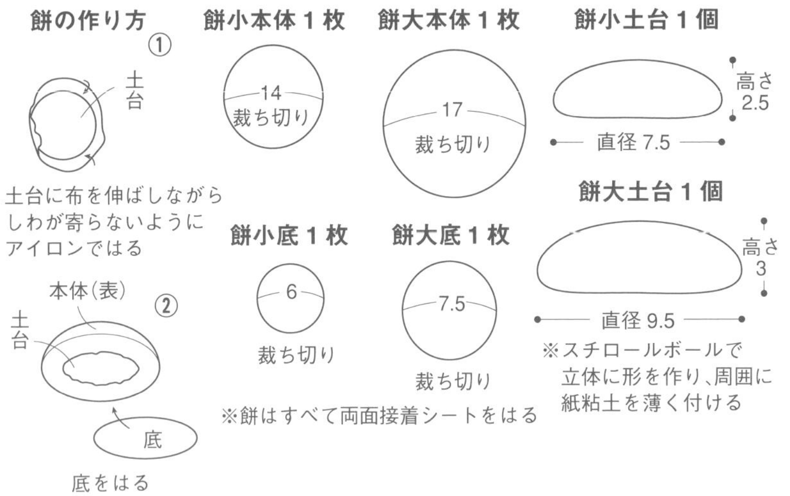

餅の作り方
①
土台
土台に布を伸ばしながら
しわが寄らないように
アイロンではる
②
本体(表)
土台
底
底をはる
餅小本体1枚
14
裁ち切り
餅大本体1枚
17
裁ち切り
餅小土台1個
高さ2.5
直径7.5
餅大土台1個
高さ3
直径9.5
※スチロールボールで
立体に形を作り、周囲に
紙粘土を薄く付ける
餅小底1枚
6
裁ち切り
餅大底1枚
7.5
裁ち切り
※餅はすべて両面接着シートをはる

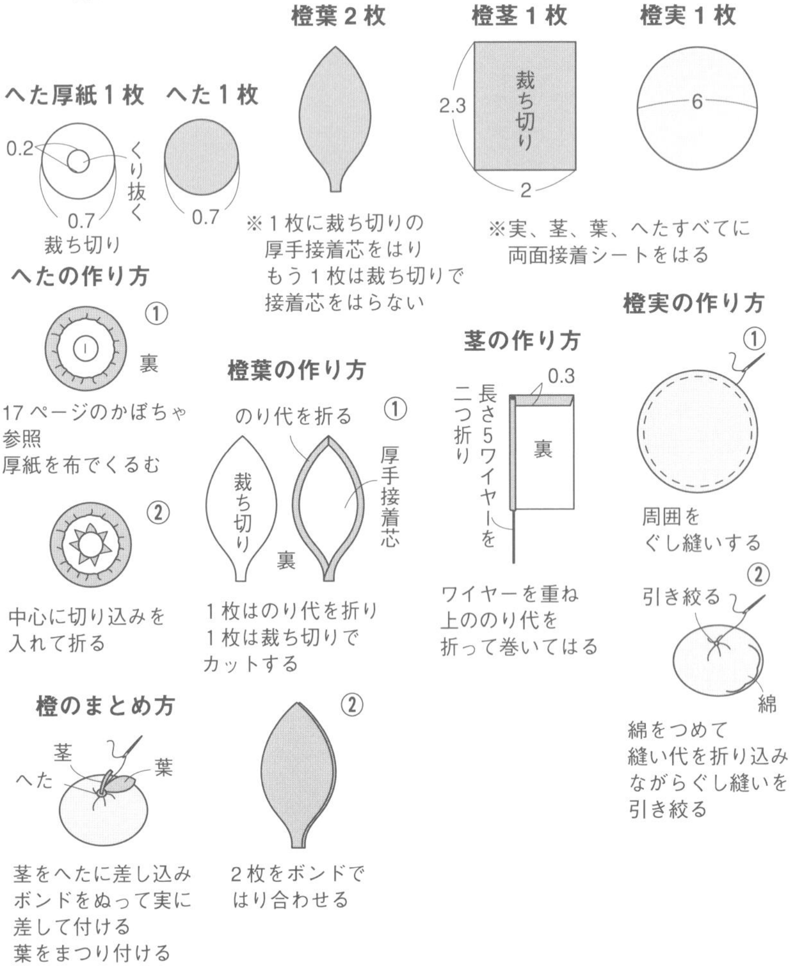

へた厚紙1枚
0.2
くり抜く
0.7
裁ち切り
へた1枚
0.7
橙葉2枚
※1枚に裁ち切りの
厚手接着芯をはり
もう1枚は裁ち切りで
接着芯をはらない
橙茎1枚
2.3
裁ち切り
2
橙実1枚
6
※実、茎、葉、へたすべてに
両面接着シートをはる
へたの作り方
①
裏
17ページのかぼちゃ
参照
厚紙を布でくるむ
②
中心に切り込みを
入れて折る
橙葉の作り方
①
のり代を折る
裁ち切り
厚手接着芯
裏
1枚はのり代を折り
1枚は裁ち切りで
カットする
②
2枚をボンドで
はり合わせる
茎の作り方
0.3
長さ5ワイヤーを二つ折り
裏
ワイヤーを重ね
上ののり代を
折って巻いてはる
橙実の作り方
①
周囲を
ぐし縫いする
②
引き絞る
綿
綿をつめて
縫い代を折り込み
ながらぐし縫いを
引き絞る
橙のまとめ方
茎
へた
葉
茎をへたに差し込み
ボンドをぬって実に
差して付ける
葉をまつり付ける

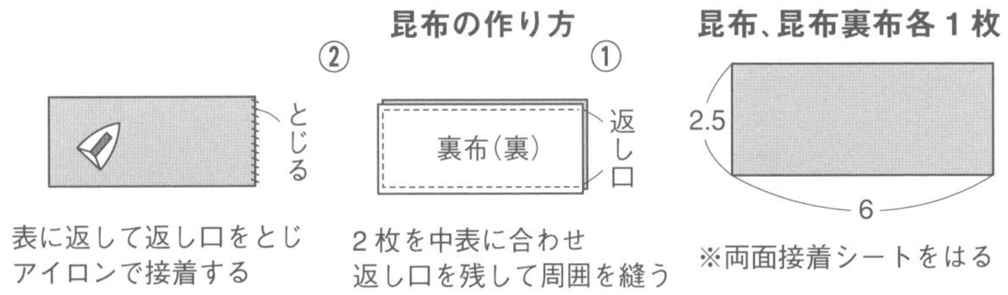

昆布の作り方
②
とじる
表に返して返し口をとじ
アイロンで接着する
①
裏布(裏)
返し口
2枚を中表に合わせ
返し口を残して周囲を縫う
昆布、昆布裏布各1枚
2.5
6
※両面接着シートをはる

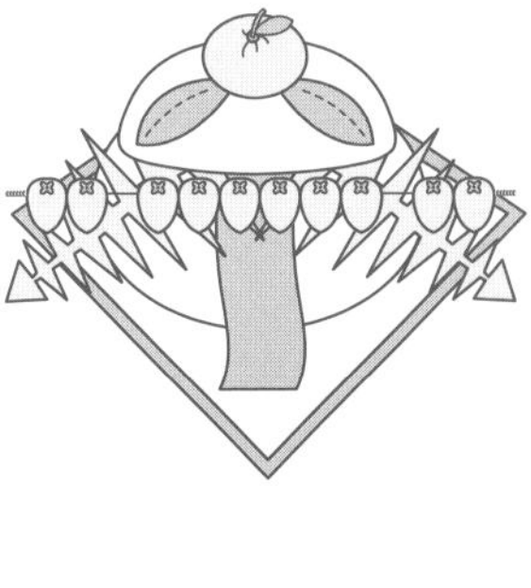

実物大型紙

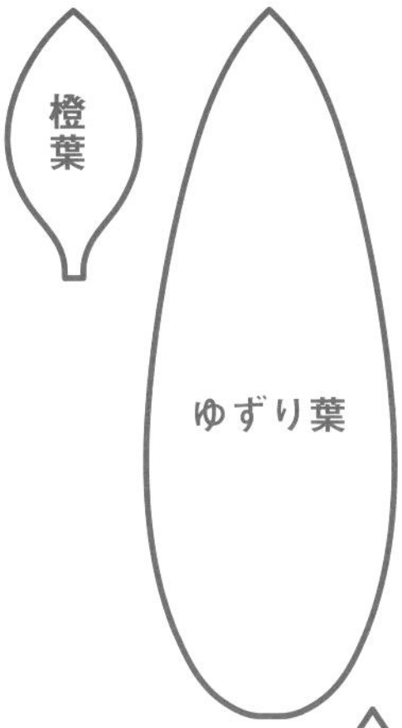

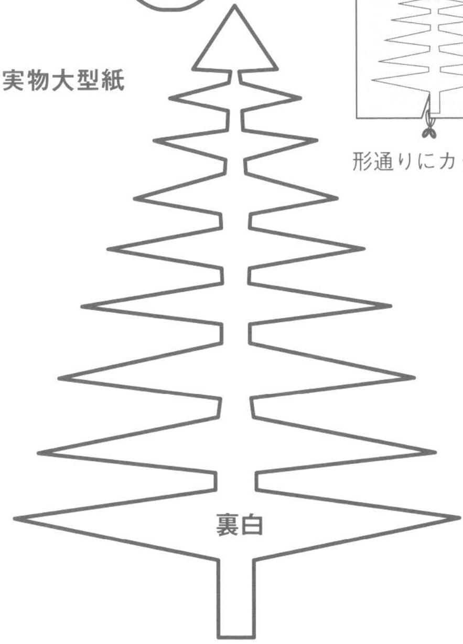

干し柿前

干し柿後ろ

裏白の作り方

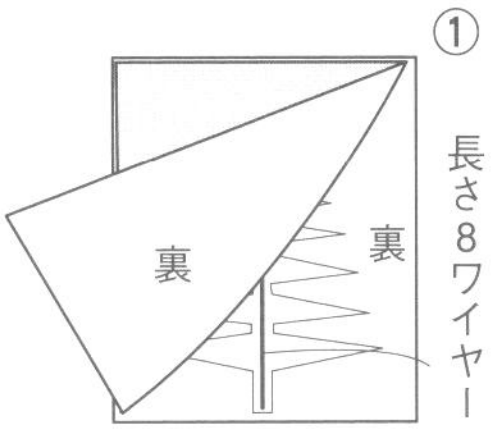

布の中央にワイヤーを重ね、2枚を外表にはる

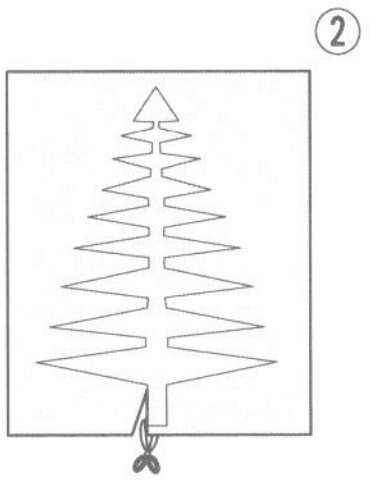

形通りにカットする

裏白4枚

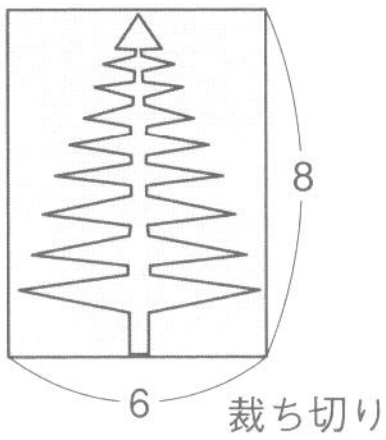

※両面接着シートをはる

ゆずり葉の作り方

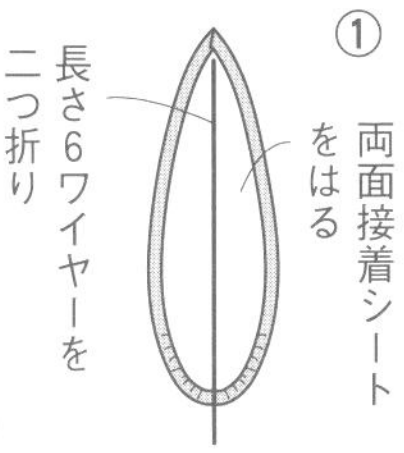

のり代を折りワイヤーを重ねる

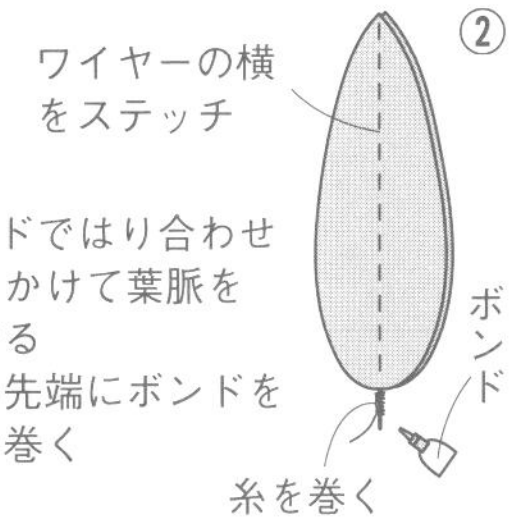

2枚をボンドではり合わせ
アイロンをかけて葉脈を
浮き出させる
ワイヤーの先端にボンドを
ぬって糸を巻く

ゆずり葉4枚

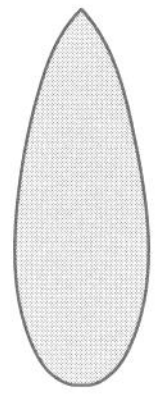

※裁ち切りの厚手接着芯をはる

干し柿の作り方

前と後ろを中表に合わせて周囲を縫う

表に返して綿を少し入れ
口をぐし縫いして
引き絞る

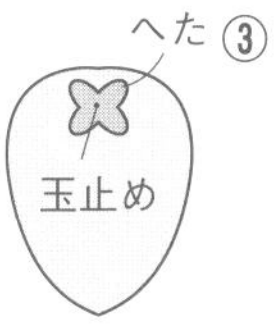

へたを縫い付け
へたの中心に
玉止めをする

干し柿後ろ10枚

干し柿前10枚

へた10枚

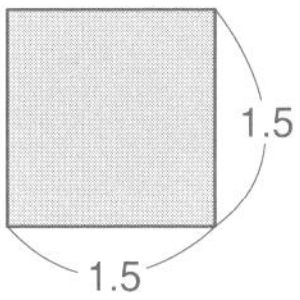

へたの作り方

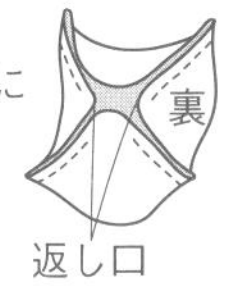

四つ角を中表に
合わせて縫い
表に返す

干し柿のまとめ方

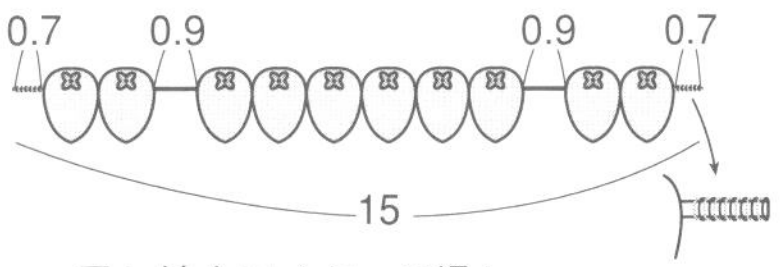

干し柿をワイヤーに通し
ボンドではる

先端に紅白の
2種類の穴糸を巻く

作り方

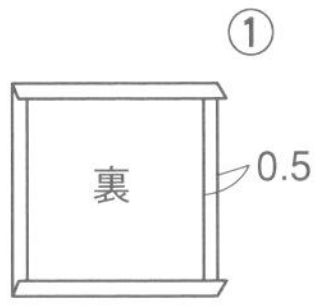

白ののり代を
折ってはる

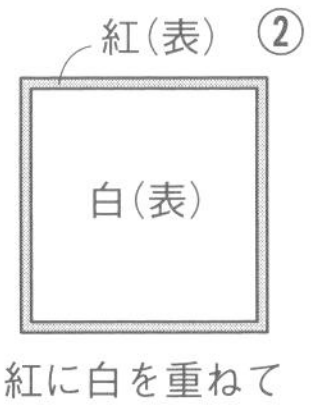

紅に白を重ねて
はる

四方紅白1枚

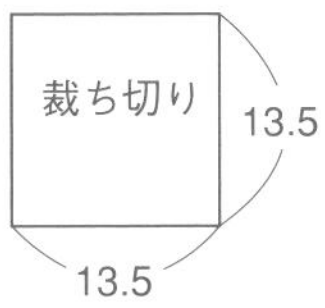

※12.5×12.5cm の接着芯と
両面接着シートをはる

四方紅紅1枚

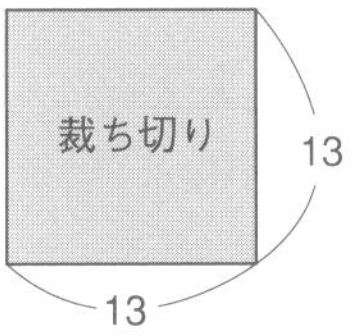

※両面接着シートで
はり合わせた布を
カットする

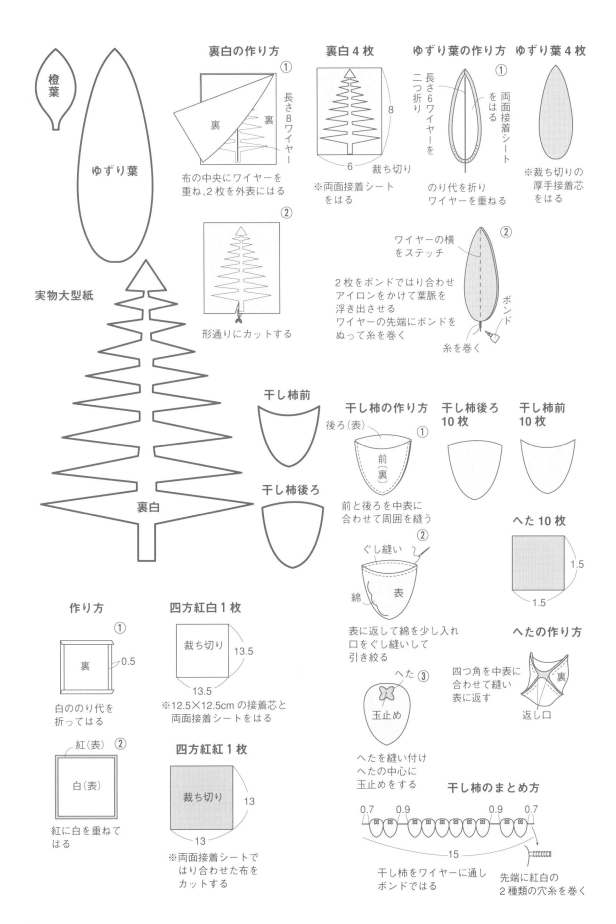

P.21

わら束飾り

28×7cm

材料

共通　厚紙、接着芯、両面接着シート適宜

わら束　胴布30×10cm　縁布30×5cm　わら束1個　2mm組ひも適宜

梅A　花、花芯、サイコロ用布各種　穴糸、金糸、24番ワイヤー各適宜

梅B　本体、当て布用布各種　直径0.8cmスチロールボール5個　パールビーズ1個　24番ワイヤー適宜

椿　花びら（つぼみ分含む）、がく、葉（つぼみがく分含む）、花芯用布各種　直径1.5cmスチロールボール1個　24・28番ワイヤー、厚手接着芯、手芸綿、フローラルテープ各適宜

羽子板　前、後ろ、梅竹用布各種　直径0.8cm鈴1個　金糸、水引(赤、白)、リリアン糸(赤、白)、24番ワイヤー各適宜

千両　実、葉用布各種　24番ワイヤー、厚手接着芯、手芸綿、フローラルテープ各適宜

でんでん太鼓　胴、鼓面用布各種　幅0.5cmビーズ3個　直径0.6cmビーズ2個　直径0.6cm鈴2個　竹ひご、リリアン糸（赤、白）、穴糸各適宜

扇　前、後ろ用布各種　直径0.5・0.4cmビーズ各2個　直径0.6cm鈴2個　穴糸、0.8mm組ひも各適宜

鯛　頭、胴、目、尾びれ、背びれ、胸びれ、笹、当て布、玉飾り用布各種　直径1cmスチロールボール1個　直径0.6cm鈴1個　竹ひご、薄手キルト綿、穴糸各適宜

風車　羽、当て布、梅用布各種　直径0.7cm鈴1個　竹ひご、金糸、穴糸各適宜

作り方のポイント

●箱結びのしかたは60ページ参照。

作り方

①それぞれの飾りを作る。
②わら束に胴布を巻き、飾り結びをする。
③飾りを好みでわら束に刺す。

花小、厚紙各１枚

花大、厚紙各２枚

※のり代を多めに裁つ

梅Ａ

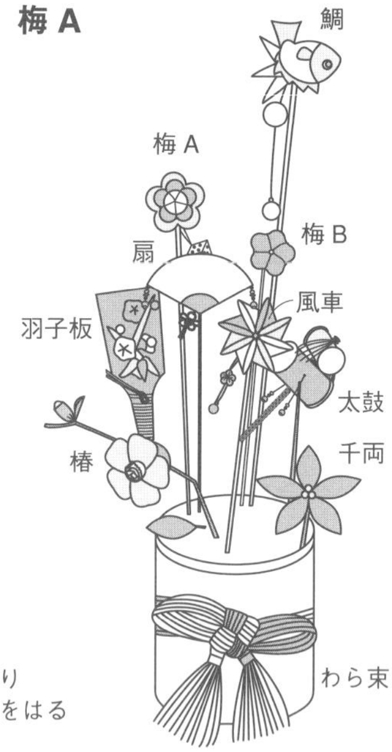
鯛
梅Ａ
梅Ｂ
扇
風車
羽子板
太鼓
椿
千両
わら束

サイコロ、厚紙各１枚

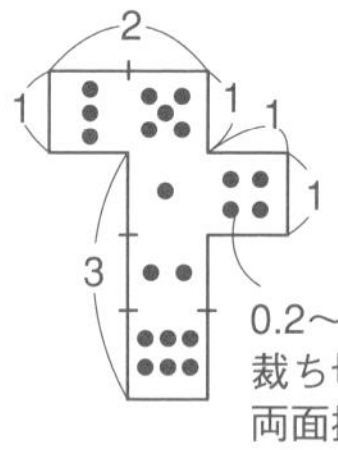
2
1
1
1
1
3
0.2〜0.5の
裁ち切りの布を
両面接着シートではる

花芯、厚紙各１枚

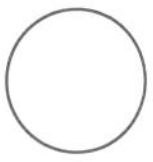

※厚紙は裁ち切り

※すべて厚紙は裁ち切り
布に両面接着シートをはる

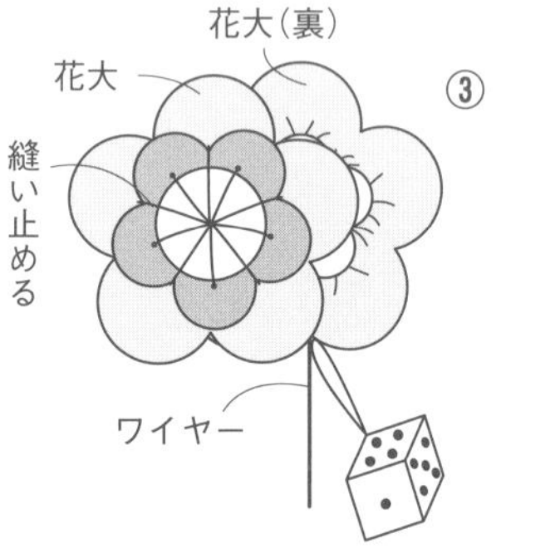
花大（裏）
花大
③
縫い止める
ワイヤー

花大に②を重ねてボンドで付け
ワイヤーとサイコロのひもをはさんで
もう１枚の大と外表に合わせてはる

作り方

①
厚紙

厚紙を布で
くるんではる

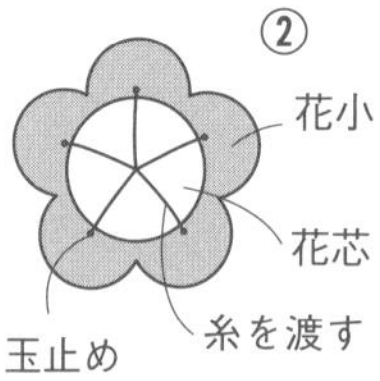
②
花小
花芯
玉止め
糸を渡す

花小に花芯を重ねて
ボンドで付け
糸でステッチする

サイコロの作り方

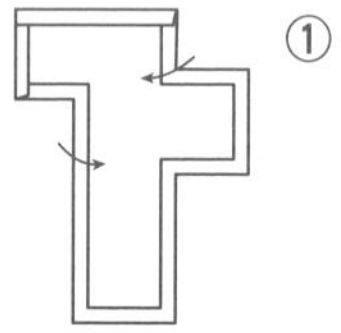
①

布で厚紙を
くるんではる

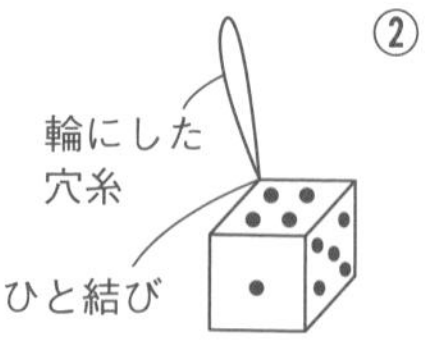
②
輪にした
穴糸
ひと結び

折って立方体にして
穴糸をはさみ
ボンドではる

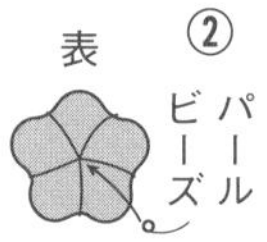
表
②
パールビーズ

糸をへこみに渡し
中心にパール
ビーズを付ける

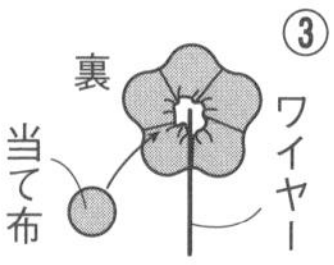
裏
③
当て布
ワイヤー

ワイヤーをはさんで
裏に当て布をボンドで付ける

梅Ｂの作り方

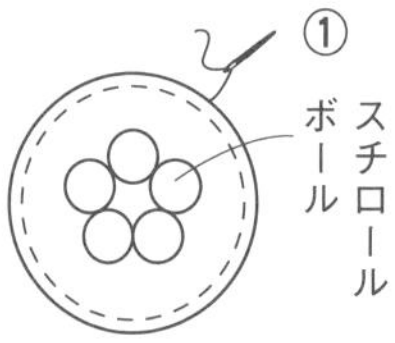
①
スチロールボール

周囲をぐし縫いして
引き絞り、スチロール
ボールをつつむ

梅Ｂ

本体１枚

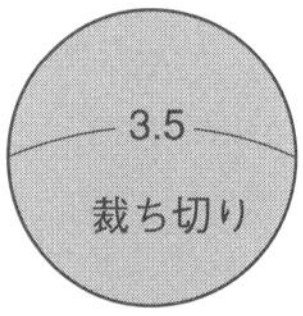
3.5
裁ち切り

当て布、厚紙各１枚

1

※厚紙は裁ち切り
※作り方は梅Ａと同様

梅Ａ

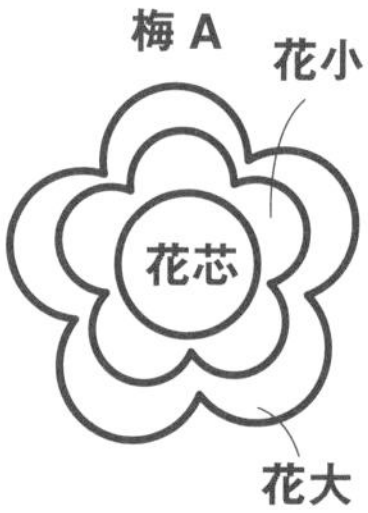
花小
花芯
花大

実物大型紙

椿

つぼみ 1 枚

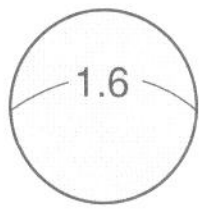
1.6

花芯 1 枚

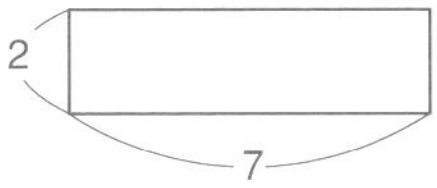
2
7

葉小 2 枚

葉大 2 枚

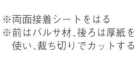

がく 1 枚

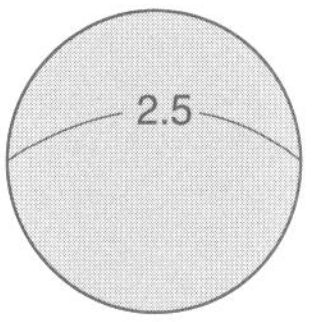
2.5

※両面接着シートをはる

花びら 10 枚

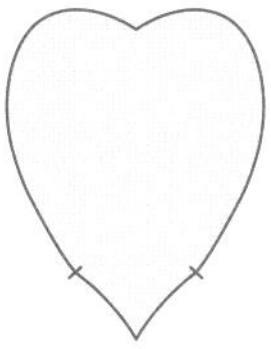

※表になる 5 枚にキルト綿をはる

※葉の作り方は 91 ページのゆずり葉参照
大長さ 7cm、小長さ 6cm の 28 番ワイヤーをはさむ

つぼみがく 1 枚

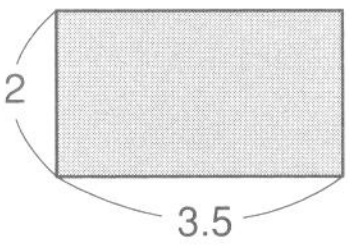
2
3.5

実物大型紙

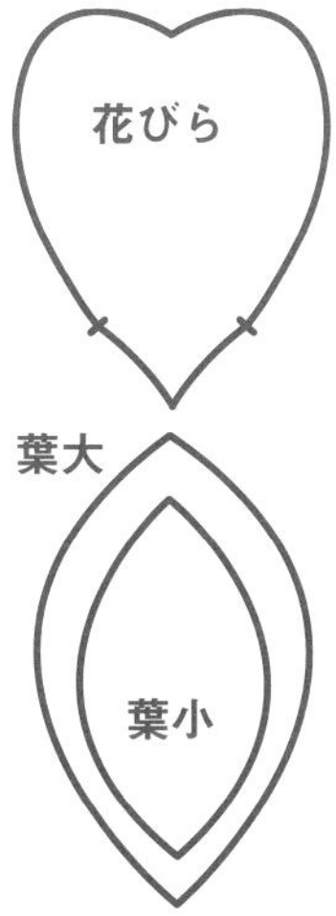
花びら
葉大
葉小

椿のまとめ方

花びら
①

がくに花びらを重ねながらボンドではる

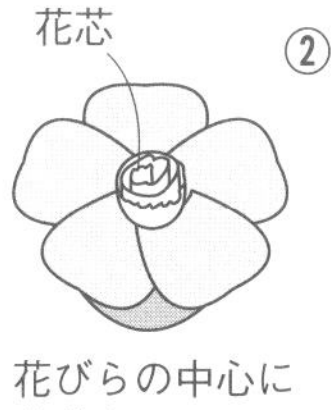
花芯
②

花びらの中心に花芯をはる

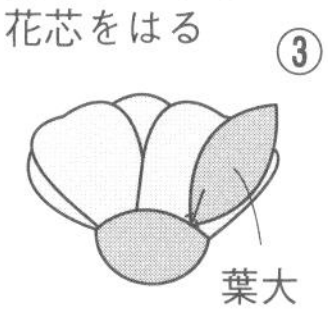
③
葉大

葉大のワイヤーを花びらの間に差し込み根元を縫い止める

花芯の作り方

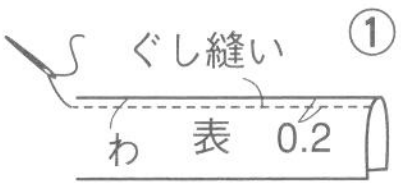
ぐし縫い
①
わ
表
0.2

外表に二つ折りし輪側をぐし縫いし引き絞る

②

くるくる巻いて縫い止める

がくの作り方

①

直径 1.5cm スチロールボールを半分にカットし中身をくり抜く

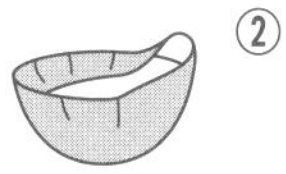
②

がく用布でスチロールボールをくるんではる

花びらの作り方

表
①
裏
キルト綿
返し口

2 枚を中表に合わせ返し口を残して周囲を縫う

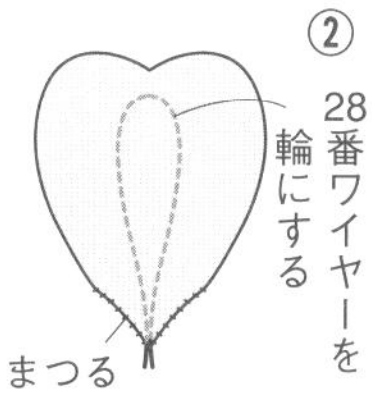
②
28番ワイヤーを輪にする
まつる

表に返して曲げたワイヤーを入れ返し口をとじる

幹の作り方

ワイヤーに薄く綿を巻き、上からテープを巻いて形作る

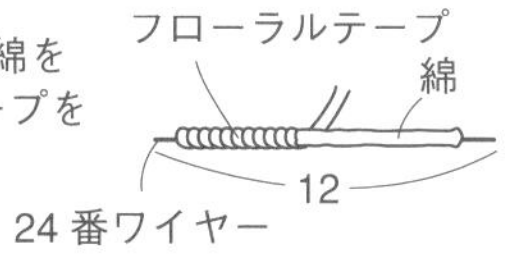
フローラルテープ
綿
12
24 番ワイヤー

まとめ方

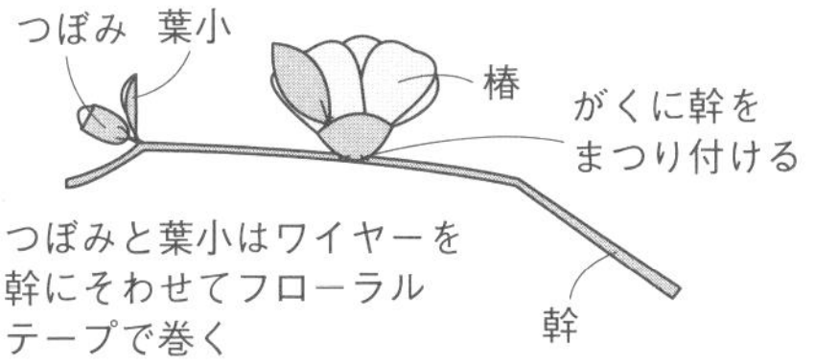
つぼみ
葉小
椿
がくに幹をまつり付ける
幹

つぼみと葉小はワイヤーを幹にそわせてフローラルテープで巻く

つぼみのまとめ方

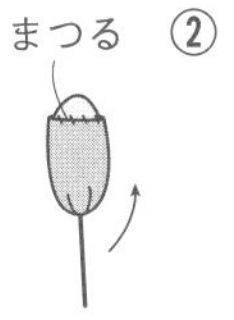
まつる
②

がくを上に返しまつる

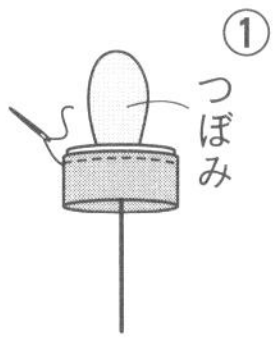
①
つぼみ

つぼみの根元にがくを通してぐし縫いし引き絞る

がくの作り方

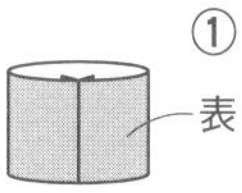
①
表

輪に縫う

表
わ
②

横に二つ折りにする

つぼみの作り方

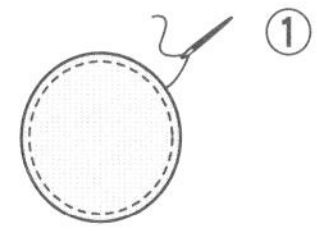
①

周囲をぐし縫いする

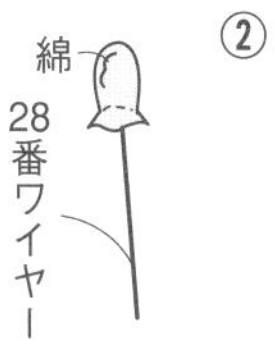
②
綿
28番ワイヤー

綿をつめながらぐし縫いを引き絞り長さ 6cm ワイヤーをさし込む

羽子板

作り方

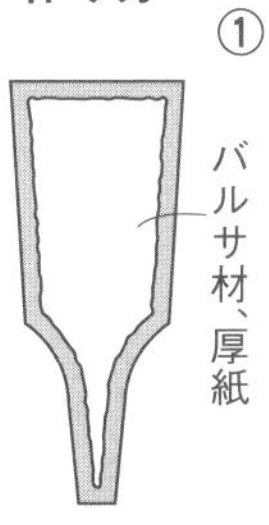
①
バルサ材、厚紙

バルサ材、厚紙を布でくるんではる

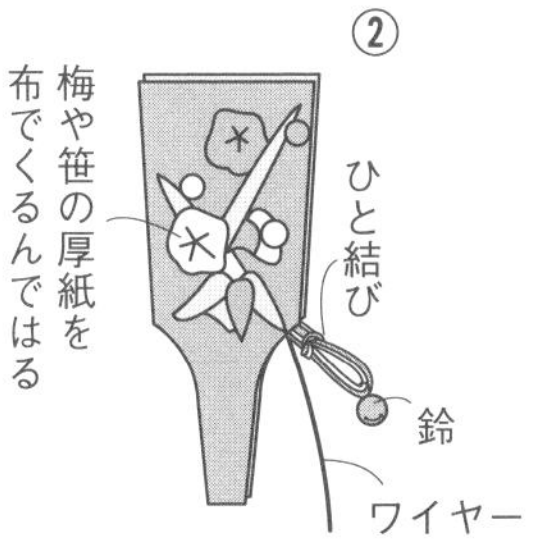
②
梅や笹の厚紙を布でくるんではる
ひと結び
鈴
ワイヤー

紅白のリリアン用糸に鈴を通して結びワイヤーと一緒にはさみ前と後ろをはり合わせる

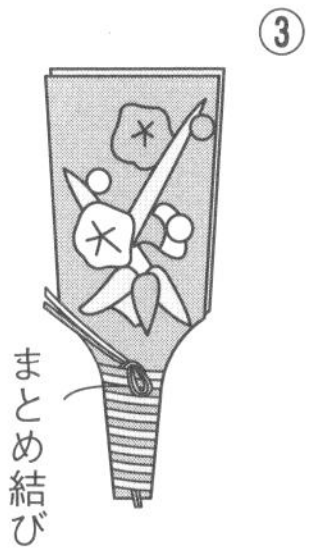
③
まとめ結び

柄に紅白水引をまとめ結びで巻く

羽子板前・後ろ、バルサ材、厚紙各 1 枚

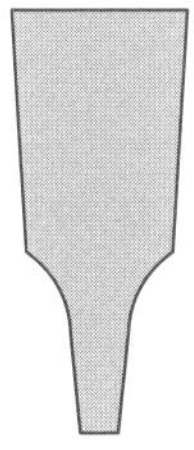

※両面接着シートをはる
※前はバルサ材、後ろは厚紙を使い、裁ち切りでカットする

※羽子板の実物大型紙は 95 ページ

でんでん太鼓

胴小、厚紙各１枚

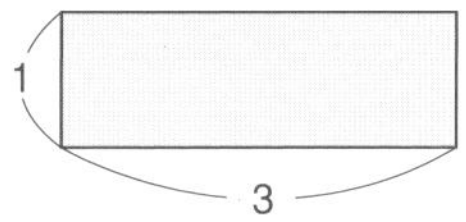
1
3

鼓面小、厚紙各２枚

1.2

胴大、厚紙各１枚

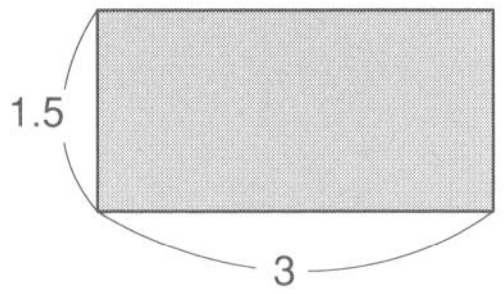
1.5
3

鼓面大、厚紙各２枚

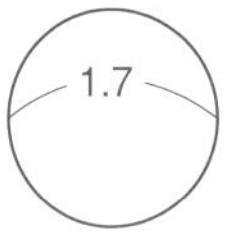
1.7

※すべて厚紙は裁ち切り、両面接着シートをはる

棒の作り方

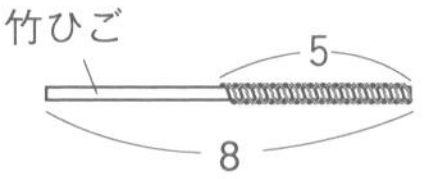
竹ひご
5
8

竹ひごにボンドを付け
紅白のリリアン用糸を巻く

鼓面の作り方

厚紙

厚紙を
くるんではる

胴の作り方

②

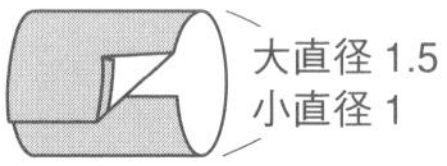
大直径 1.5
小直径 1

筒状に巻いてはる

①

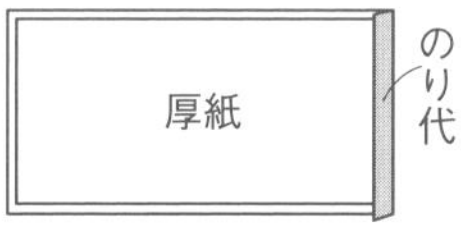
厚紙
のり代

厚紙にのり代を折ってはる

まとめ方

②

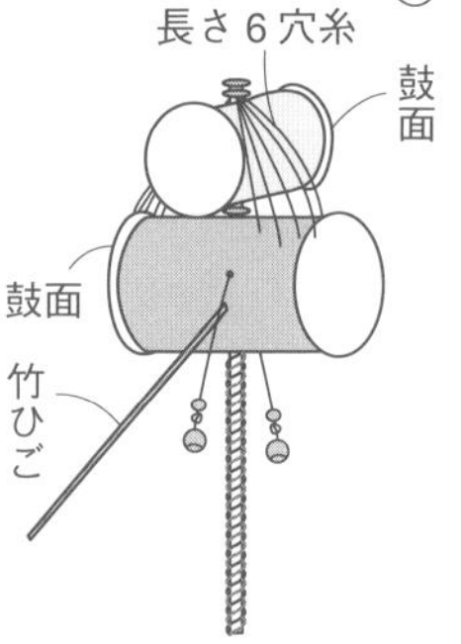
長さ６穴糸
鼓面
鼓面
竹ひご

小の上に穴糸を結び
大に竹ひごを刺してはる
もう１枚の鼓面をはる

①

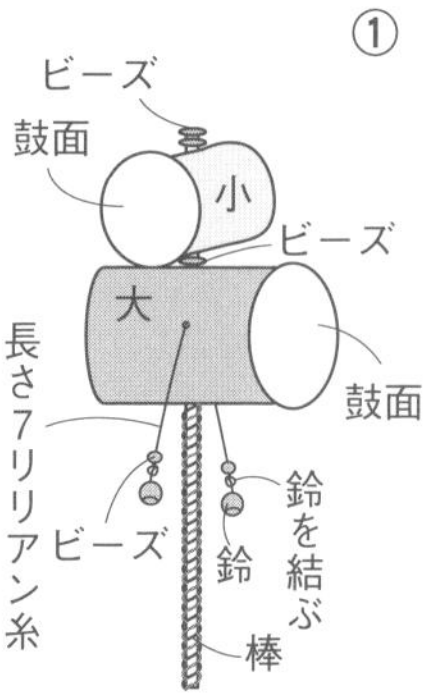
ビーズ
鼓面
小
ビーズ
大
鼓面
長さ7リリアン糸
ビーズ
鈴
鈴を結ぶ
棒

片方の鼓面を胴にはり
胴大・小の真ん中に穴をあけ
大側の下から棒を通し
ビーズ、胴小、ビーズの順に通す
大の胴の側面にリリアン糸を
つきぬけて通し、両端にビーズと
鈴を付ける

千両

まとめ方

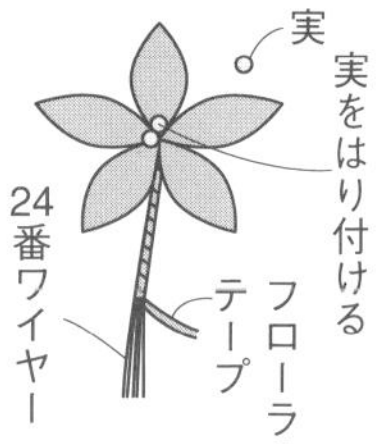
実
実をはり付ける
24番ワイヤー
フローラルテープ

葉５枚を束ね
ワイヤーをテープで
まとめ、葉の中心に
実をボンドではる

葉 20 枚

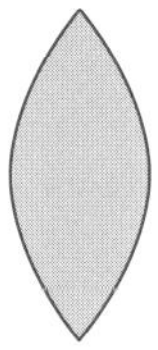

※作り方は 91 ページの
ゆずり葉参照
長さ５cm ワイヤーを
はさむ

実３枚

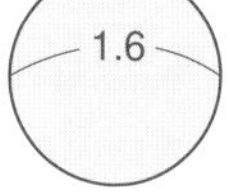
1.6

※作り方は 90 ページ
橙実参照

千両
葉

実物大型紙

扇

後ろ、厚紙各１枚　**前下、厚紙各１枚**　**前上、厚紙各１枚**

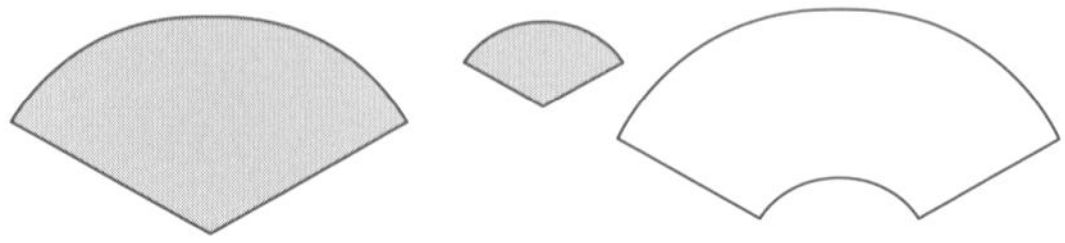

※すべて厚紙は裁ち切り

作り方

①

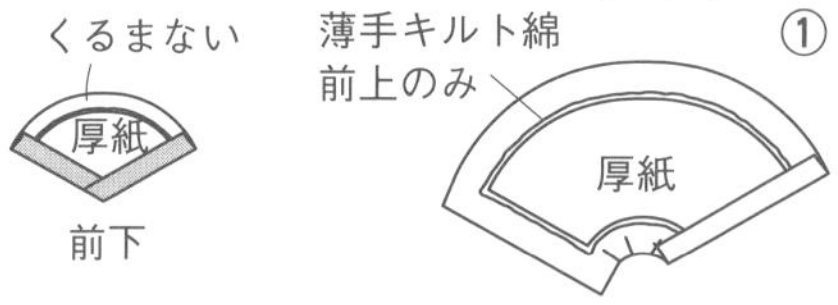
くるまない
厚紙
前下
薄手キルト綿
前上のみ
厚紙

前上、前下、後ろの厚紙を
それぞれ布でくるんで裏側ではる
前下は上辺のカーブ部分は折らないでおく

③

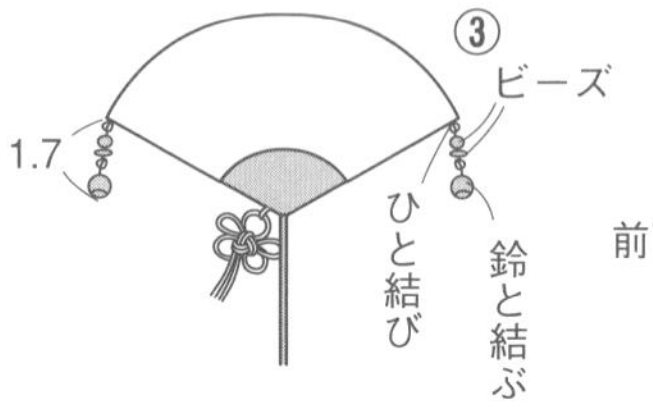
ビーズ
1.7
ひと結び
鈴と結ぶ

ビーズを飾りを
はさんで前上をはる

②

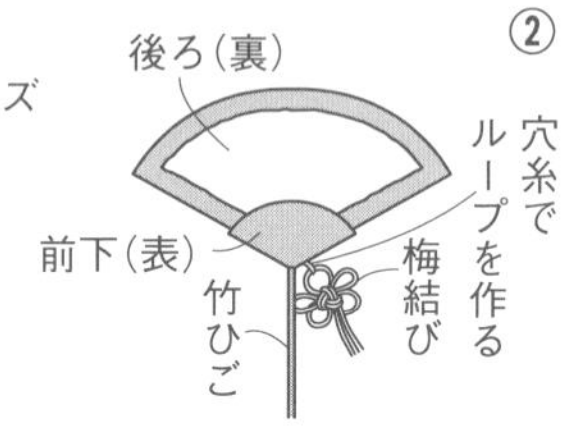
後ろ（裏）
穴糸でループを作る
前下（表）
梅結び
竹ひご

後ろに竹ひごと
梅結びを重ね
前下ではさんで
はり合わせる

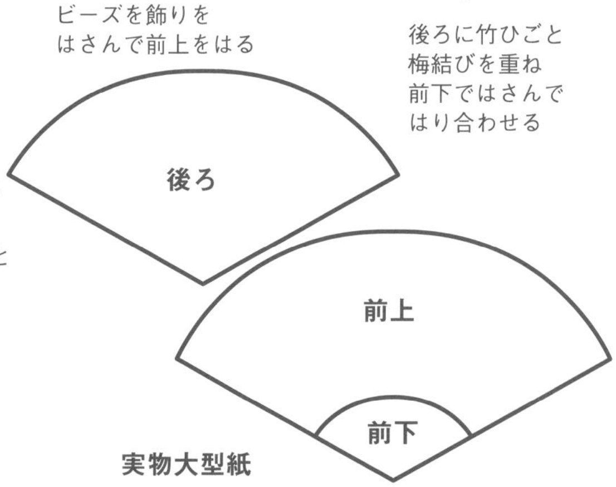
後ろ
前上
前下

実物大型紙

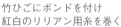

玉飾りの作り方

①

スチロールボールを
半分にカットし、内側を
くり抜く

②

スチロールボールを
布でくるむ
穴糸をはさんで
ボンドで付ける

鯛

玉飾り２枚

当て布１枚

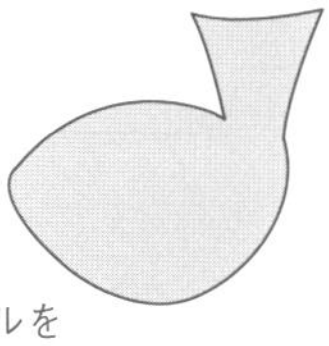

笹３枚

※笹ののり代は
多めに裁ち
厚紙が見えない
ようにする

尾びれ、
厚紙各１枚

胸びれ、
厚紙各１枚

白目、厚紙
各１枚

黒目、厚紙
各１枚

背びれ、
厚紙各１枚

胴、
厚紙各１枚

頭、
厚紙各１枚

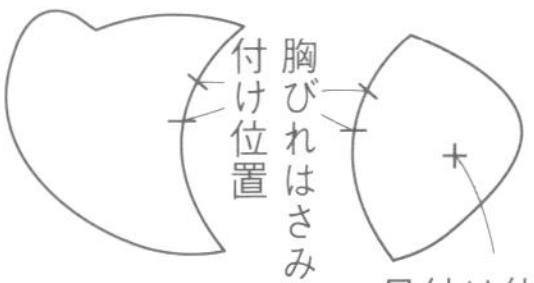

※厚紙は裁ち切り
※ひれと目以外は薄手キルト綿をはる
※すべて両面接着シートをはる

実物大型紙

作り方

①

厚紙にキルト綿を
ボンドではる

②

布でくるむ

③

胴に胸びれをはさんで
頭をはり、目をはる
尾びれと背びれをはる

④

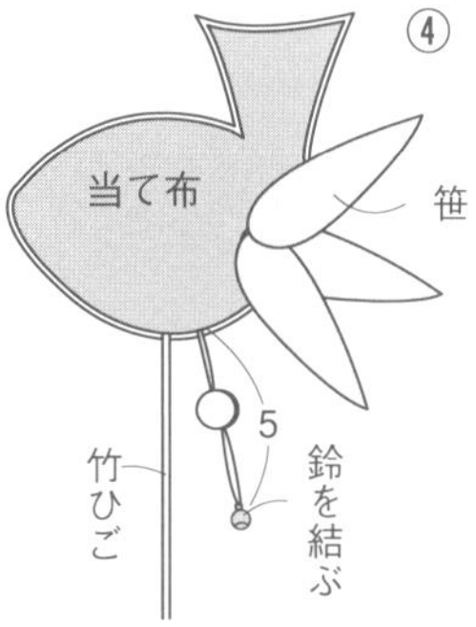

裏に竹ひごと玉飾りをはさんで
当て布をはり合わせ、笹を重ねてはる

わら束（直径 6cm 高さ 7.5cm）

胴布１枚

縁布１枚

※どちらも両面接着シートをはる

作り方

①

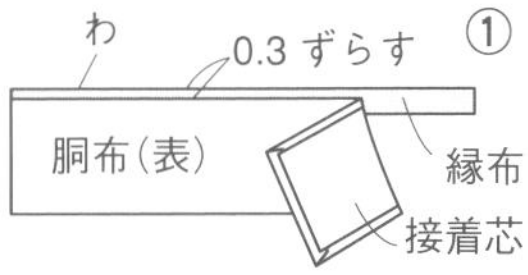

胴布はのり代を折り
縁布は二つ折りする
重ねてはり合わせ、裏に
接着芯をはる

②

わら束に巻いてはる

③

上に紅白のひもを巻いて結ぶ

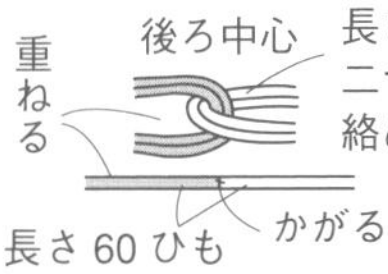

長さ 120 ひもを
二つ折りして
絡める

長さ 60 ひも
この２つを重ねて５本のひもにする

風車

当て布、
厚紙各２枚

※厚紙は裁ち切り
※両面接着シート
をはって厚紙を
くるむ

羽８枚

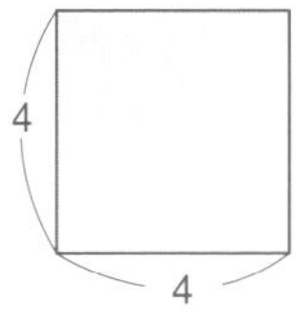

梅、厚紙
各２枚

金糸を渡す

※厚紙は裁ち切り
※梅Ａと同様に作り
穴糸をはさむ

作り方

①

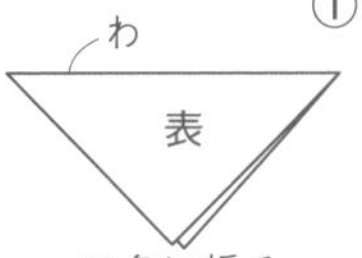

三角に折る

②

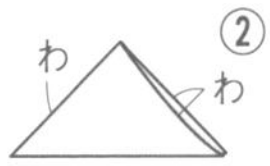

さらに三角に折る
８枚作る

③

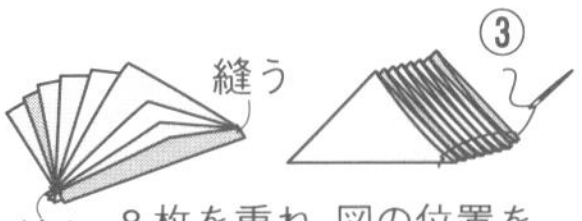

８枚を重ね、図の位置を
縫い止めてかたく結ぶ
反対側も同様にする

④

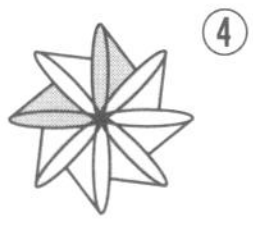

羽をひらいて
形を整える

⑤

竹ひごをさして
ボンドではり
飾りをはさんで
当て布を中心にはる

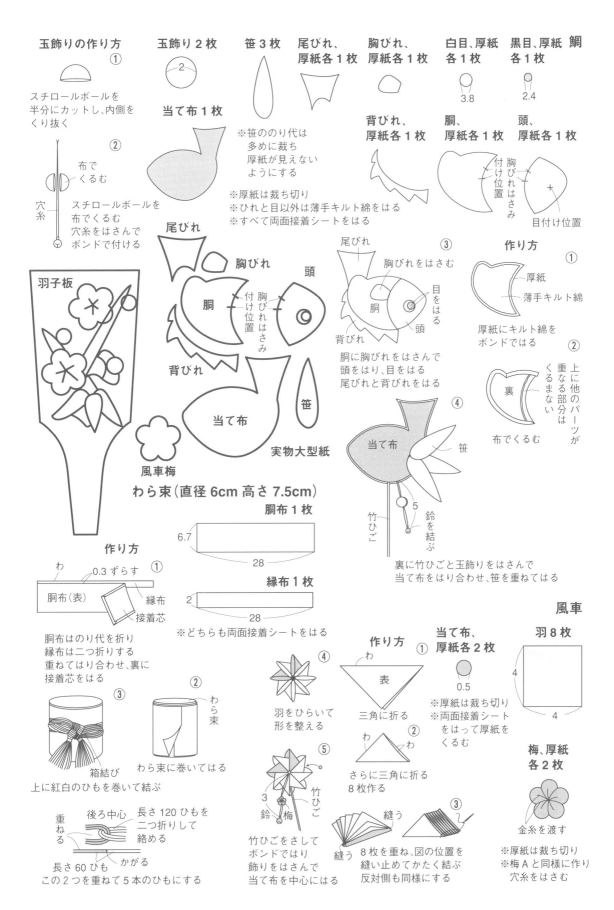

十二支

4～6×3.5～5.5cm

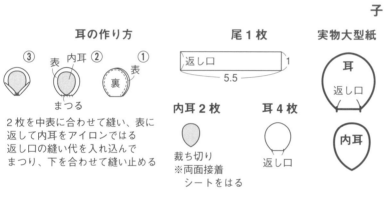

材料

共通　胴用布10×10cm　首まわり用布20×5cm　0.8mm組ひも25cm　直径0.6cm鈴1個　両面接着シート、接着芯、手芸綿、ペレット各適宜

子　頭用布（耳、尾分含む）10×10cm　内耳用布5×5cm　2mmさし目2個　28番ワイヤー15cm　顔刺しゅう用絹糸適宜

丑　頭用布（耳、黒目分含む）、角用布各10×10cm　白目用布、鼻用布各5×5cm　鼻輪用0.8mm組ひも5cm　尾用0.8mm組ひも10cm　綱用0.8mm組ひも10cm　28番ワイヤー10cm　3mmさし目2個　厚紙、薄手キルト綿各適宜

寅　頭用布（耳、尾分含む）15×10cm　内耳用布5×5cm　口用布、鼻用布（模様分含む）各適宜　2mmさし目2個　28番ワイヤー15cm　口刺しゅう用絹糸適宜

卯　頭用布（耳、尾分含む）15×15cm　内耳用布5×5cm　2mmさし目2個　鼻刺しゅう用絹糸適宜

辰　頭用布（耳、尾1枚分含む）10×10cm　鼻用布、尾用布、角用布、口まわり用布各5×5cm　28番ワイヤー35cm　2mmさし目2個　0.8mm組ひも15cm　鼻刺しゅう用絹糸、穴糸各適宜

巳　頭用布（尾分含む）15×10cm　2mmさし目2個　28番ワイヤー10cm　穴糸適宜

午　頭用布(耳、たてがみ分含む)10×10cm　内耳用布5×5cm　尾用1.5mm組ひも15cm　頭のひも用0.8mm組ひも25cm　2mmさし目2個　直径0.3cmゴールド半円パール4個　口刺しゅう用絹糸適宜

共通

首まわり１枚

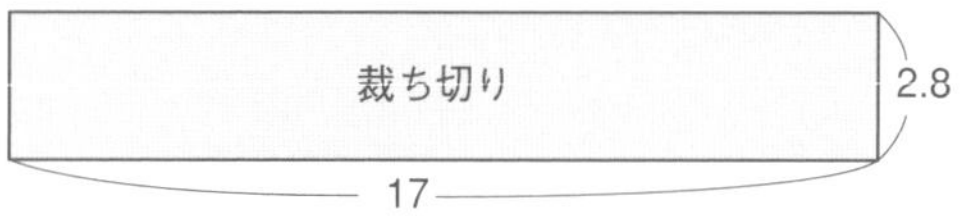

胴１枚

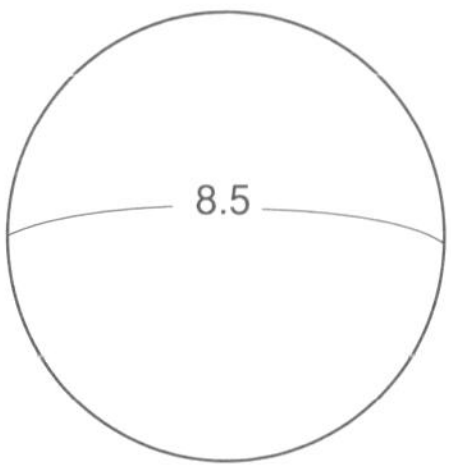

フライステッチ

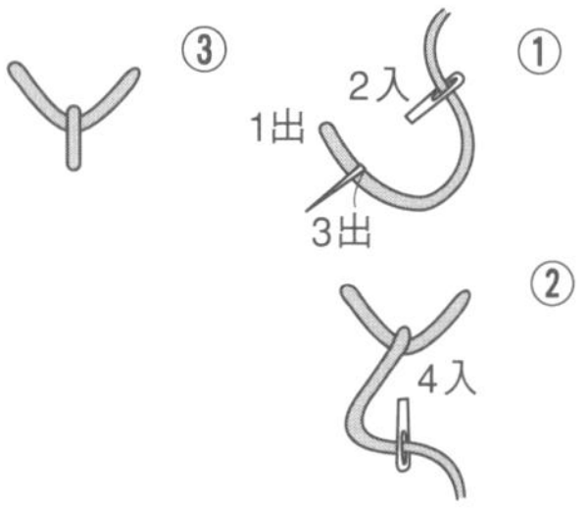

ストレートステッチ

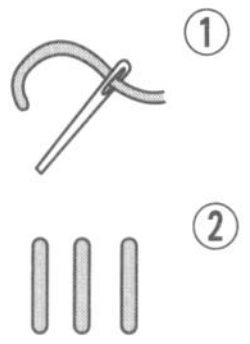

頭１枚

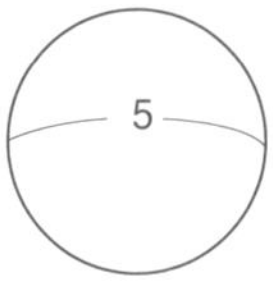

※作り方は30ページ亥参照

子

耳の作り方

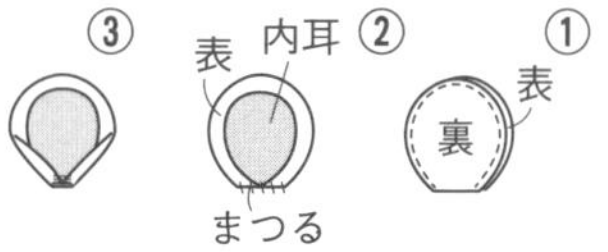

2枚を中表に合わせて縫い、表に返して内耳をアイロンではる
返し口の縫い代を入れ込んでまつり、下を合わせて縫い止める

尾１枚

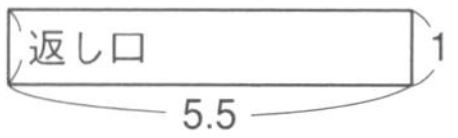

実物大型紙

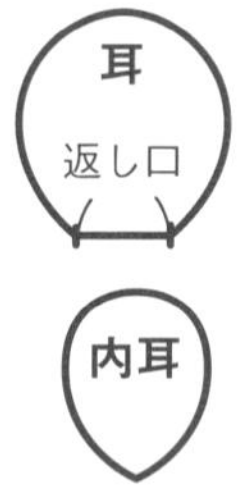

内耳２枚

裁ち切り
※両面接着シートをはる

耳４枚

尾の作り方

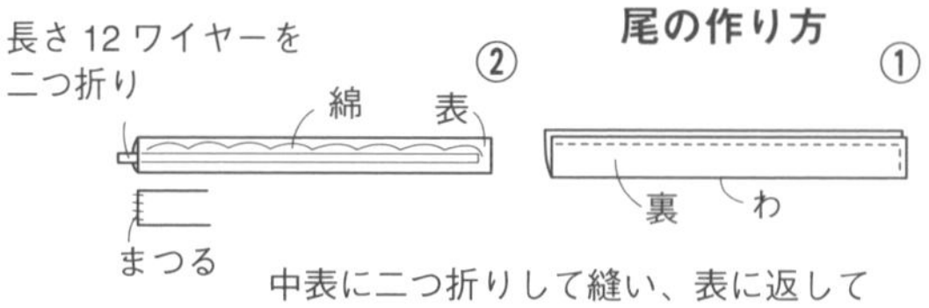

中表に二つ折りして縫い、表に返して
二つ折りしたワイヤーと綿を入れて
返し口をまつってとじる

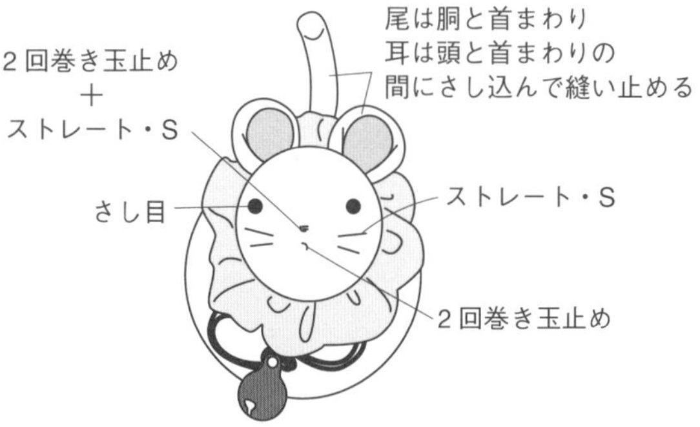

丑

実物大型紙

角
返し口

耳２枚

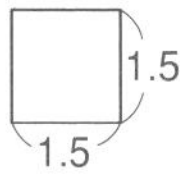
1.5
1.5

裁ち切り

角２枚

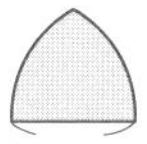
返し口

鼻、鼻厚紙各１枚

鼻輪付け位置

鼻厚紙は裁ち切り

目２枚

黒目に白目をはる
裁ち切り

※鼻と目には両面接着シートをはる

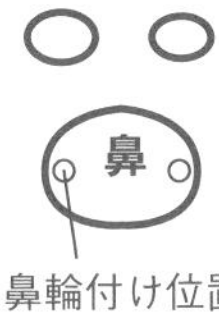
黒目
白目
鼻
鼻輪付け位置

耳の作り方

ボンドを
付ける

37ページを参照して
丸つまみにする

鼻輪１本

1.7

ひもにワイヤー
を通す

尾１本

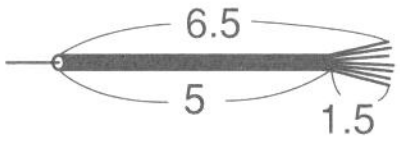
6.5
5
1.5

ひもの片側を1.5cmほどき
残りの5cmにワイヤーを通す

角の作り方

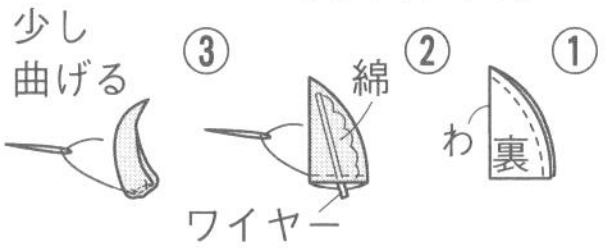
少し
曲げる
③
綿
②
①
わ
裏
ワイヤー

中表に合わせて縫い、表に返す
綿とワイヤーを入れて返し口を
ぐるりとぐし縫いし、縫い代を
折り込んで引き絞る

鼻の作り方

鼻輪
③
②
①
綱用
長さ10
ひも
厚紙に薄手
キルト綿をはる

周囲をぐし縫いし、キルト綿をはった厚紙を
重ねてぐし縫いを引き絞る
縫い代にボンドを付け、アイロンで押さえて
平らにする
鼻輪にひもを結び、鼻に目打ちで穴をあけて
鼻輪を入れてボンドで付ける

尾は胴と首まわり
間にさし込んで縫い止める
角は頭に縫い付ける
耳は頭に
ボンドで付ける
頭は少し細長く形作る
目にさし目を
通してから
頭にボンドで
付ける
鼻は頭にボンドで付け
綱のひもを頭と首まわりの
間にさし込んで縫い止める

卯

実物大型紙

耳
返し口

尾の作り方

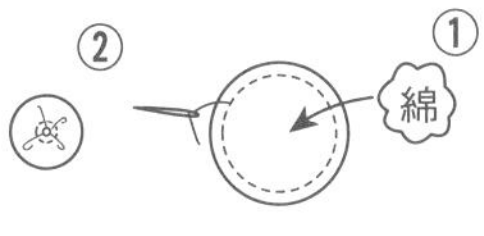
②
①
綿

周囲をぐし縫いし、綿を
入れて縫い代を折り込み
ながらぐし縫いを引き絞る

尾１枚

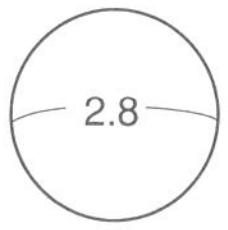
2.8

内耳２枚

裁ち切り
※両面接着
シートをはる

耳４枚

返し口

内耳

耳の作り方

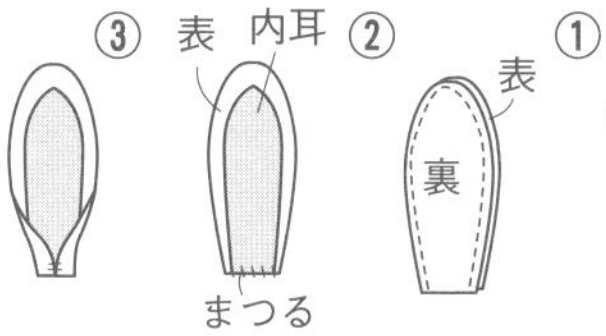
③
表
内耳
②
①
表
裏
まつる

２枚を中表に合わせて縫い、表に
返して内耳をアイロンではる
返し口の縫い代を入れ込んでまつり
下を合わせて縫い止める

尾は胴の後ろにまつる
耳は頭と
首まわりの
間にさし込んで
縫い止める
さし目
ストレート・S

材料

未　頭用布（おでこ、耳、尾分含む）10×10cm　顔用布5×5cm　角用布5×5cm　28番ワイヤー20cm　2mmさし目2個　金糸、鼻・口刺しゅう用絹糸適宜

申　頭用布（耳、尾分含む）10×10cm　顔用布（内耳分含む）5×5cm　28番ワイヤー20cm　2mmさし目2個　鼻・口刺しゅう用絹糸適宜

酉　頭用布（尾分含む）15×10cm　とさか用布（にくひげ、目のまわり分含む）10×10cm　くちばし用布5×5cm　尾のアップリケ用布10×5cm　28番ワイヤー30cm　2mmさし目2個

戌　頭用布（尾分含む）10×10cm　耳用布（顔の模様、尾の先、尾の模様、鼻分含む）15×10cm　白目用布5×5cm　28番ワイヤー15cm　口刺しゅう用絹糸適宜

作り方のポイント

●30ページの亥を参照。胴、頭、首まわり、ひも飾りの作り方と付け方は共通。

●封じ結びとあげまき結びのしかたは61ページ参照。

作り方

①胴、頭、首まわりを作る。
②胴に首まわり、頭を順に縫い付ける。
③尾、耳、鼻、顔、くちばし、目、たてがみ、ひげなどの各パーツを作る。
④各パーツを頭と胴に付ける。
⑤さし目を付け、鼻や口を刺しゅうする。
⑥飾りを作って付ける。

寅

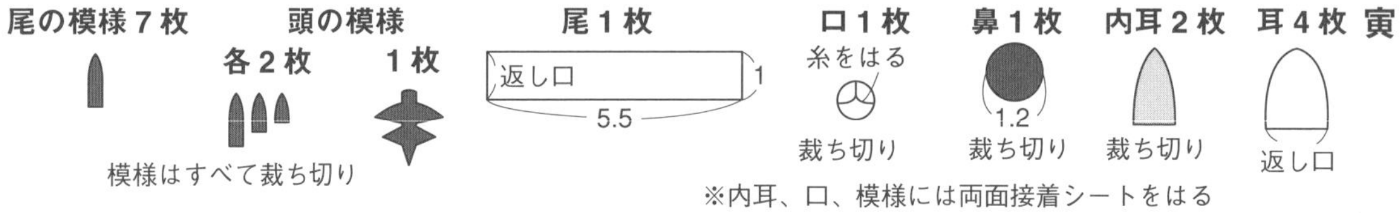

※内耳、口、模様には両面接着シートをはる

尾の作り方

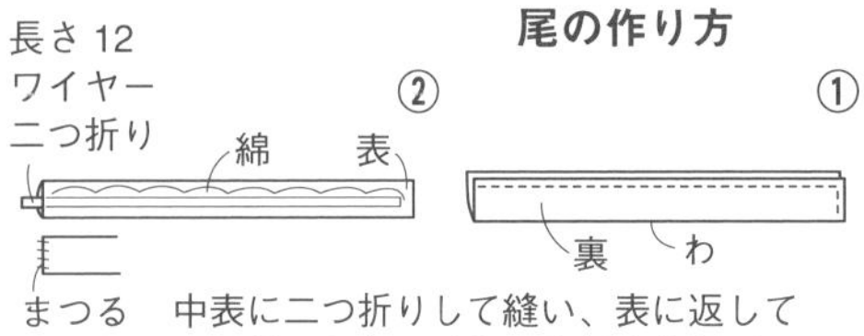

中表に二つ折りして縫い、表に返して
二つ折りしたワイヤーと綿を入れて
返し口をまつってとじる

鼻の作り方

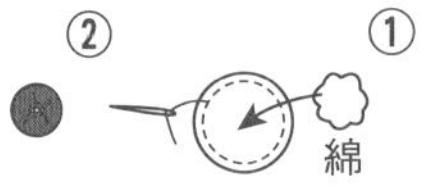

周囲をぐし縫いし、綿を
入れて縫い代を折り込み
ながらぐし縫いを引き絞る

耳の作り方

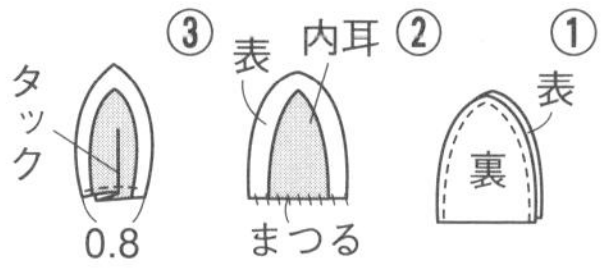

2枚を中表に合わせて縫い、表に
返して内耳をアイロンではる
返し口の縫い代を入れ込んでまつり
タックをとって縫い止める

実物大型紙

辰

尾の作り方

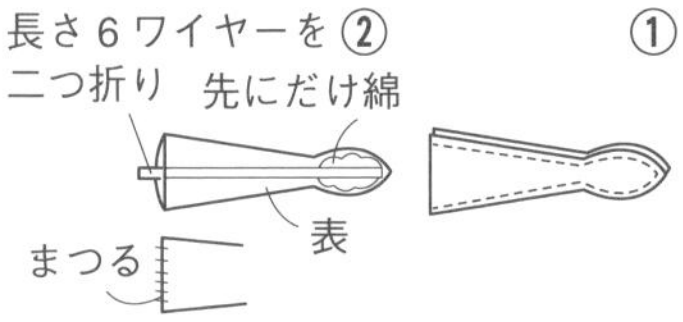

2枚を中表に合わせて縫い、表に返して
二つ折りしたワイヤーと綿を入れて
返し口をまつってとじる

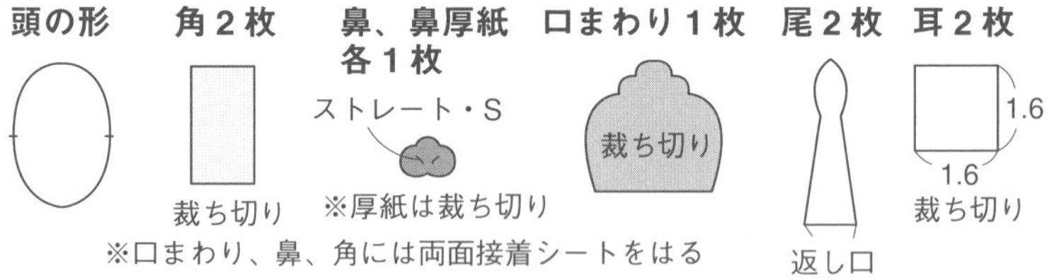

※口まわり、鼻、角には両面接着シートをはる

鼻の作り方

厚紙を重ねて縫い代を折り
アイロンで接着する

耳の作り方

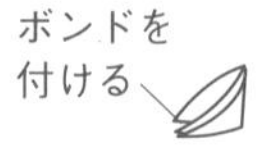

38ページを参照して
剣つまみを作る

ひげの作り方

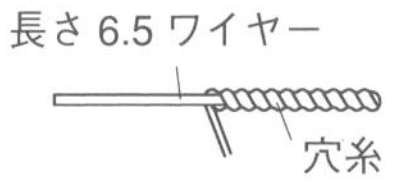

ワイヤーにボンドを付け
端から順に糸を巻く

角の作り方

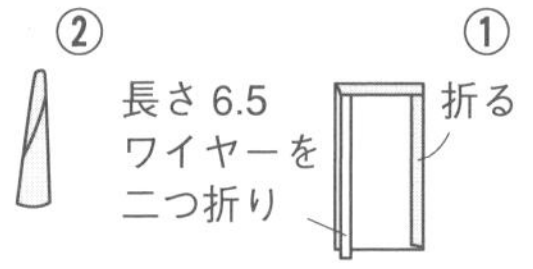

布端にワイヤーを重ね
上が細くなるように
くるくると巻き、接着する

頭の作り方

頭を縦長に形作り
印から下の側面を縫い
糸を渡しながら
少し引いてへこませる

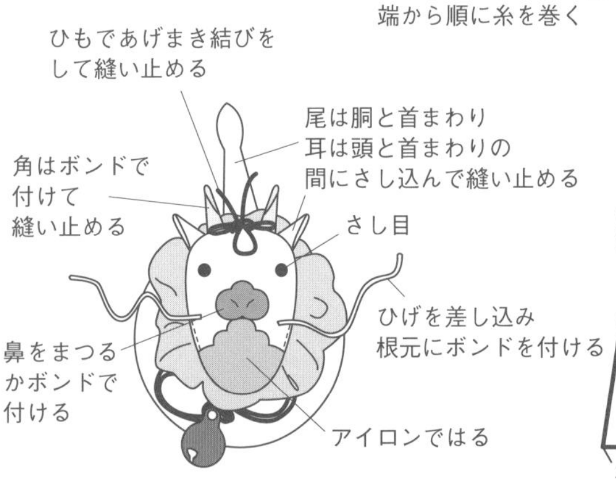

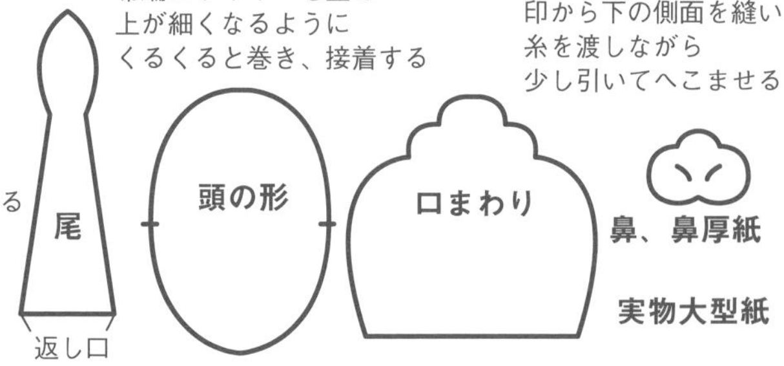

実物大型紙

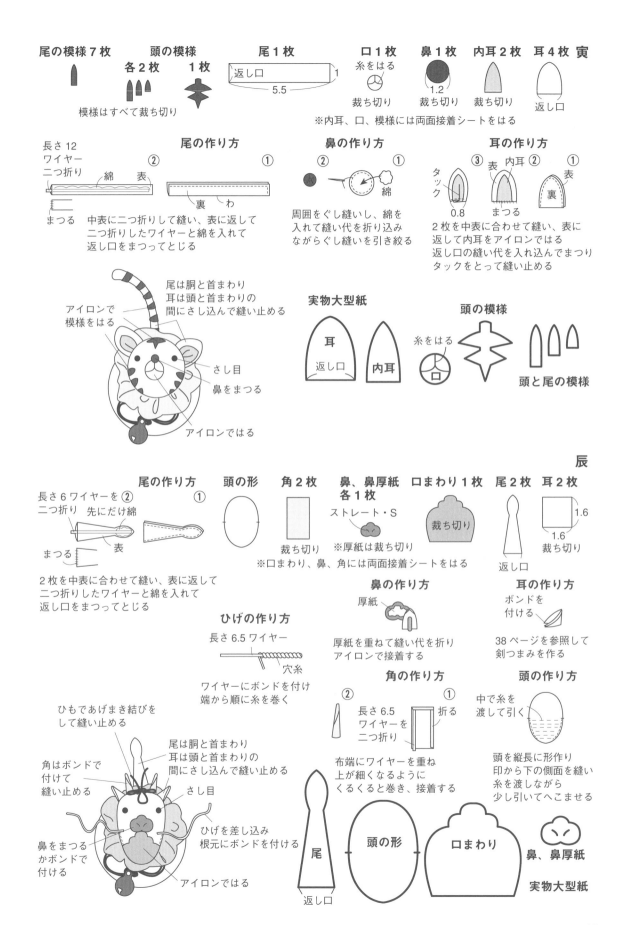

巳

実物大型紙

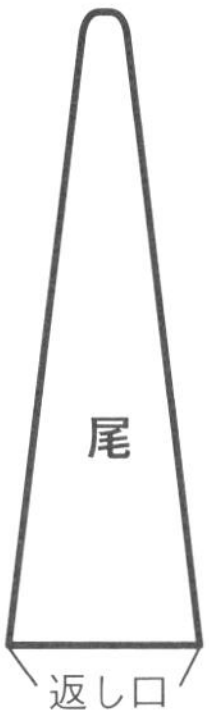

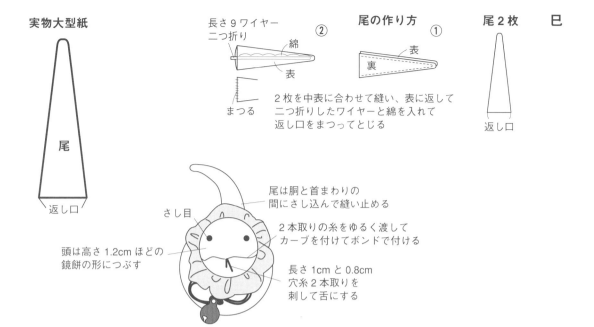

尾
返し口

尾の作り方

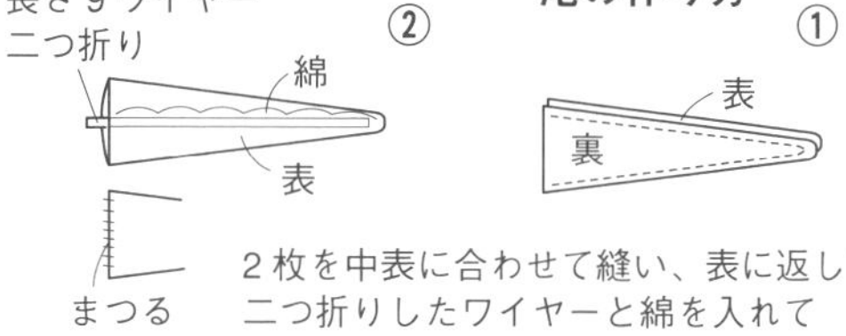

長さ9ワイヤー
二つ折り
②
綿
表
まつる
①
表
裏

2枚を中表に合わせて縫い、表に返して
二つ折りしたワイヤーと綿を入れて
返し口をまつってとじる

尾2枚

返し口

尾は胴と首まわりの
間にさし込んで縫い止める
さし目
2本取りの糸をゆるく渡して
カーブを付けてボンドで付ける
頭は高さ 1.2cm ほどの
鏡餅の形につぶす
長さ 1cm と 0.8cm
穴糸2本取りを
刺して舌にする

午

尾1本

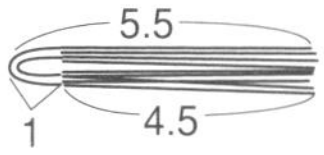

5.5
1
4.5

長さ 11 ひもを二つ折りし
輪から 1cm 残してほぐし
アイロンの蒸気をかけて伸ばす

たてがみ1枚

裁ち切り
1
4

頭の形

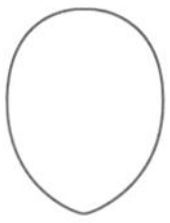

内耳2枚

裁ち切り
※両面接着
シートをはる

耳2枚

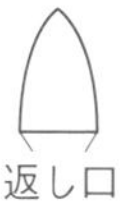

返し口

頭のひもの渡し方

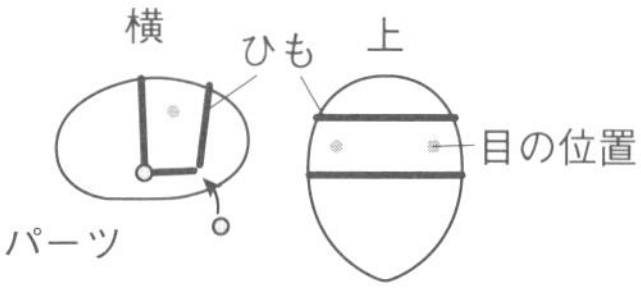

横
ひも
上
目の位置
パーツ

頭を卵形にあごを長くした形に作る
中心より少し下に1本、目の上に1本
その2本を横でつなぐ左右各1本を
ボンドで付け、交点にパーツを
ボンドで付ける

たてがみの作り方

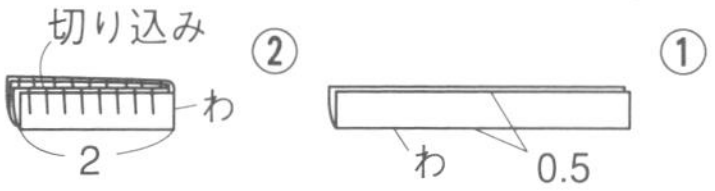

切り込み
②
わ
2
①
わ
0.5

横に二つ折りしてから縦に二つ折りし
切り込みを入れてボンドを付ける

耳の作り方

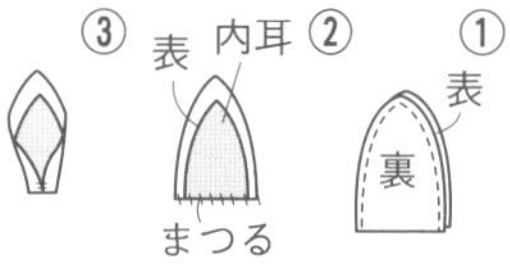

③
表
内耳
②
①
表
裏
まつる

2枚を中表に合わせて縫い
表に返して内耳をアイロンではる
返し口の縫い代を入れ込んで
まつり、下を合わせて縫い止める

実物大型紙

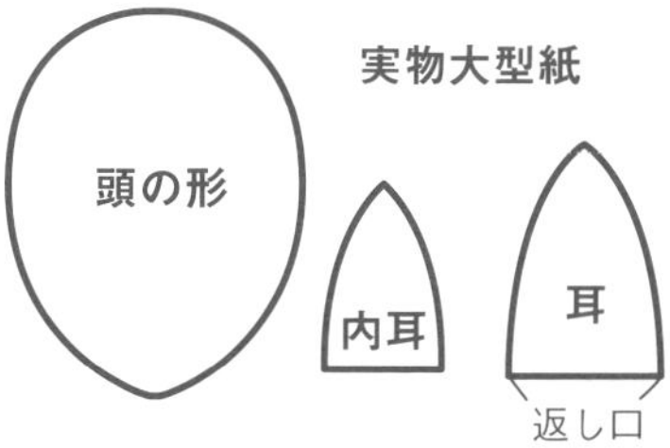

頭の形
内耳
耳
返し口

たてがみを頭の中心に
カーブに沿わせて
ボンドで付ける
尾は胴と首まわり
長さ6ひも2本と耳は
頭と首まわりの間に
さし込んで縫い止める
さし目
ストレート・S

未

耳の作り方

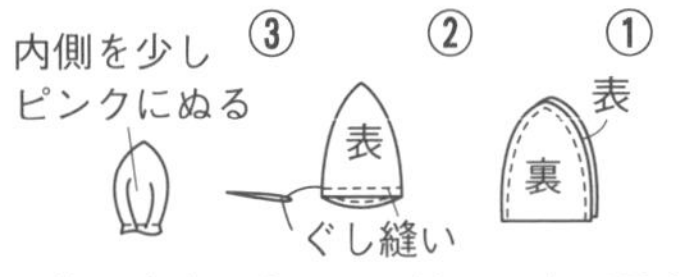

2枚を中表に合わせて縫い、表に返す
返し口の縫い代をぐし縫いし
かるく引き絞る

顔1枚　おでこ1枚　耳4枚　角2枚　尾1枚

※角、おでこ、顔は両面接着シートをはる

頭の作り方

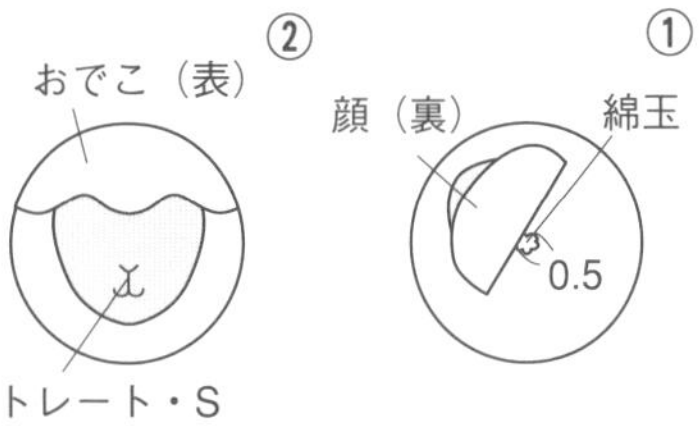

ストレート・S
口は糸をゆるませておき
ボンドでカーブに形作る

頭の中心に綿を丸めた綿玉をボンドで付け
上に顔を重ねてアイロンではる
おでこを顔と印を合わせて重ね、アイロンではる
綿玉のふくらみの下に鼻と口のステッチをする

角の作り方

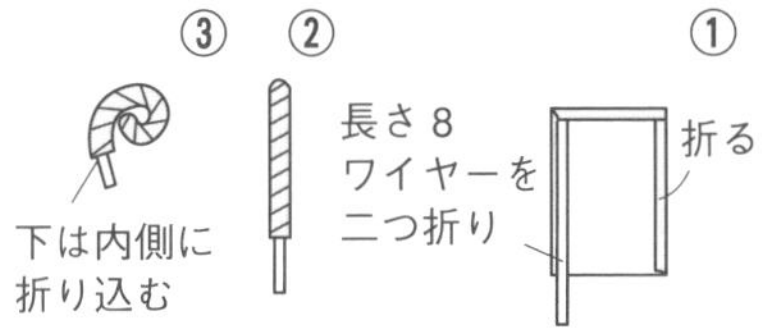

布端にワイヤーを重ねて
くるくると巻き、接着する
金糸を巻いてうずまき形に曲げる

尾の作り方

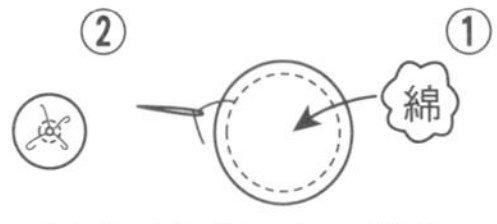

周囲をぐし縫いし、綿を
入れて縫い代を折り込み
ながらぐし縫いを引き絞る

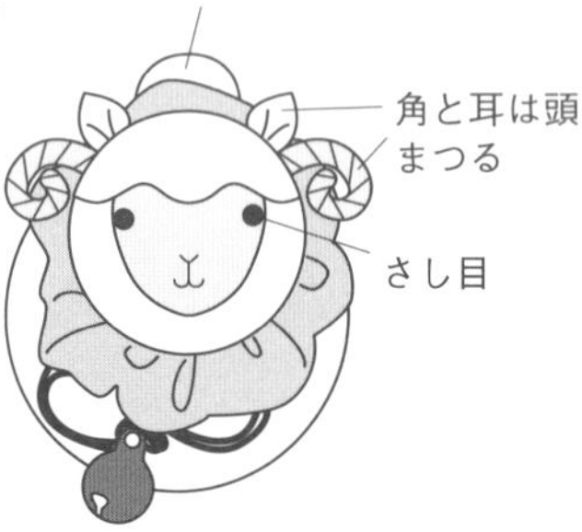

実物大型紙

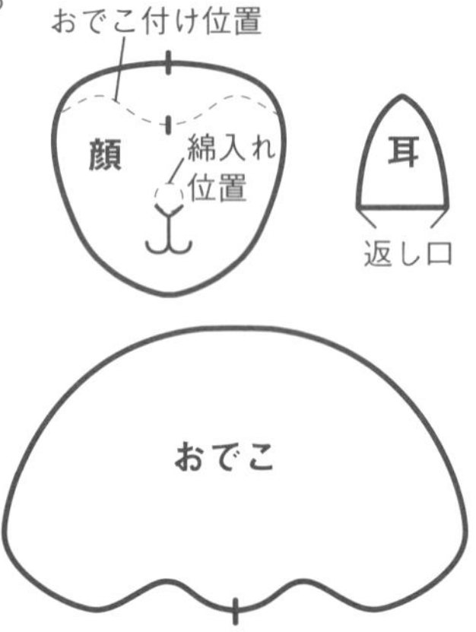

申

顔の作り方

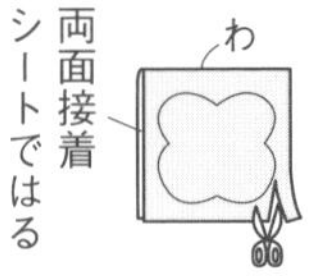

外表に二つ折りして
両面接着シートではり
顔の形にカットする

尾の作り方

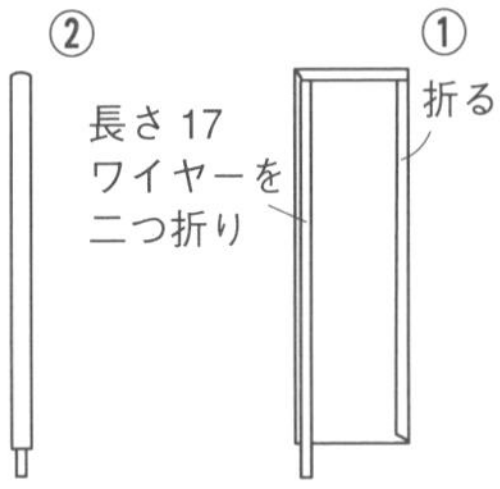

布端にワイヤーを重ねて
くるくると巻き、接着する

尾1枚

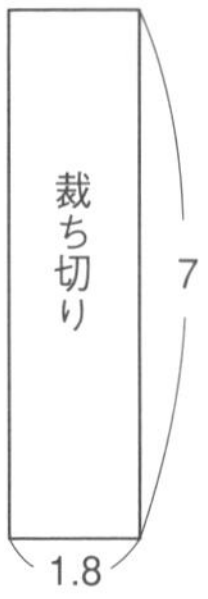

顔1枚　内耳 左右対称 各1枚　耳左右対称 各2枚

※内耳、顔、尾は両面接着シートをはる

耳の作り方

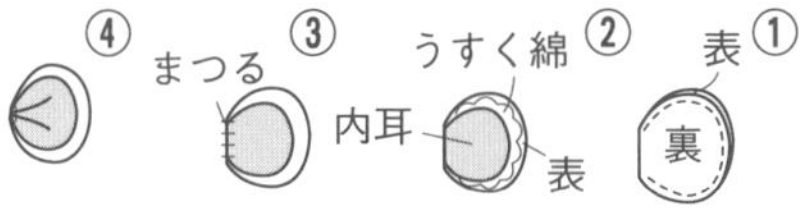

2枚を中表に合わせて縫い
表に返して中に綿をうすく入れ
内耳をアイロンではる
返し口の縫い代を入れ込んでまつり
下を合わせて縫い止める

実物大型紙

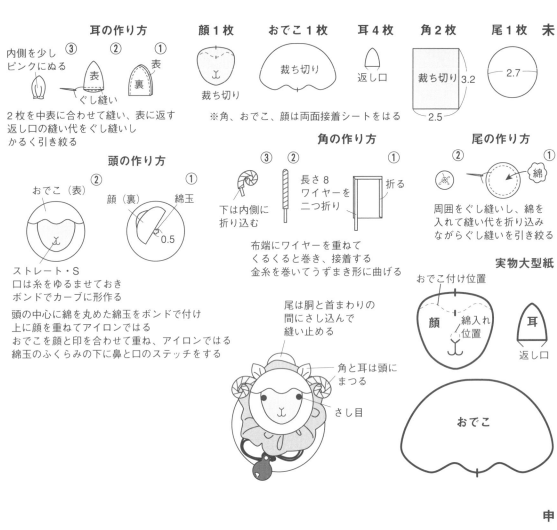

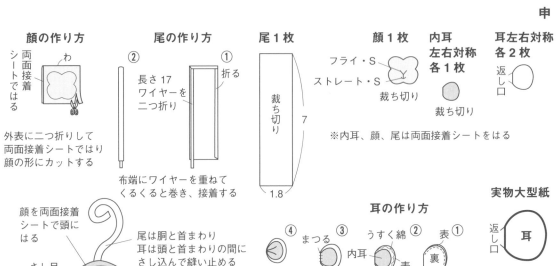

酉

実物大型紙

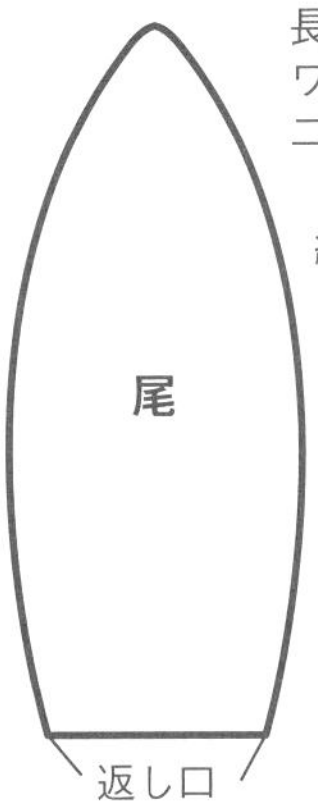

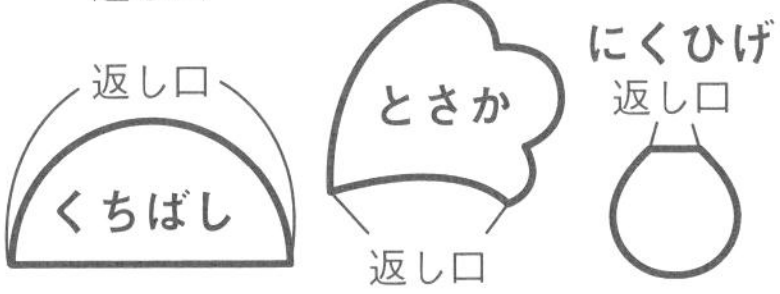

尾の作り方

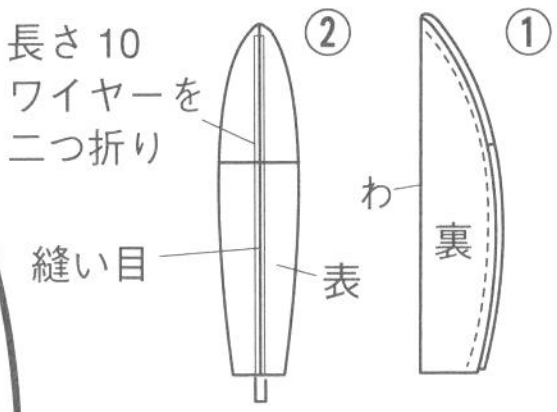

中表に二つ折りして縫い
表に返して縫い目を中心に
折り直す
中心にワイヤーを入れ
アイロンで接着する

尾３枚

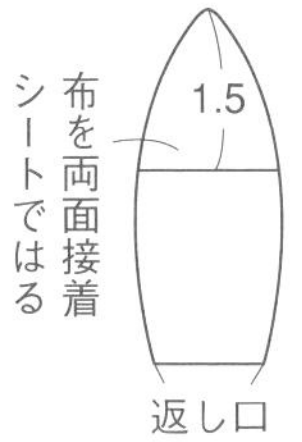

※接着芯と両面接着
シートをはる

目のまわり１枚

裁ち切り
※両面接着
シートをはる

とさか 左右対称 各１枚

にくひげ２枚

くちばし１枚

くちばしの作り方

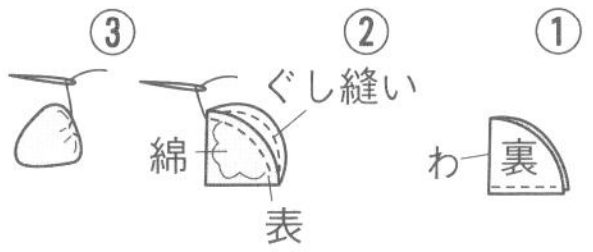

中表に二つ折りして縫い、表に返す
中に綿を入れて返し口をぐし縫いし
縫い代を入れ込んで引き絞る
返し口をアイロンで平らに整える

にくひげととさかの作り方

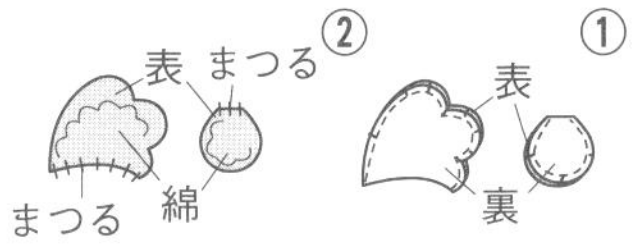

２枚を中表に合わせて縫い
表に返して中に綿をつめる
返し口の縫い代を折り込み
まつる

戌

実物大型紙

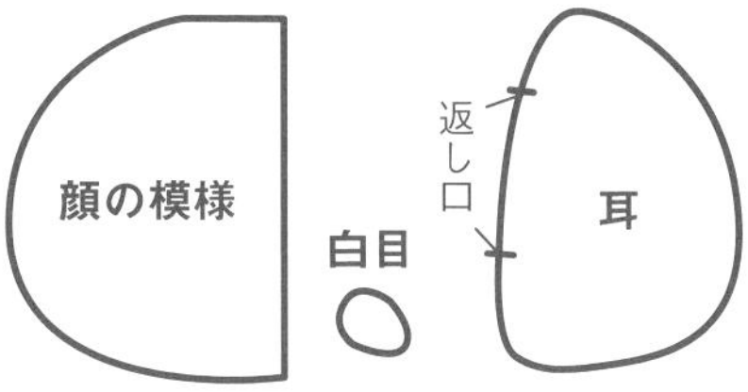

鼻の作り方

周囲をぐし縫いし、綿を
入れて縫い代を折り込み
ながらぐし縫いを引き絞る

耳の作り方

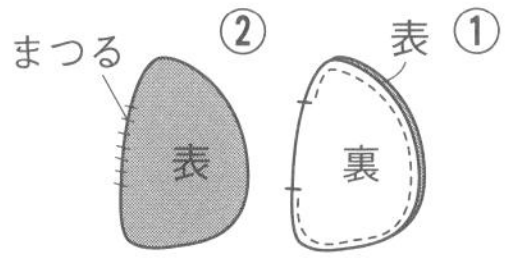

２枚を中表に合わせて縫い
表に返して返し口の縫い代を
入れ込んでまつる

鼻１枚

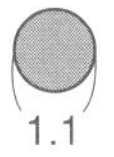

尾１枚

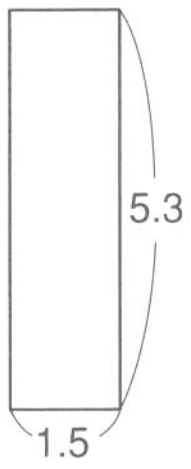

顔の模様 左右対称 各１枚

白目２枚

裁ち切り

耳左右対称 各２枚

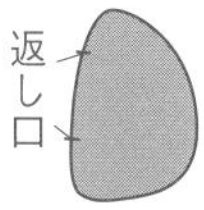

尾の模様１枚

裁ち切り

尾の先１枚

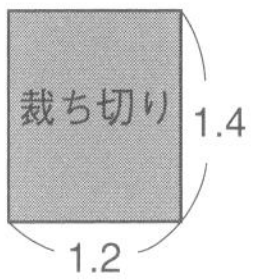

※白目、模様、尾の先は両面接着シートをはる

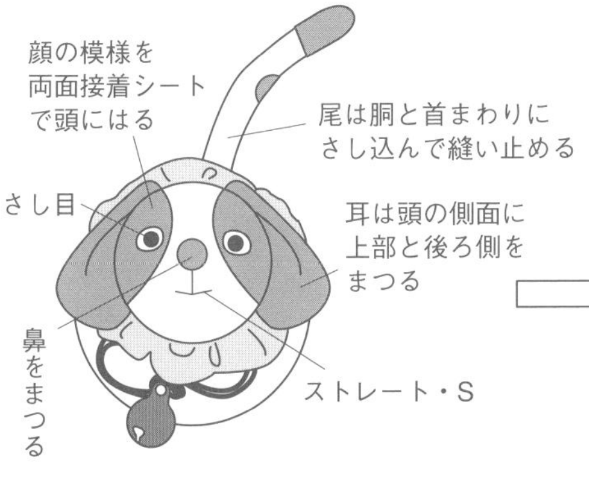

尾の作り方

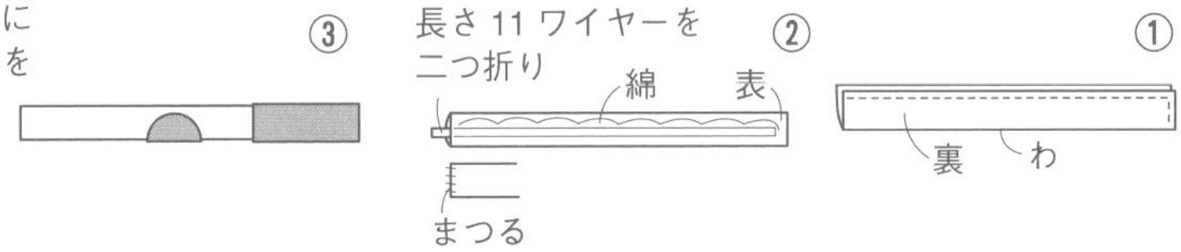

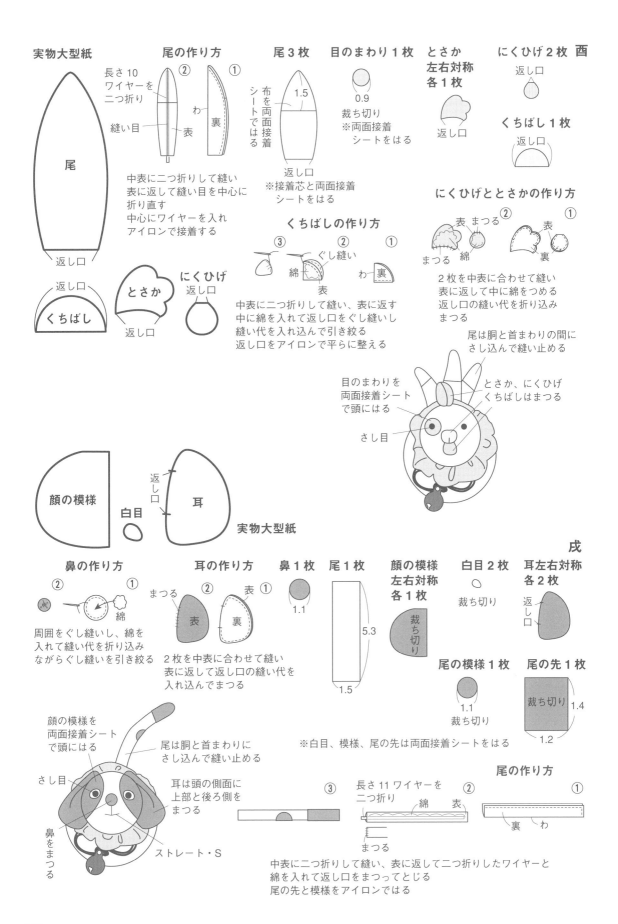

中表に二つ折りして縫い、表に返して二つ折りしたワイヤーと
綿を入れて返し口をまつってとじる
尾の先と模様をアイロンではる

柏餅とちまき

柏餅3×4.2cm　ちまき11.5×3.5cm

材料

柏餅（1個分）　葉用布2種各10×10cm　餅用布5×10cm　28番ワイヤー、手芸綿、接着芯各適宜
ちまき　葉用布各種　餅用布15×10cm　のし用布2種各10×5cm　まとめ布10×10cm　0.8mm組ひも180cm　水引、両面接着シート、手芸綿、接着芯各適宜

作り方のポイント

●あわじ結びのしかたは62ページ参照。市販の飾りを使ってもよい。

作り方

柏餅

①葉を中心にワイヤーを通して作る。
②餅を作る。
③餅を葉ではさみ、内側を縫い付ける。

ちまき

①葉の布を両面接着シートではり合わせ、葉の形にカットする。
②餅を作る。
③餅に葉を少し重ねながらはり、縫い止める。
④ひもを巻く。
⑤3本をまとめ、底側にボンドをぬったまとめ布をかぶせてはる。
⑥のしを作ってはり、水引をはる。

柏餅

餅の作り方

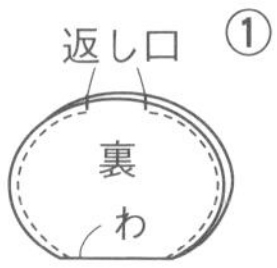

中表に二つ折りし
返し口を残して
周囲を縫う

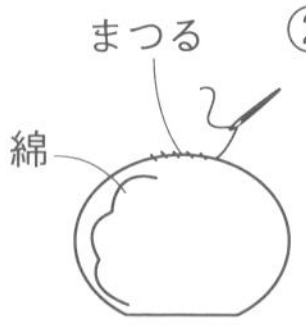

表に返して綿をつめ
返し口をとじる

まとめ方

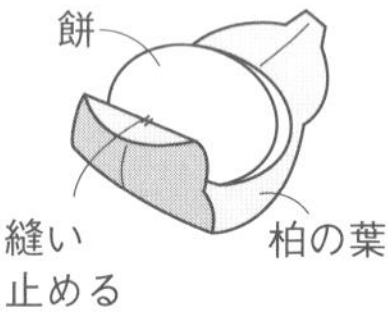

柏の葉で餅をつつみ
内側で縫い止める

柏の葉の作り方

2枚を中表に合わせ
返し口を残して周囲を縫う

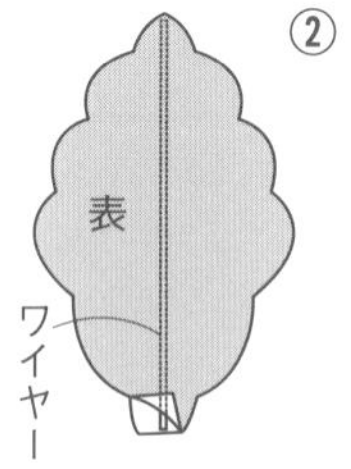

表に返してボンドをぬった
ワイヤーを中央に通す

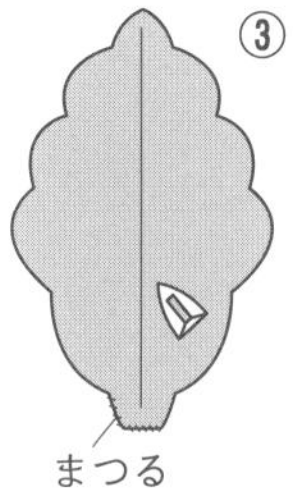

返し口をまつってとじ
アイロンで押さえて
ワイヤーの筋を出す

餅1枚

柏の葉2枚

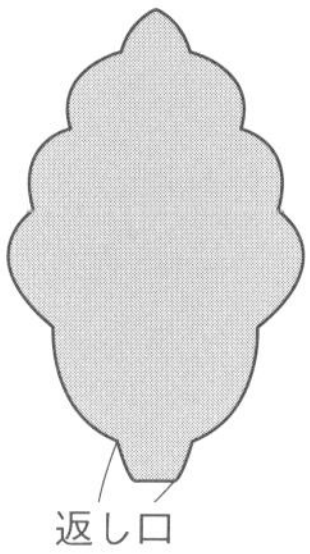

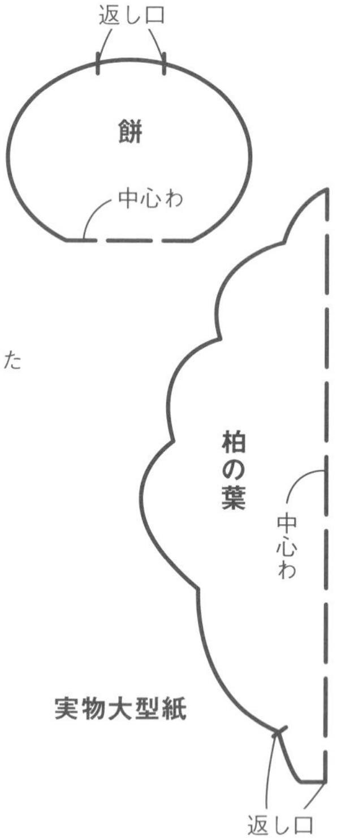

実物大型紙

紅に白を重ねて
はる

作り方

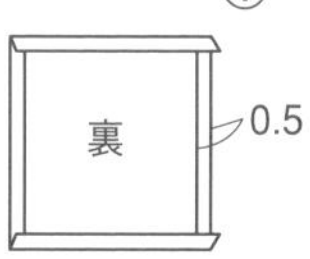

白ののり代を
折ってはる

四方紅白1枚

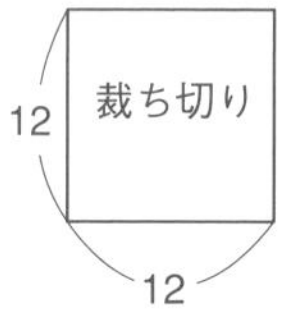

※11×11cmの接着芯と
両面接着シートをはる

四方紅紅1枚

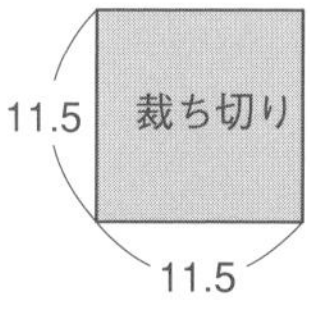

※両面接着シートで
はり合わせた布を
カットする

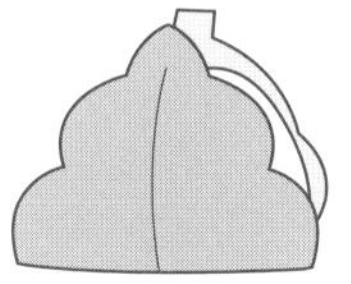

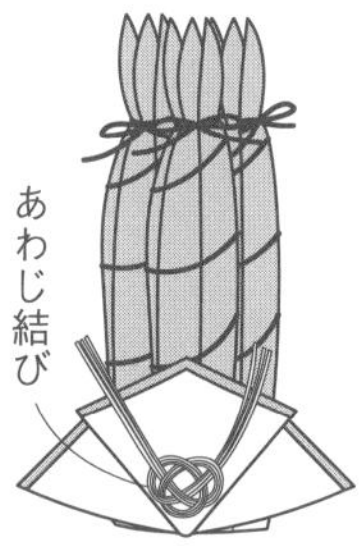

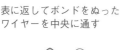

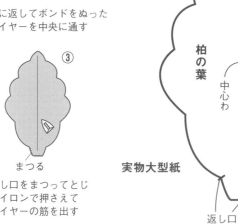

ちまき

笹の葉6枚

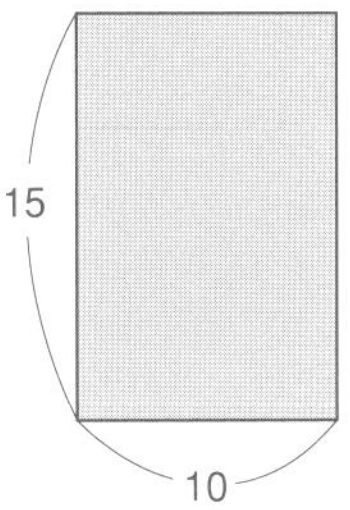
15
10

※両面接着シートをはる

餅3枚

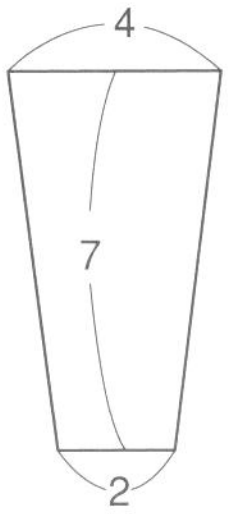
4
7
2

まとめ布1枚

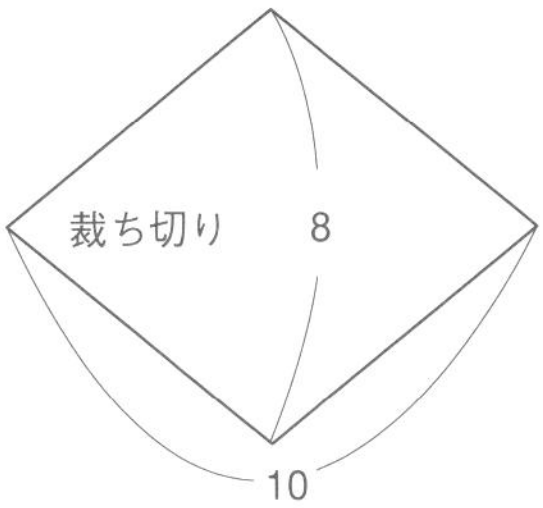
裁ち切り
8
10

餅の作り方

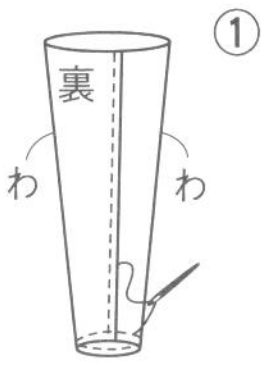
①
裏
わ
わ

中表に二つ折りして
筒に縫い、縫い目を
中心にして、下を
ぐるりとぐし縫いする

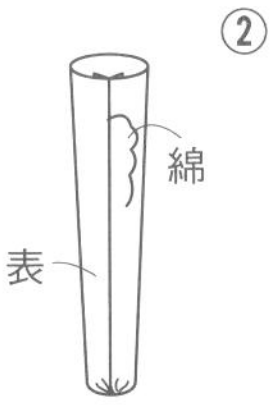
②
綿
表

ぐし縫いを引き絞って
表に返し、綿をつめる

③
表

もう片方も
ぐし縫いして
引き絞る

のし1枚

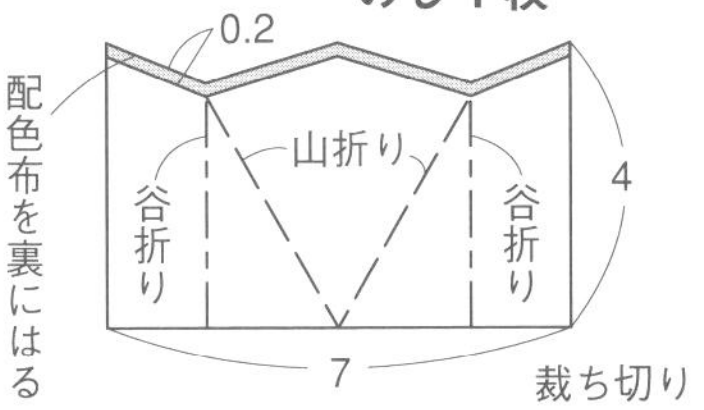
0.2
配色布を裏にはる
山折り
谷折り
谷折り
4
7
裁ち切り

のしの作り方

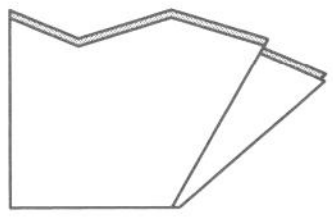

折りたたんで
アイロンでくせづけする

笹の葉の作り方

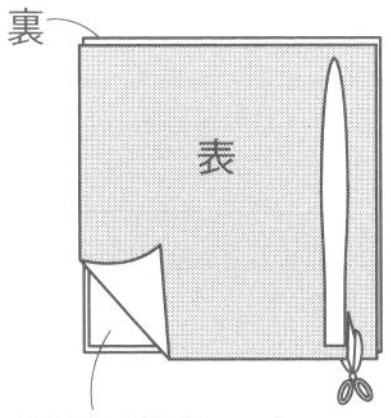
裏
表
両面接着シート

表布と裏布を中表に合わせ
両面接着シートではり合わせる
型紙をあててカットする

ちまきの作り方

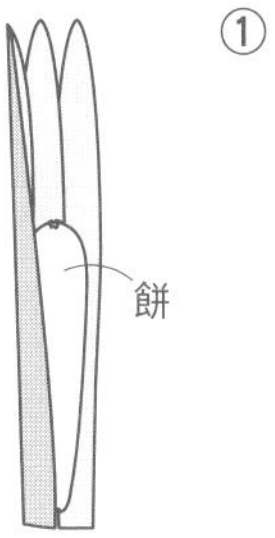
①
餅

葉を少しずつ重ねて
ボンドではりながら
餅をくるむ

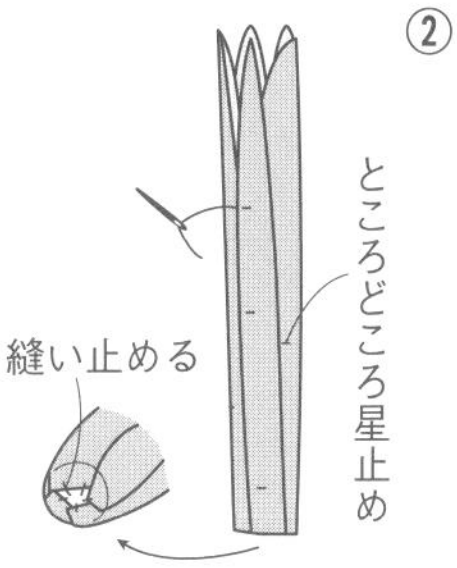
②
ところどころ星止め
縫い止める

葉の底側を折って縫い
葉と餅をところどころ
縫い止める

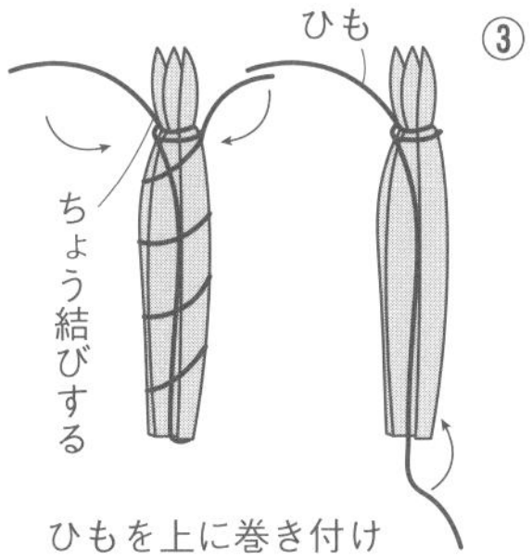
③
ひも
ちょう結びする

ひもを上に巻き付け
底側にひもをかけ
底側から巻き上げて
上でちょう結びをする

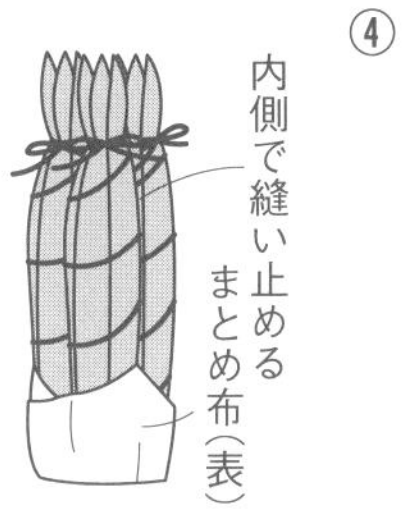
④
内側で縫い止める
まとめ布(表)

3本をまとめ
底をまとめ布で
つつんでボンドで
はる

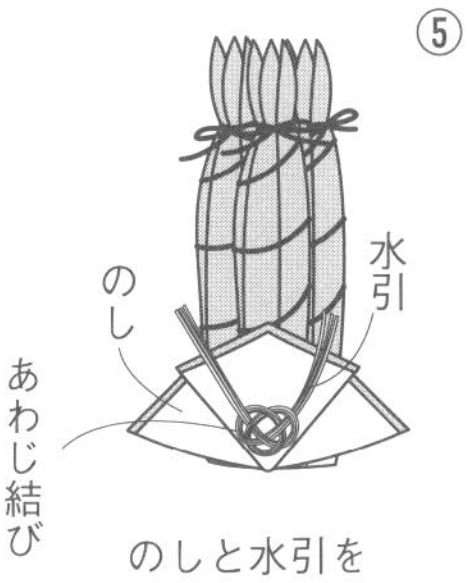
⑤
水引
のし
あわじ結び

のしと水引を
はる

笹の葉

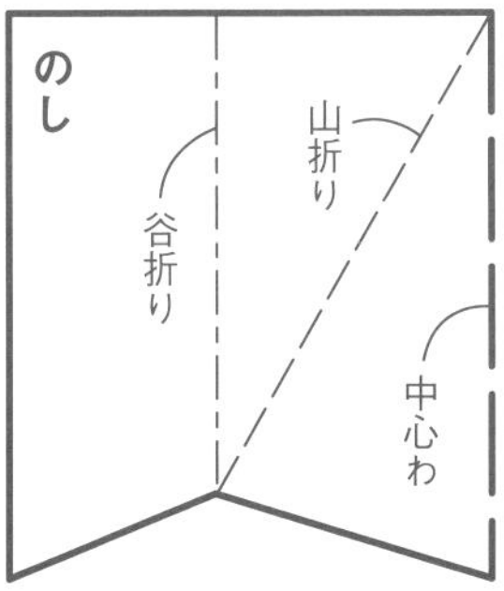
のし
山折り
谷折り
中心わ

P.42

花菖蒲

4×6.5cm

材料

つぼみ、がく、目模様用布各種　花びら用布、裏布各15×10cm　花芯a用布、花芯b用布各15×5cm　本体用布10×5cm　口べり用布10×5cm　0.8mm組ひも60cm　手芸綿、28番ワイヤー、両面接着シート、接着芯各適宜

作り方のポイント

●花びら小の目模様は少し小さくするとよい。

●花芯は、仕上げに上に持ち上げて形を整える。

作り方

①目模様を作り、花びらに付ける。
②花びら大・小、花芯a・bを作る。
③本体を縫い合わせる。
④本体に花びら大、花びら小、花芯a、花芯bの順に重ねて仮留めする。
⑤口べりを作る。
⑥口べりを中表に合わせて縫う。
⑦ひもを通し、ひもの先端につぼみとがくを作って付ける。

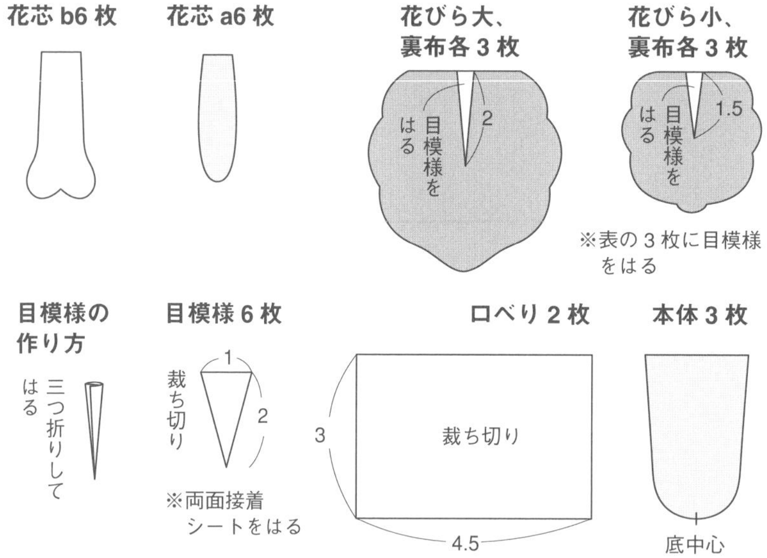
花芯 b6 枚
花芯 a6 枚
花びら大、裏布各３枚
目模様をはる
2
花びら小、裏布各３枚
目模様をはる
1.5
※表の３枚に目模様をはる
目模様の作り方
三つ折りしてはる
目模様６枚
1
裁ち切り
2
※両面接着シートをはる
口べり２枚
3
裁ち切り
4.5
本体３枚
底中心

口べりの作り方

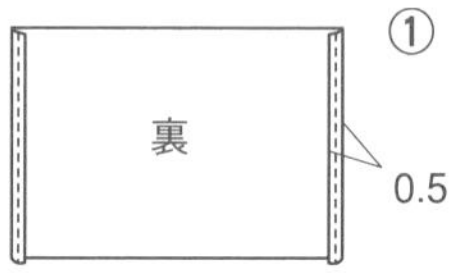
①
裏
0.5

両端の縫い代を折って縫う

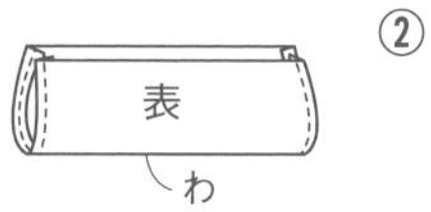
②
表
わ

外表に二つ折りする

本体の作り方

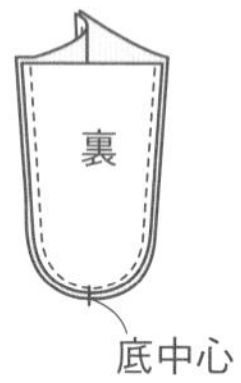
裏
底中心

本体を中表に合わせ
口側から底中心まで縫う
3枚を縫い合わせる

花びらと花芯の作り方

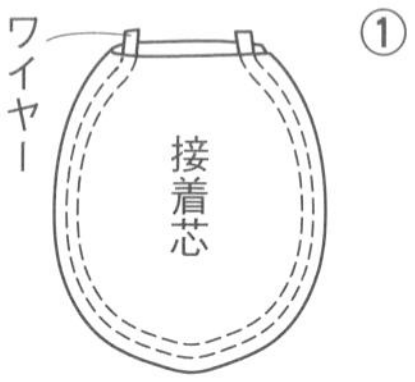
①
ワイヤー
接着芯

花びらの形に曲げた
ワイヤーを接着芯で
はさんではり
接着芯を形にカットする

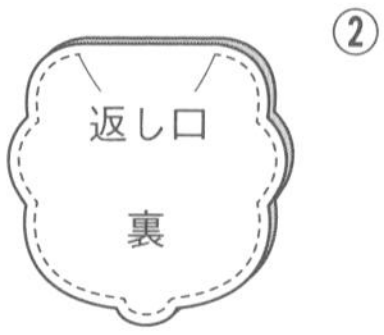
②
返し口
裏

裏布と中表に合わせ
返し口を残して
周囲を縫う

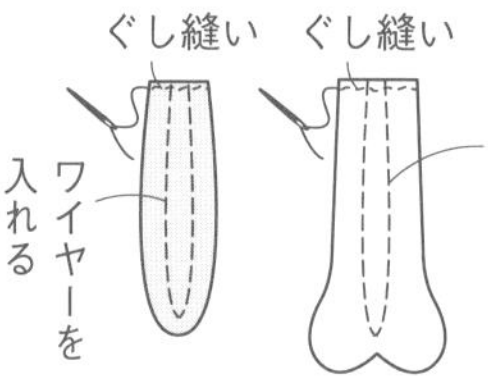
③
ぐし縫い
ぐし縫い
ワイヤーを入れる
ワイヤーを入れる

花びら小と花芯 a・b は
そのまま縫いとじる

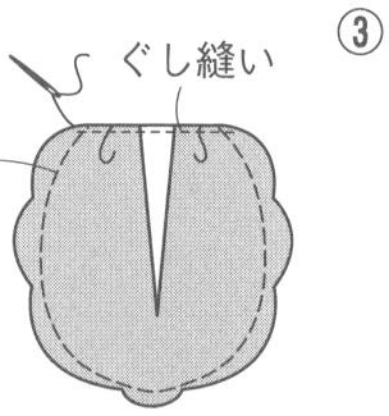
ぐし縫い

ワイヤーを入れ
花びら大は返し口を
ぐし縫いして
やや引き絞り
0.5cm 縮める

つぼみ２枚

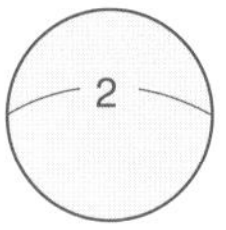
2

裁ち切り

がく４枚

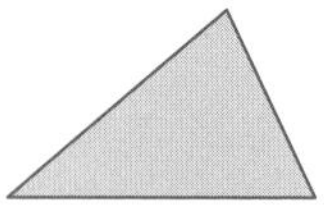

がくの作り方

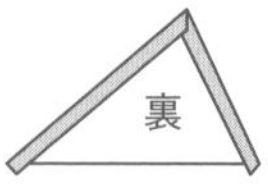
裏

のり代を折る

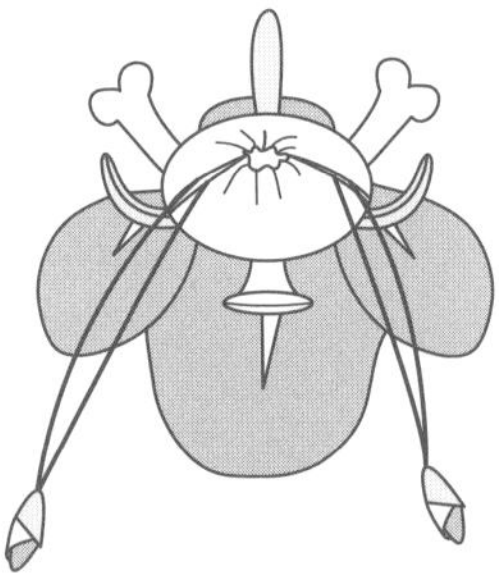

つぼみの作り方

①

裏
綿
ひと結び
組ひも

つぼみに少しの綿と
組ひもの先端を重ねる

②

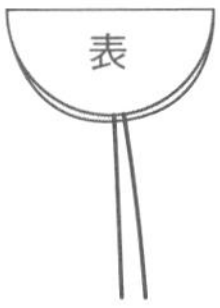

表

ひもの先端を
はさんで
半分に折る

③

くるくる巻く

④

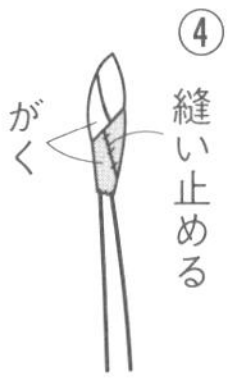

がく
縫い止める

つぼみの根元を
2枚のがくで巻き
縫い止める

作り方

①

本体（裏）
花びら大

本体の周囲に等間隔に
花びら大を仮留めする

②

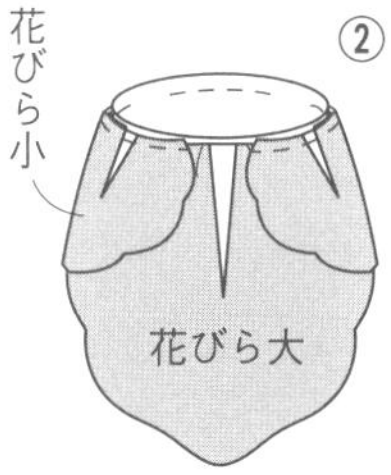

花びら小
花びら大

花びら大の間に
花びら小を重ねて
仮留めする

③

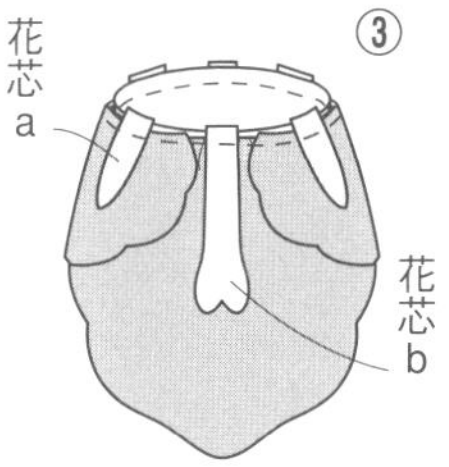

花芯a
花芯b

花びら大の中央に花芯 b
花びら小の中央に花芯 a
を重ねて仮留めする

④

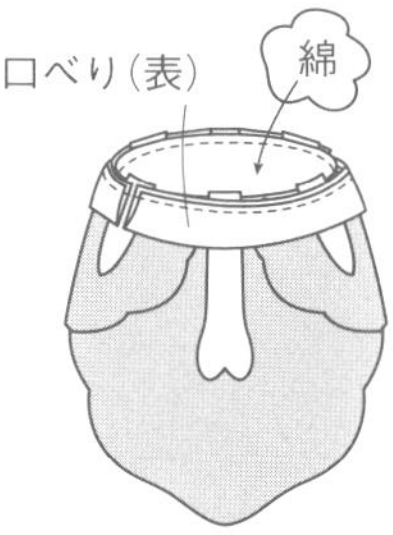

口べり（表）
綿

本体に二つ折りした
口べりを重ねて縫う
中に綿を入れる

⑤

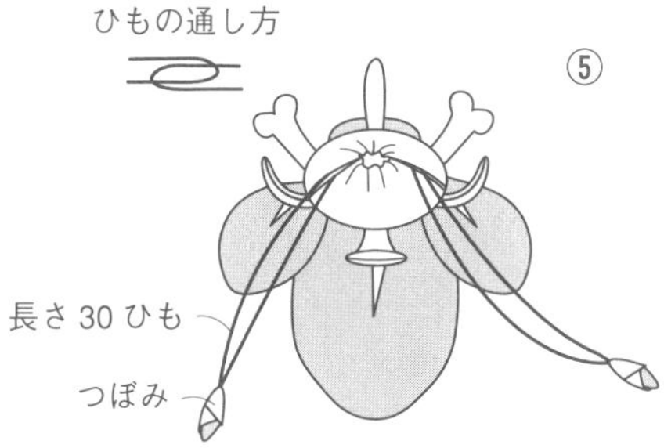

ひもの通し方
長さ 30 ひも
つぼみ

口べりの左右からひもを通し
先端につぼみを付ける

実物大型紙

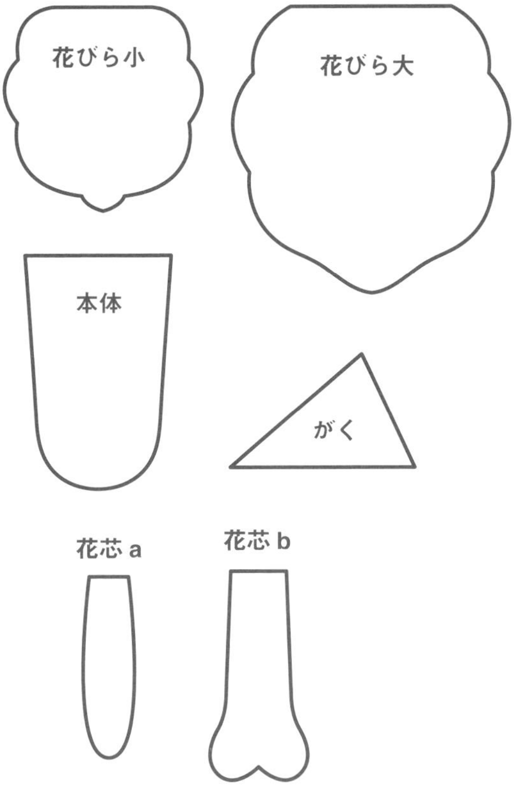

花びら小
花びら大
本体
がく
花芯 a
花芯 b

P.43

鯛車

5.5×6cm

材料

鯛、車用布各種　直径0.4cmタイヤ止め金具4個　丸ピン4本　直径0.7cmひも通し金具1個　直径0.3cmつぶし玉2個　0.8mm組ひも30cm　厚紙、手芸綿、金糸、28番ワイヤー、両面接着シート、接着芯各適宜

作り方のポイント

●つゆ結びのしかたは60ページ参照。

●尾びれに通すワイヤーは、ボンドをぬって通す。

作り方

①頭、背びれ、尾びれ、胸びれ、底、目を作る。

②胴2枚を中表に合わせ、背びれと尾びれをはさんで縫う。

③胴と頭を中表に合わせ、胸びれをはさんで縫う。

④表に返して綿をつめ、底と目をはる。

⑤口を作り、頭に縫い付ける。

⑥車を作り、引きひもを付ける。

⑦車に鯛をのせてボンドではる。

頭左右対称各１枚

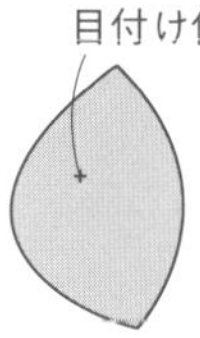
目付け位置

胴左右対称各１枚

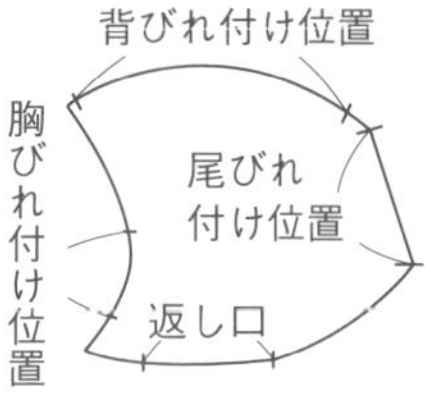
背びれ付け位置
胸びれ付け位置
尾びれ付け位置
返し口

胸びれ左右対称各２枚

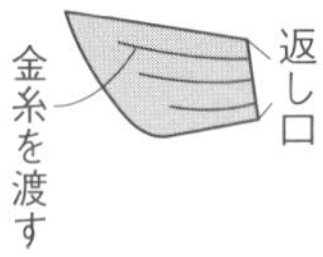
金糸を渡す
返し口

尾びれ左右対称各１枚

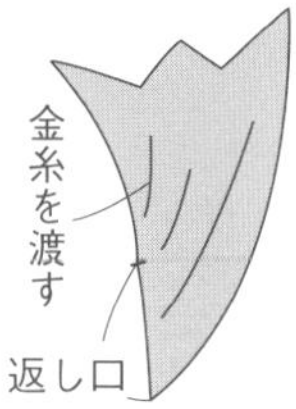
金糸を渡す
返し口

背びれ１枚

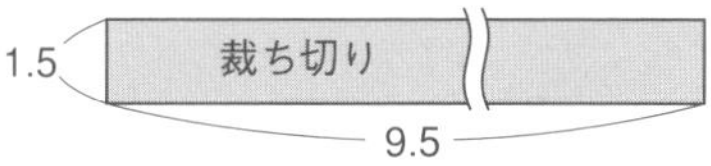
1.5
裁ち切り
9.5

底、厚紙各１枚

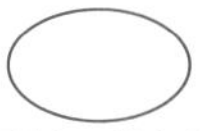

※厚紙は裁ち切り

黒目２枚

0.3
裁ち切り

白目、厚紙各２枚

0.5

※両面接着シートをはる

口の作り方

くるくる巻いてはる

口１枚

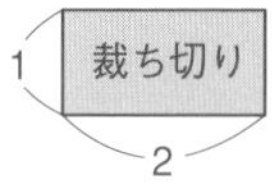
1
裁ち切り
2

底の作り方

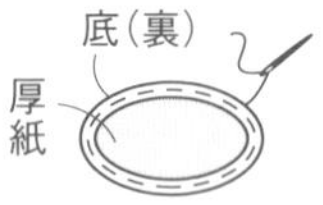
底(裏)
厚紙

周囲をぐし縫いし厚紙を重ねてぐし縫いを引き絞る

目の作り方

黒目
白目

白目は厚紙を布でくるんで作り黒目を上にはる

鯛の作り方

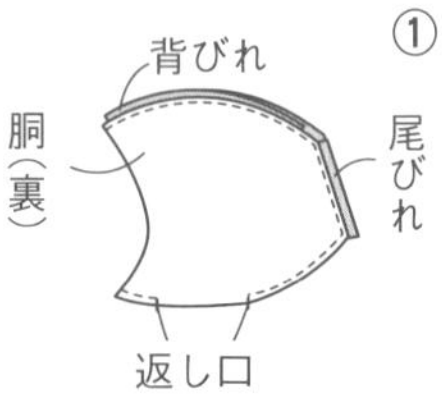
①
背びれ
胴(裏)
尾びれ
返し口

胴２枚を中表に合わせて間に背びれと尾びれをはさんで縫う

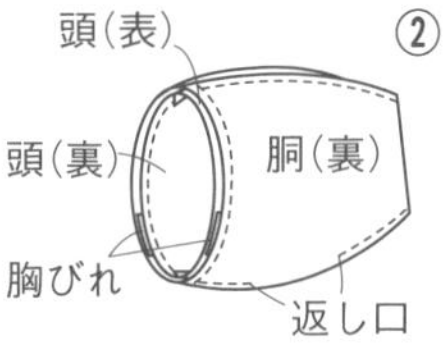
②
頭(表)
頭(裏)
胴(裏)
胸びれ
返し口

胴と頭を中表に合わせ胸びれをはさんで縫う

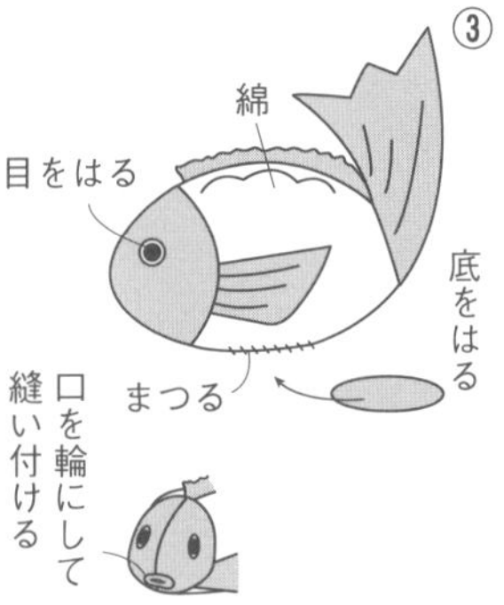
③
綿
目をはる
底をはる
まつる
口を輪にして縫い付ける

表に返して綿をつめて返し口をとじる目、口、底を付ける

胸びれの作り方

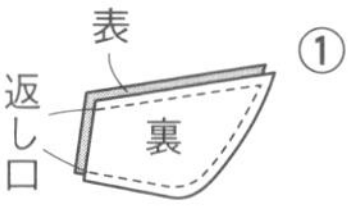
①
表
返し口
裏

中表合わせて縫い表に返す

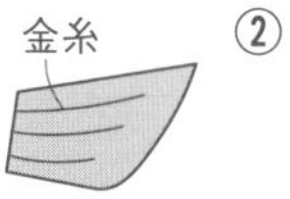
②
金糸

金糸を渡す

背びれの作り方

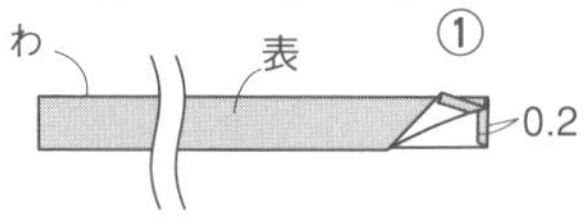
①
わ
表
0.2

両脇を0.2cm折り半分に折る

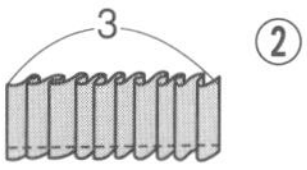
②
3

ひだを寄せ下側を縫う

頭の作り方

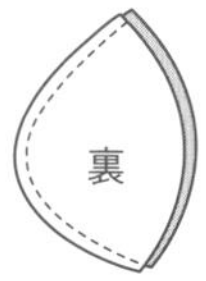
裏

中表に合わせて口側を縫う

尾びれの作り方

①
裏
返し口

中表に合わせ返し口を残して周囲を縫う

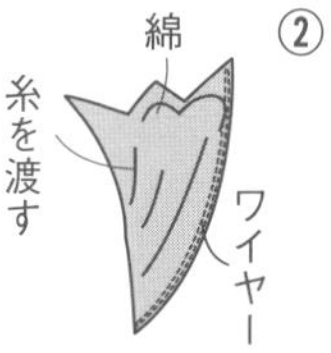
②
綿
糸を渡す
ワイヤー

表に返して尾びれの下側にボンドをぬったワイヤーを通し、綿を薄く入れる

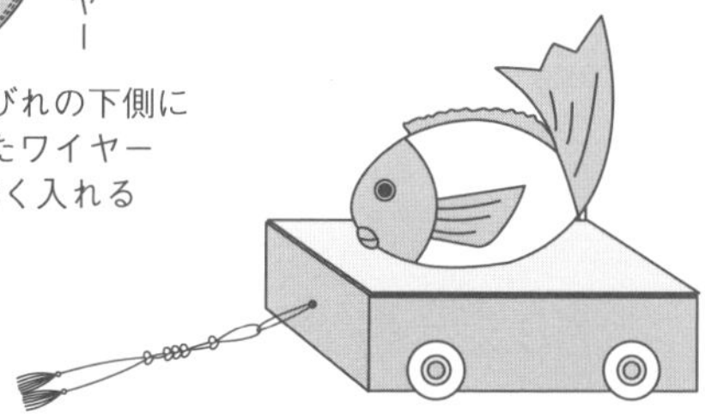

側面の作り方

①

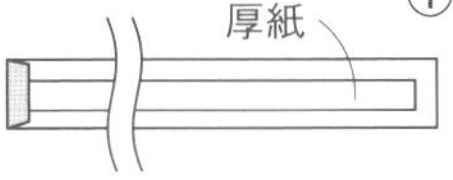

厚紙を重ねて一方の
短辺のみ折ってはる

②

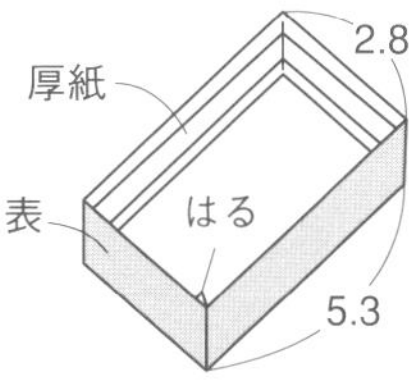

端を合わせて
布を内側ではる

タイヤ小、厚紙各4枚

タイヤ大、厚紙各4枚

※両面接着シートをはり
厚紙を布でくるむ

引きひもの作り方

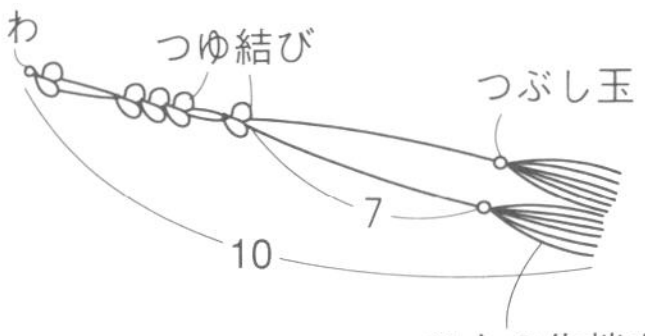

ひもの先端を
ほぐす

側面、厚紙各1枚

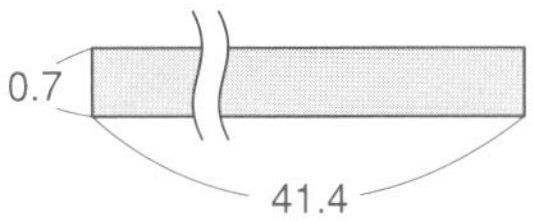

※すべて両面接着シートをはる
※厚紙は裁ち切り

車天板2枚、底1枚 厚紙3枚

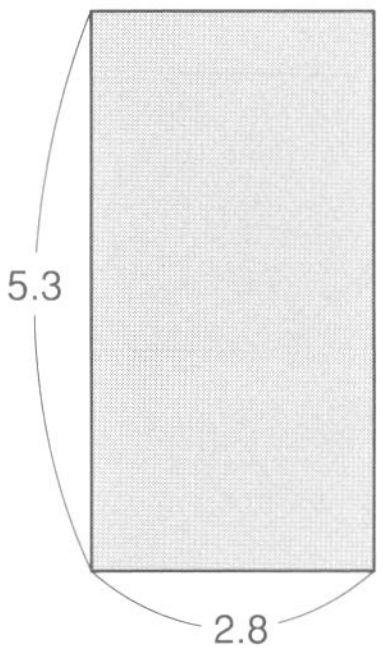

天板の作り方

厚紙をくるんで
ボンドではる

③

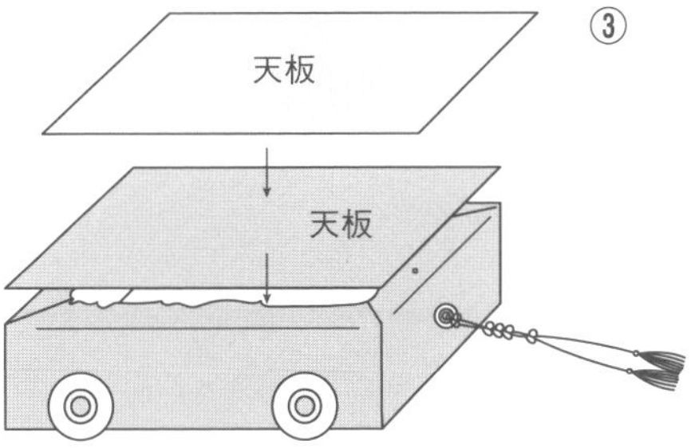

天板2枚を本体にはる

車の作り方

①

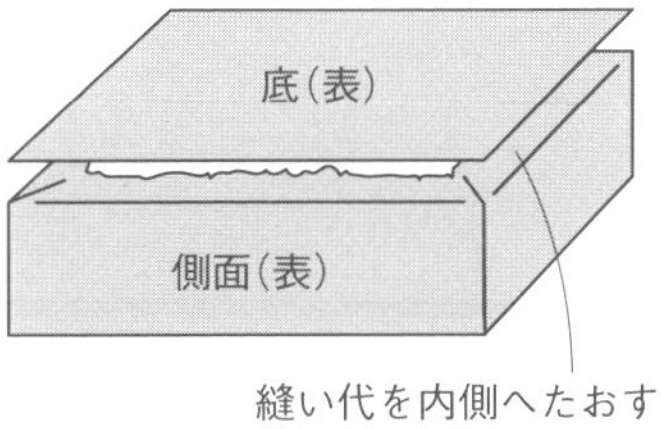

側面と底をボンドではる

④

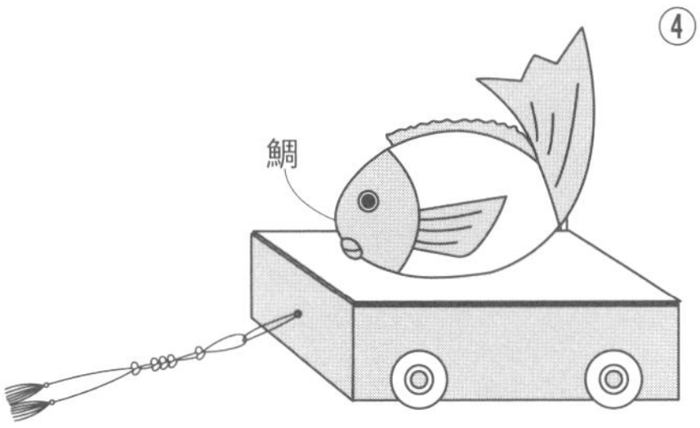

鯛を車に乗せてはる

②

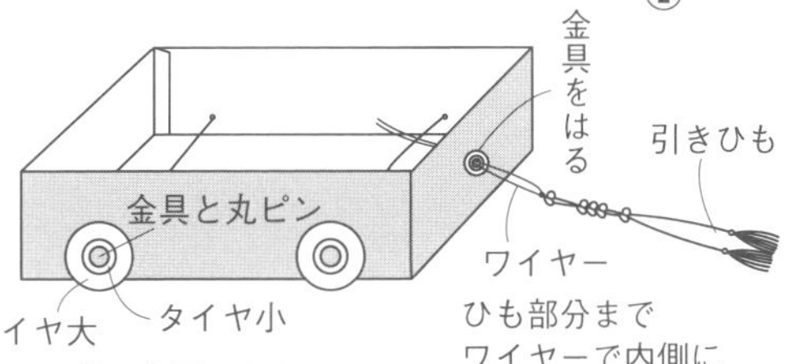

ひも部分まで
ワイヤーで内側に
引き入れて止める

タイヤ付け位置に穴をあけ
タイヤ大と小を重ねてはり
金具で止める
引きひもの先にワイヤーを
通して、ワイヤー部分を本体に通し
裏側で止める

実物大型紙

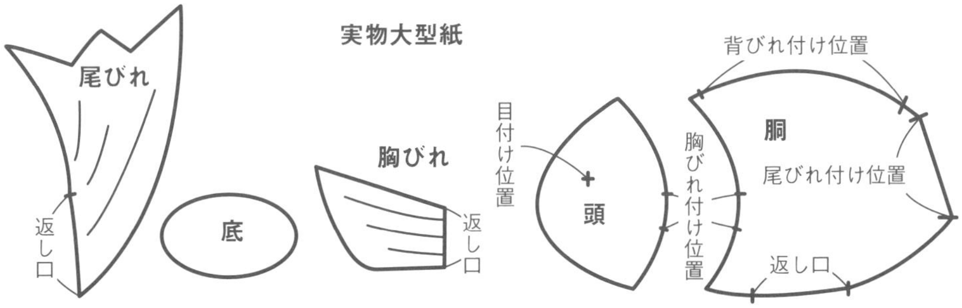

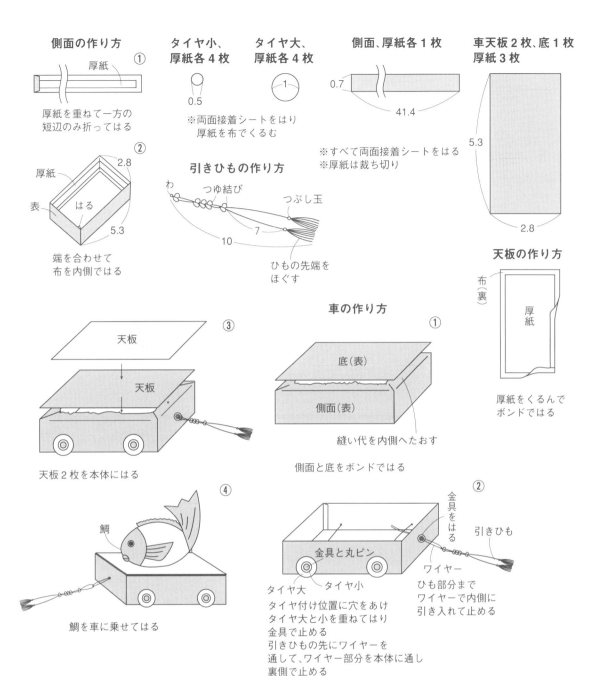

P.43

陣太鼓

3.5×4.5cm

鼓面、厚紙各2枚

両面接着シートをはり裁ち切りではる

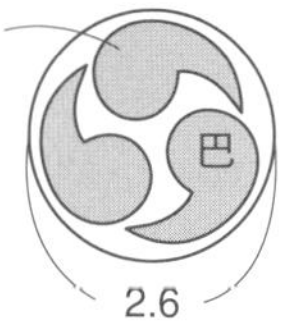
巴
2.6

※厚紙は裁ち切り
※両面接着シートをはり厚紙をくるんではる

胴1枚

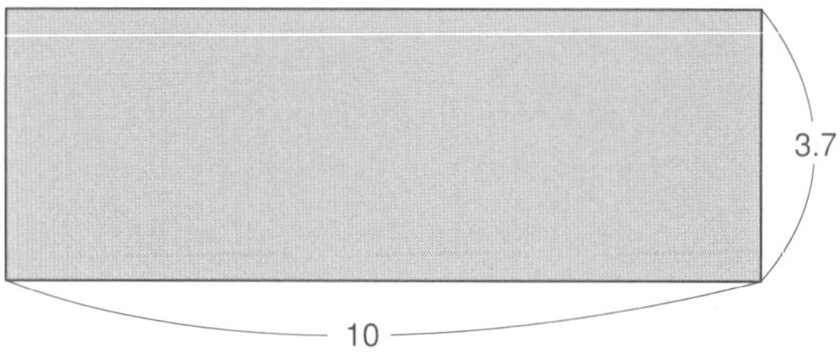
3.7
10

※両面接着シートをはる

厚紙1枚

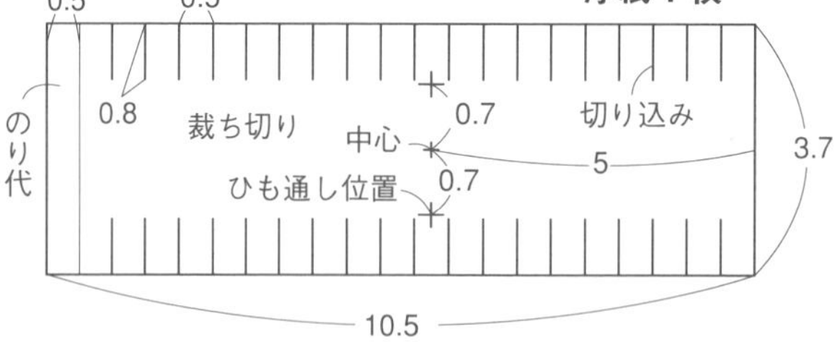
0.5
0.5
のり代
0.8
裁ち切り
中心
0.7
切り込み
5
ひも通し位置
0.7
3.7
10.5

縁布2枚

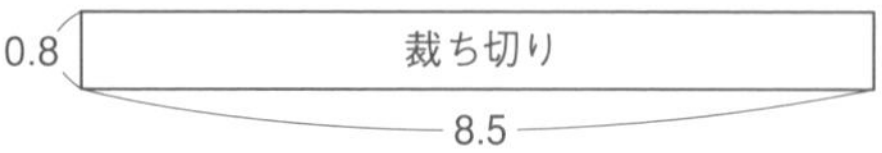
0.8
裁ち切り
8.5

※両面接着シートをはる

飾り布1枚

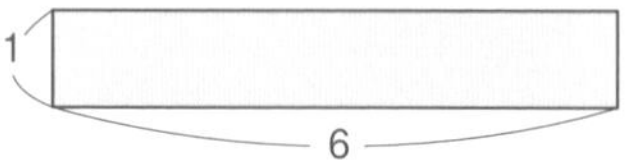
1
6

※両面接着シートをはる

飾り布の作り方

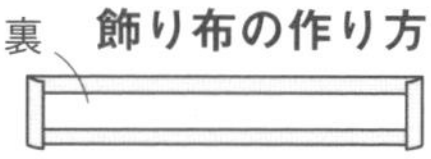
裏

周囲ののり代を裏に折ってはる

作り方

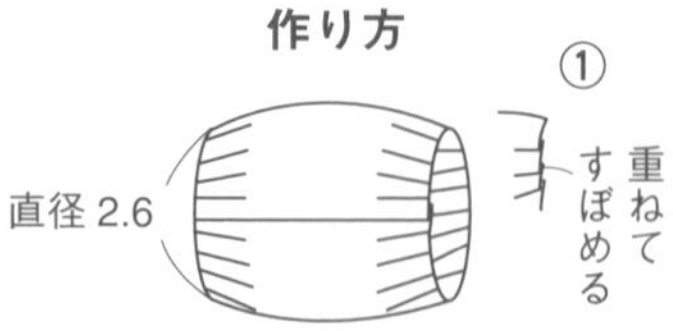
①
直径2.6
重ねてすぼめる

厚紙を筒状にはり合わせてから
切り込みを少しずつ重ね
太鼓の形にしてボンドではる
和紙を重ねてはり、滑らかにする

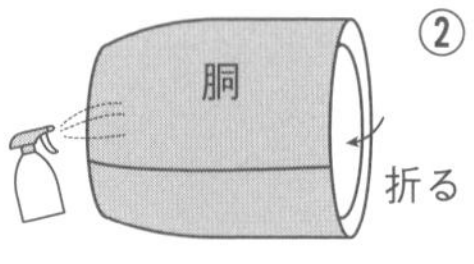
②
胴
折る

胴の布を巻き、カーブ部分は
水を付けて縮ませ、カーブに
なじませながらはる

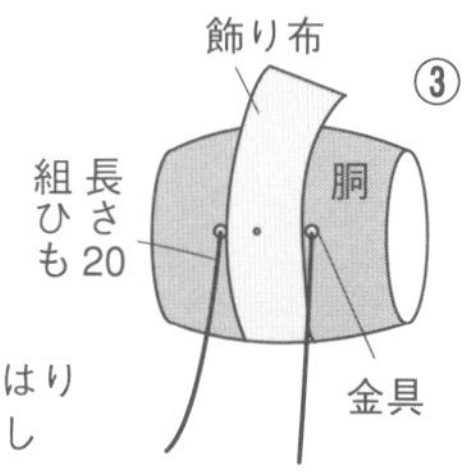
飾り布
③
胴
長さ
組ひも20
金具

胴に飾り布をボンドではり
穴をあけて組ひもを通し
金具を通して胴にはる

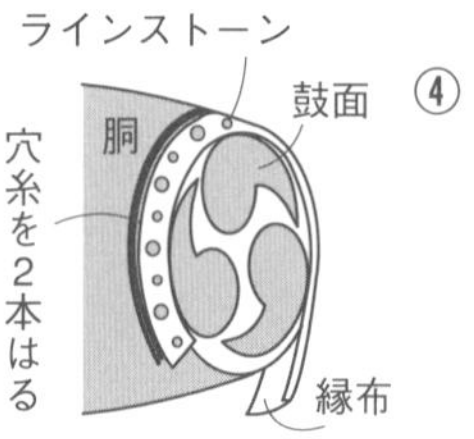
ラインストーン
胴
鼓面
④
穴糸を2本はる
縁布

胴の両側に鼓面をはり付け
周囲に縁布をはって
ラインストーンを付ける
縁布の周囲に穴糸を2本はる

飾りひものまとめ方

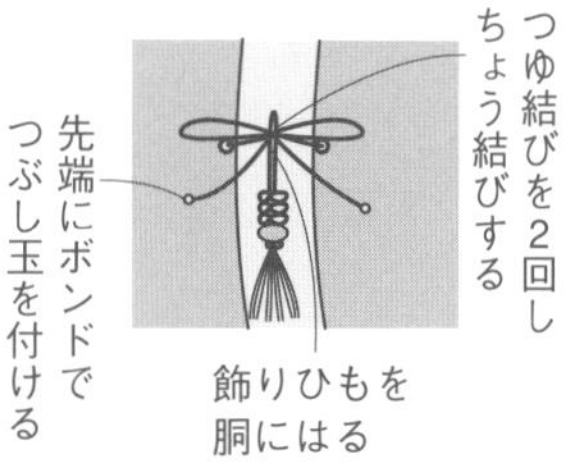
先端にボンドでつぶし玉を付ける
つゆ結びを2回しちょう結びする

飾りひもを胴にはる

飾りひも
つゆ結び
5
ビーズ

ほぐしてアイロンの蒸気で伸ばす

材料

胴用布15×5cm　鼓面用布（縁布分含む）、巴用布、飾り布各10×5cm　厚紙20×5cm　0.8mm組ひも50cm　直径0.5cmビーズ1個　直径0.3cmつぶし玉2個　直径0.4cm金具2個　直径0.2・0.3cm縁布用ラインストーン、穴糸、両面接着シート、接着芯各適宜

作り方のポイント

●胴にちりめんを巻き、カーブ部分の布に水を付けて縮ませ、カーブになじませてからはる。

●つゆ結びのしかたは60ページ参照。

作り方

①厚紙で胴を作り、布をはる。
②巴用布を鼓面にはる。
③胴に飾り布を作ってはり、穴をあけてひもを通す。
④鼓面を作って胴の両側にはり、縁布をはる。
⑤ラインストーンを付け、縁布のきわに穴糸をはる。
⑥ひも飾りを作って③で通したひもの中央の胴にはり、ひもを結ぶ。

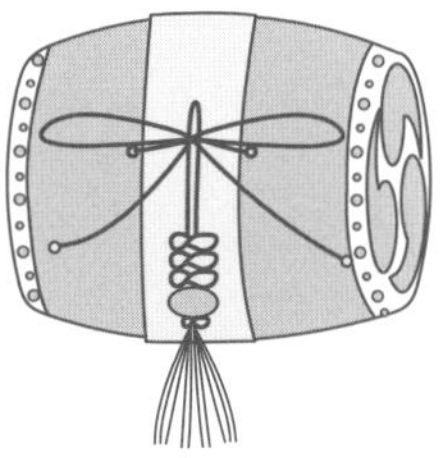

実物大型紙

P.45

七夕飾り

18×13.5cm

材料

共通　両面接着シート適宜

土台　土台用布（底分含む）15×10cm　3×3×1.5cm土台芯（木製）1個　厚紙適宜

笹　枝、笹用布各種　24番ワイヤー50cm　1.5mm組ひも20cm　キルト綿、接着芯、厚紙各適宜

飾り　着物、帯、なす、へた、すいか、短冊、玉飾り、星、輪用布各種　直径1.3cmスチロールボール2個　直径0.6cm鈴2個　ビーズ、厚紙、穴糸、手芸綿各適宜

作り方

①土台芯と底用の厚紙を布でくるむ。

②土台の下に底をはって作る。

③笹を作って土台に付ける。

④着物、なす、すいか、短冊、玉飾り、輪飾りなど好みの飾りを作る。

⑤飾りを笹に穴糸で付ける。

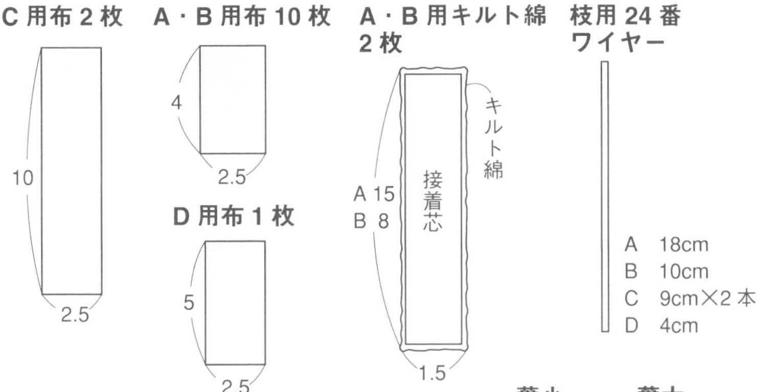

枝の作り方

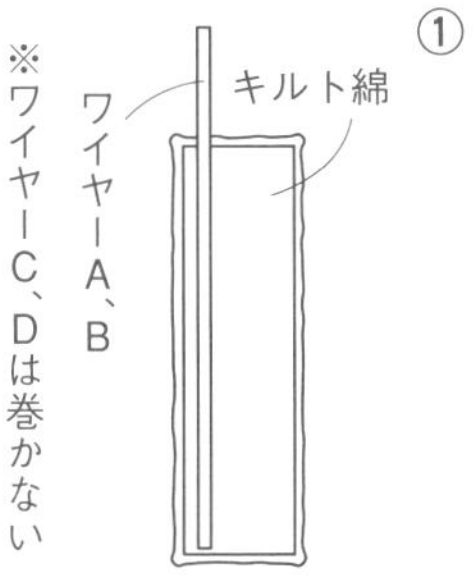

キルト綿にワイヤーを重ねてくるくる巻く

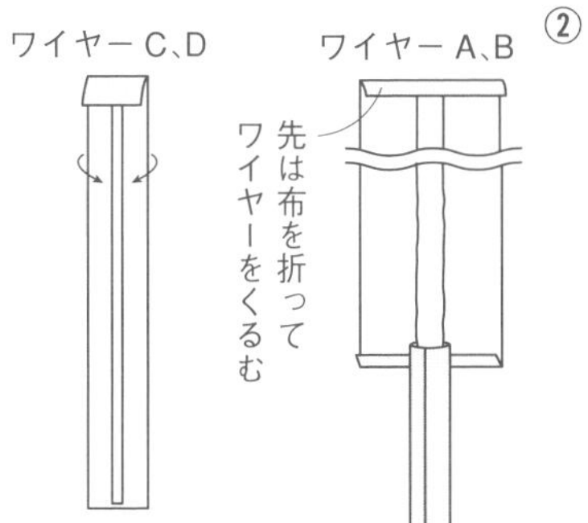

先端を折り返してワイヤーをつつんで巻く

布の下を折りワイヤーに巻く布の長さは枝の長さによって調節する

実物大型紙

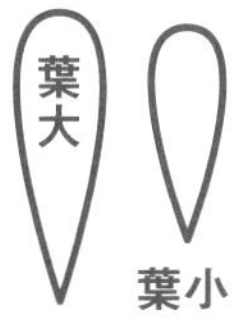

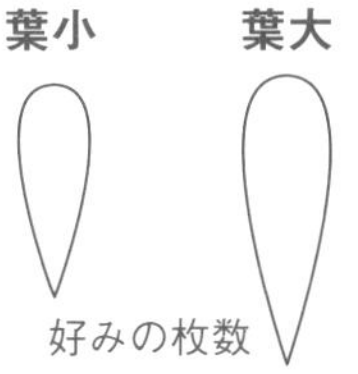

基本は中心にワイヤー入りの葉を入れた3枚セット
大小おりまぜた5、6枚のセットにしてもよい

葉の作り方

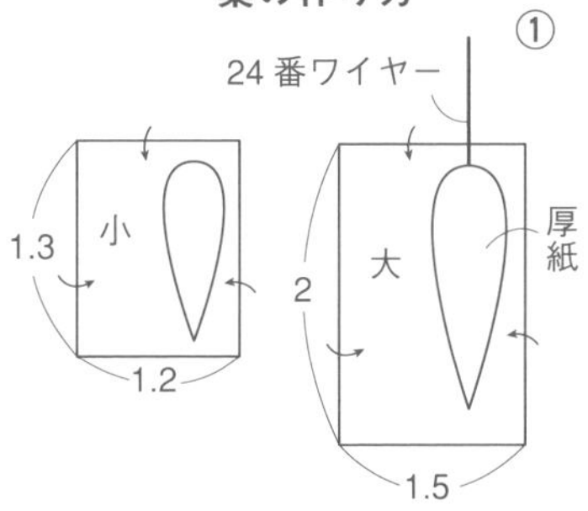

布にワイヤー（中心の葉のみ）と厚紙を重ねてのり代を中に折りながらつつんではる

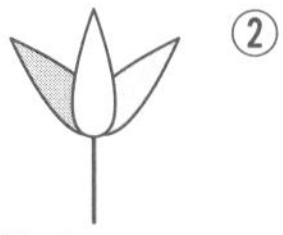

3枚重ねてはる

土台の作り方

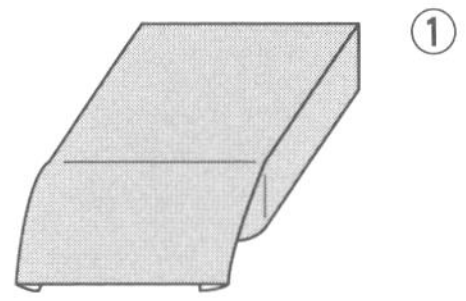

土台芯を布でくるむ
底も厚紙を布でくるむ

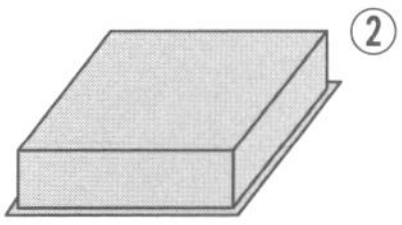

土台の下に底をはる

底1枚
厚紙1枚

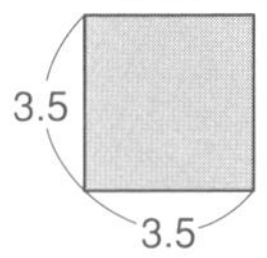

※厚紙は裁ち切り

土台芯（木製）1個

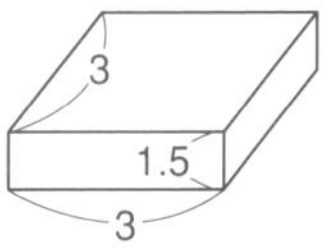

土台1枚

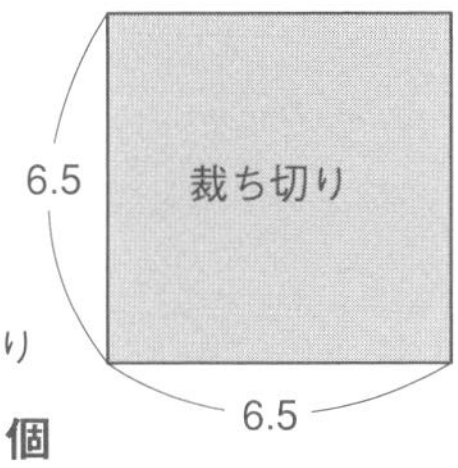

※土台と底に両面接着シートをはる

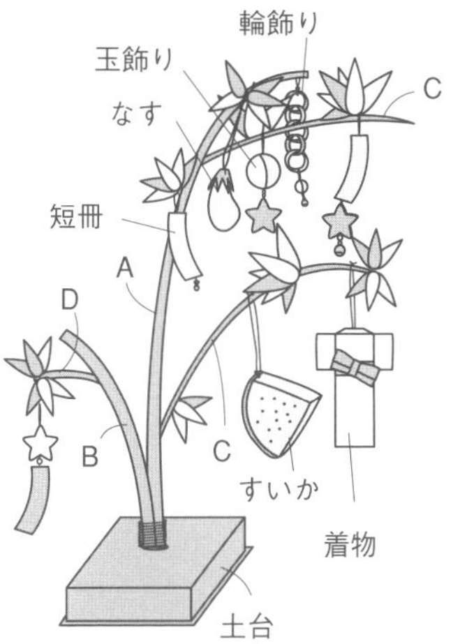

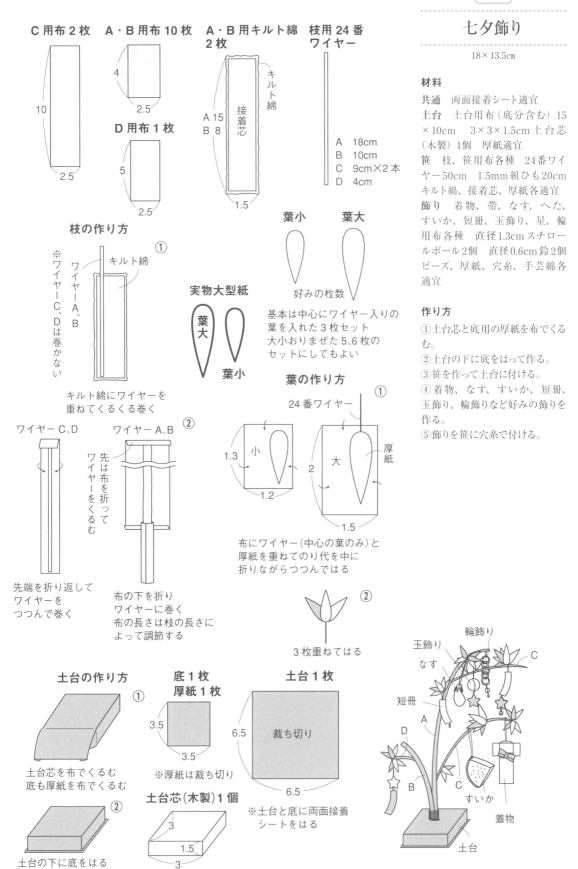

輪飾り
輪5枚

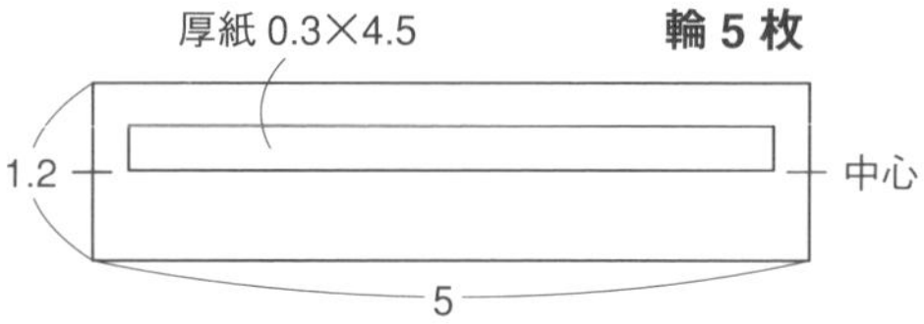

※作り方は 95 ページわら束飾りの鯛の玉飾り参照

※玉飾りのスチロールボールは直径 1.3cm

玉飾り2枚

作り方

両側の縫い代を折る

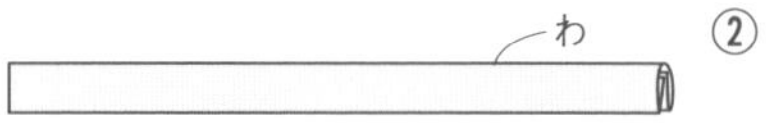

半分に折ってはる

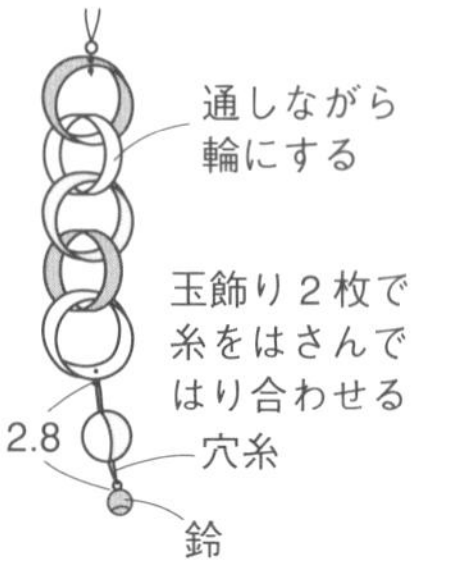

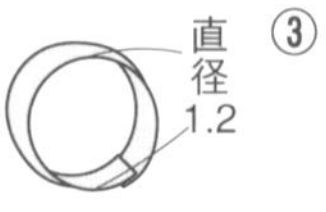

輪にしてはり合わせる

枝と葉のまとめ方

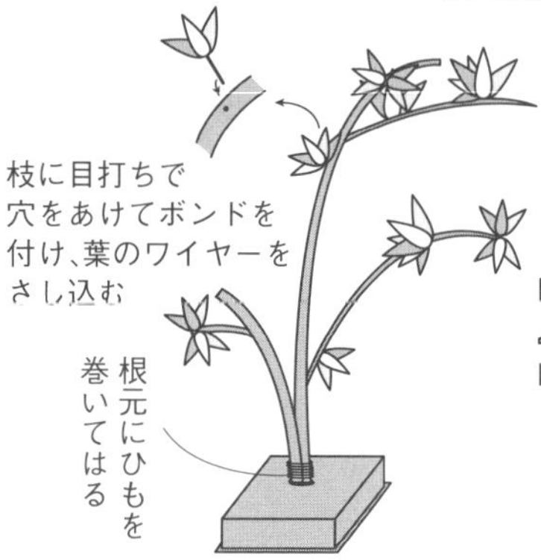

土台にさし込んで接着する

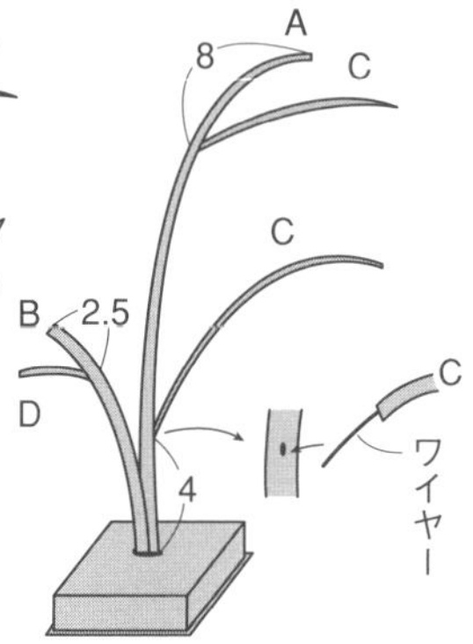

A、Bに目打ちで穴をあけてボンドを付けC、Dをさし込む

実物大型紙

実物大型紙

短冊、玉飾り

星、厚紙各6枚　短冊後ろ、厚紙各3枚　短冊前、厚紙各3枚

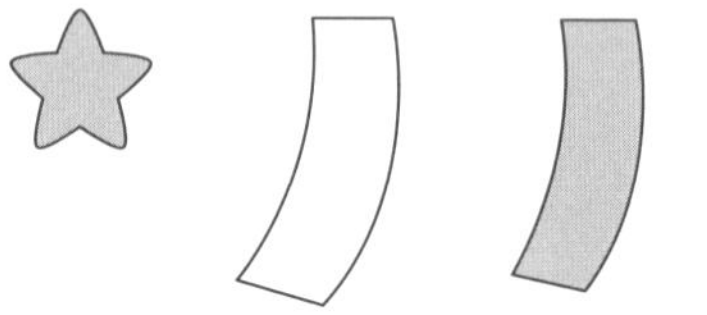

※厚紙は裁ち切り

※厚紙を布でくるんではる星のみ薄手キルト綿を重ねる

すいか

実2枚　実側面1枚　白皮1枚　緑皮1枚

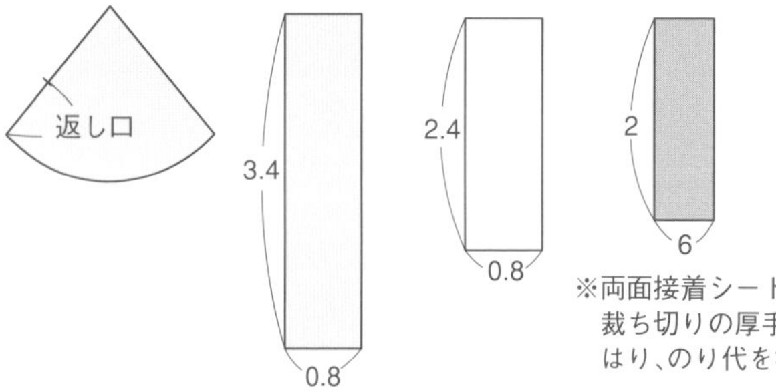

※両面接着シートと裁ち切りの厚手接着芯をはり、のり代を折る

作り方

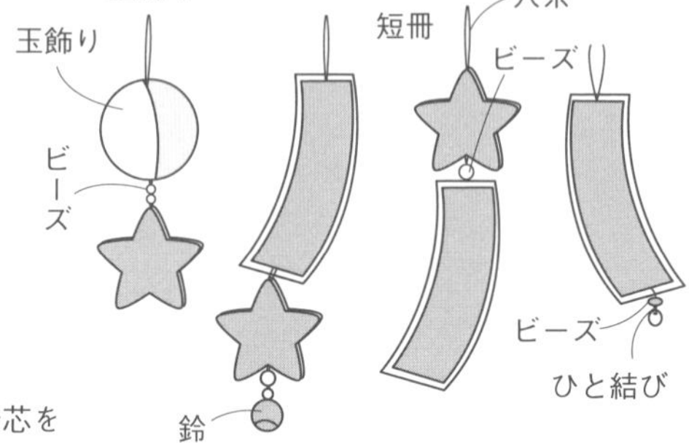

穴糸をはさんで2枚をはり合わせる

すいかの作り方

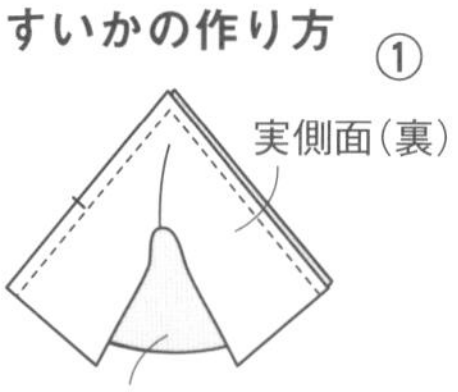

実と側面を中表に合わせて縫う

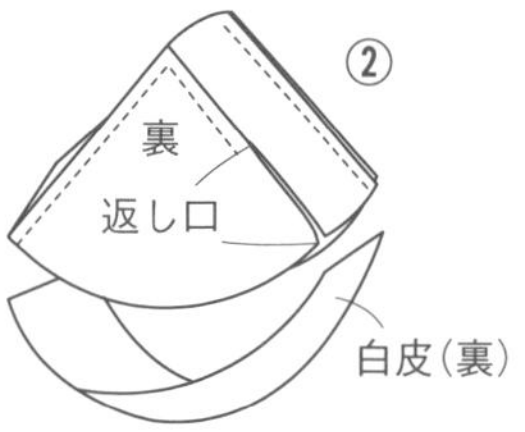

もう1枚の実も中表に縫い合わせ白皮を中表に合わせて縫う

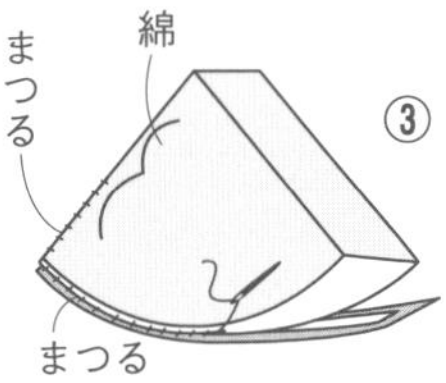

表に返して綿をつめて返し口をとじる
緑皮を合わせて白皮にまつり付ける

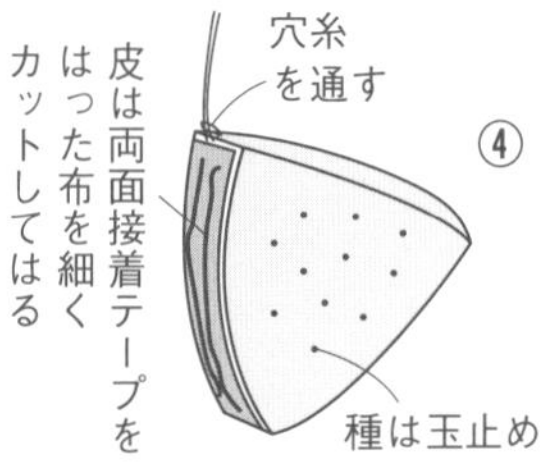

糸を通し、種と皮の模様を自由に付ける

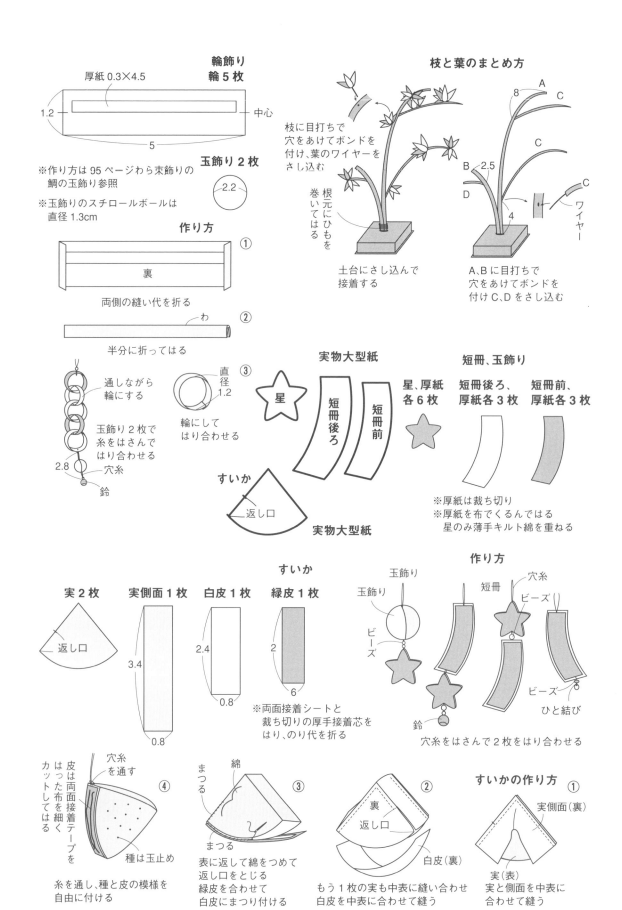

着物

帯cの作り方

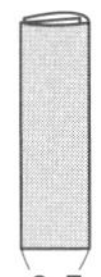

三つ折りにする

帯aの作り方

上下の縫い代を折る

帯bの作り方

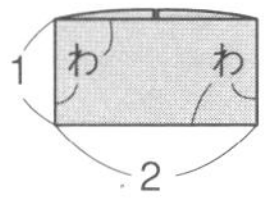

上下の縫い代を折り
両脇を折る

帯c1枚

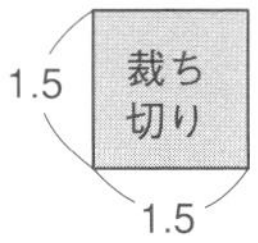

帯a1枚

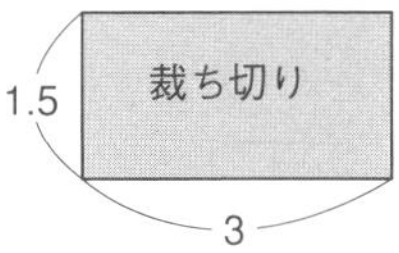

帯b1枚

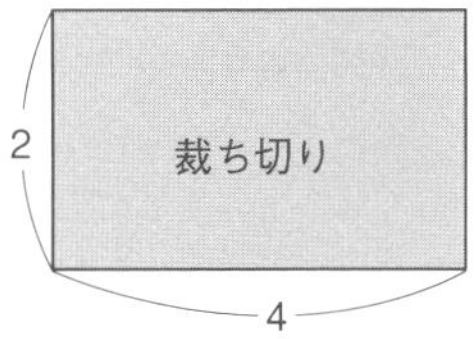

※帯と着物には両面接着シートをはる

着物2枚

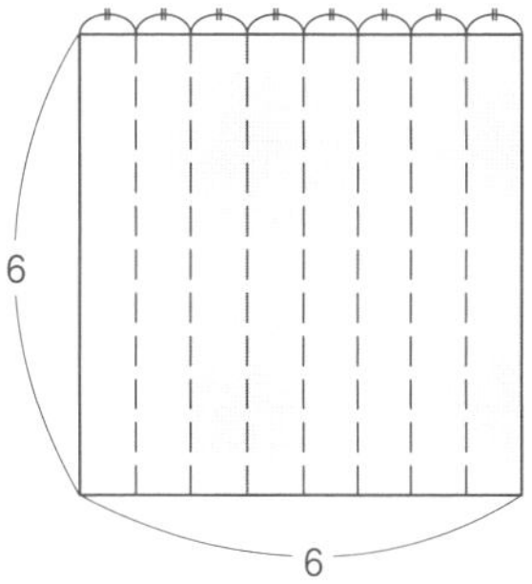

※両面接着シートをはる
※8等分に折り目を付ける

帯のまとめ方

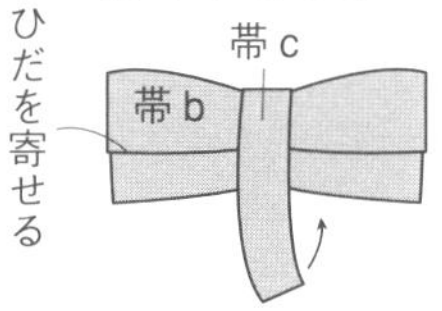

帯bにひだを寄せて
帯cで中心を巻く

当て布2枚

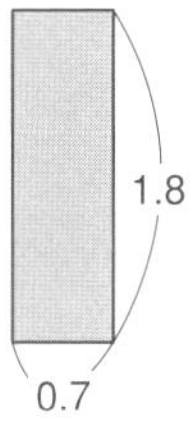

※両面接着シート
をはる

着物の作り方

図のように折る

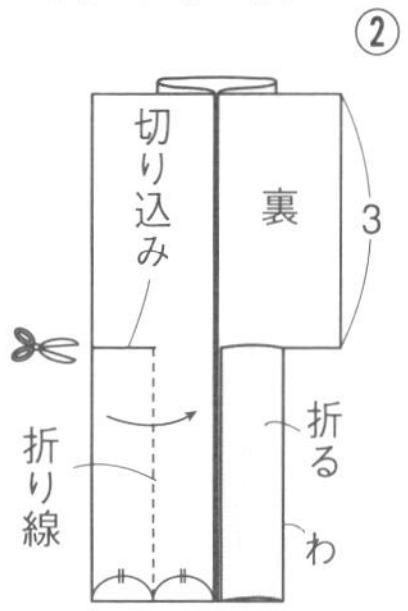

中央に切り込みを
入れて、下半分を折る

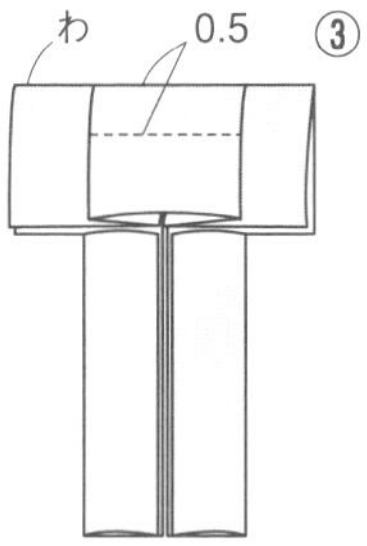

上を折り下げて
点線で折り上げる

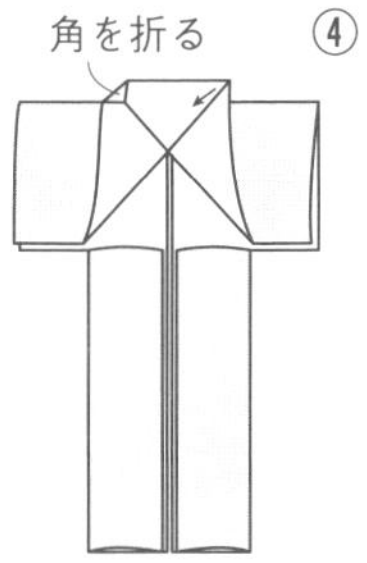

③で折り上げた
部分の両側を
折り下げ、角を折る

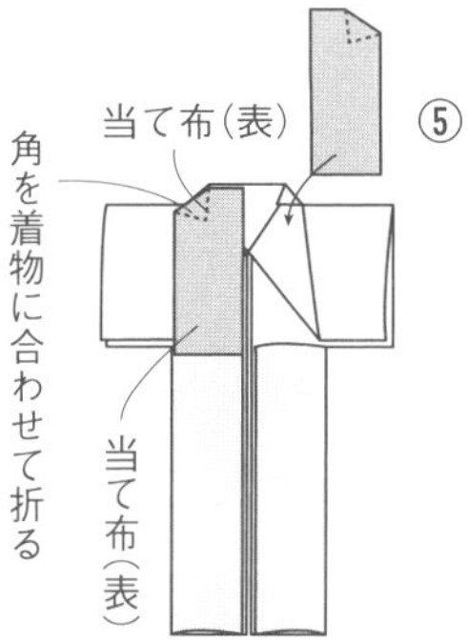

着物が開かないように
当て布をはる

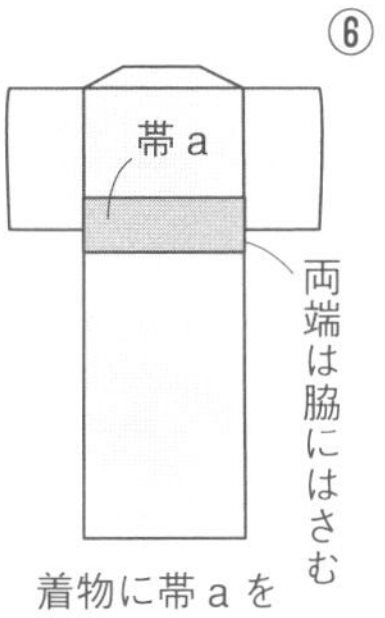

着物に帯aを
重ねてはる

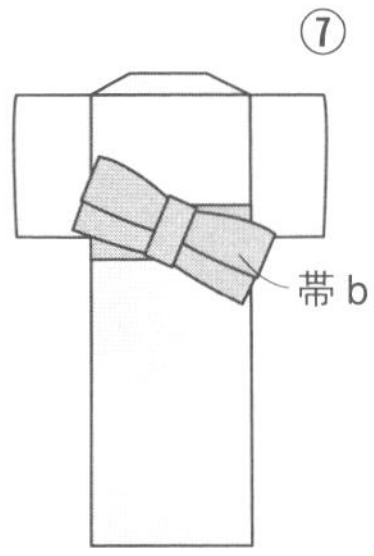

帯bを重ねてはる

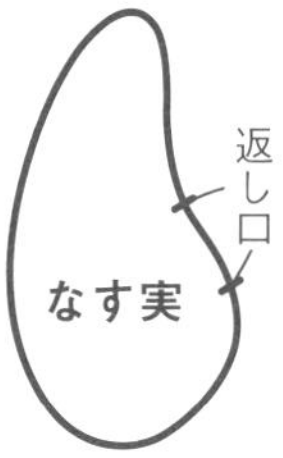

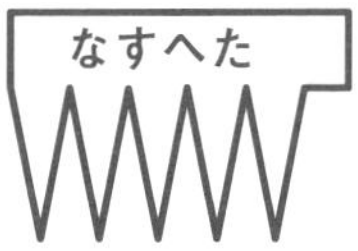

実物大型紙

なす

へた1枚

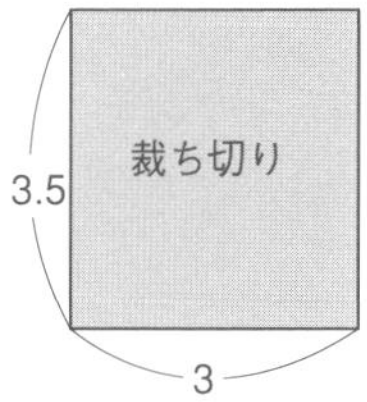

※両面接着シート
をはる

実左右対称各1枚

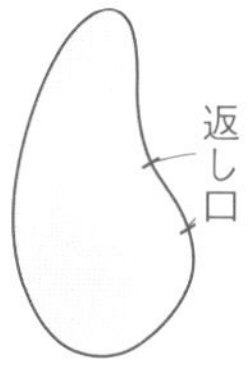

実の作り方

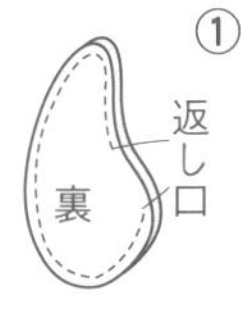

中表に合わせ
返し口を残して
周囲を縫う

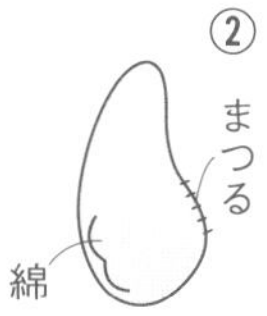

表に返して
綿をつめ
返し口をとじる

へたの作り方

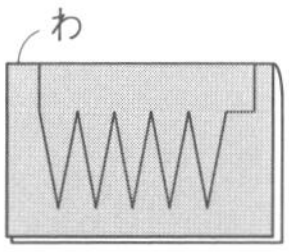

へた用布を二つ折りし
両面接着シートではって
カットする

作り方

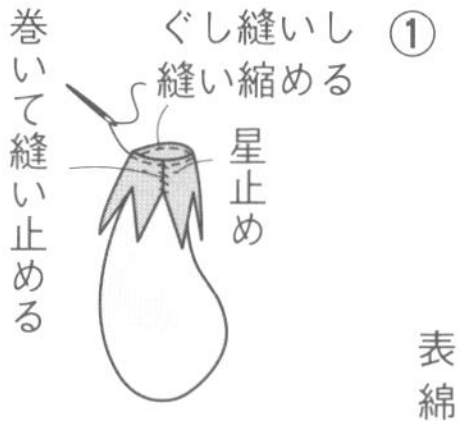

実にへたを
縫い付ける

つるし糸を付ける

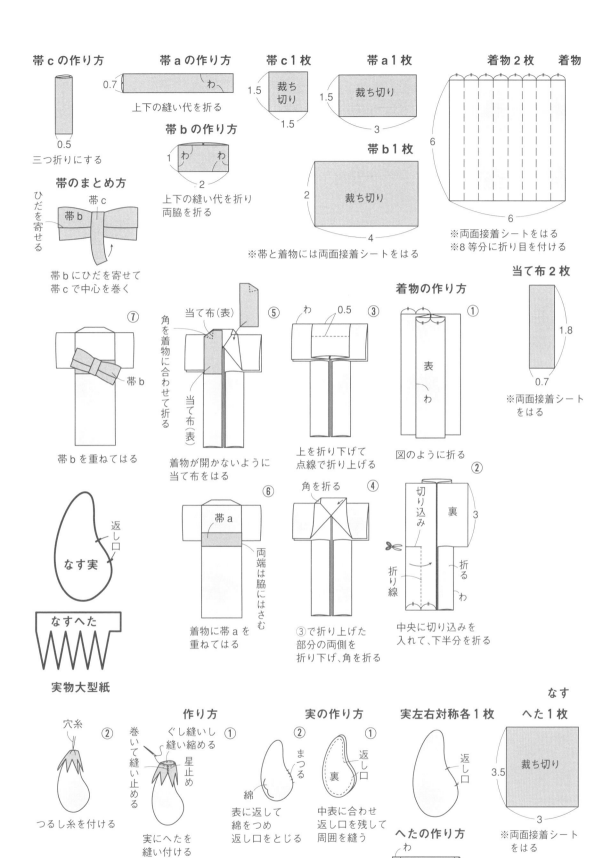

P.45

蚊取り線香とうちわ

線香7×5cm　うちわ8×3cm

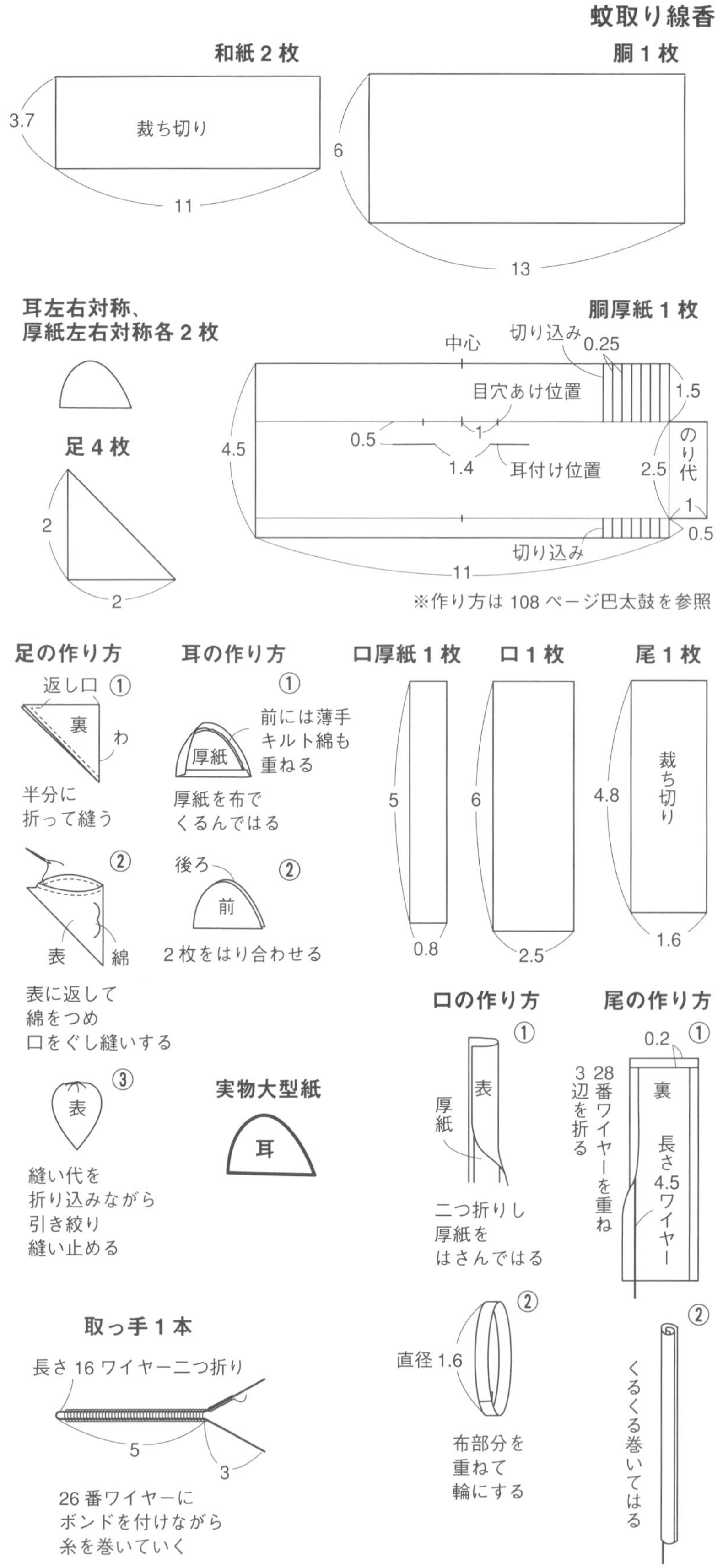

材料

蚊取り線香　柄用布各種　胴用布（耳、足、口、尾分含む）15×15cm　線香用布20×5cm　26番ワイヤー20cm　28番ワイヤー10cm　和紙、厚紙、薄手キルト綿、手芸綿、穴糸、両面接着シート、接着芯各適宜

うちわ　うちわ用布、持ち手用布（持ち手に巻く布分含む）各10×5cm　0.8mm組ひも10cm　直径0.4cmビーズ2個　穴糸、厚紙各適宜

作り方

蚊取り線香

①厚紙に切り込みを入れ、筒状にして和紙、薄手キルト綿、布をはって胴を作る。
②耳、尾、足、口を作り、胴に付ける。
③線香を作り、内側につるす。
④持ち手を作り、付ける。
⑤口側と尾側に糸をはる。

うちわ

①厚紙を布でくるんでうちわと持ち手を作る。
②うちわ2枚をはり合わせ、持ち手ではさむ。
③うちわの周囲にひもを付け、持ち手を布でくるむ。
④飾りを付ける。

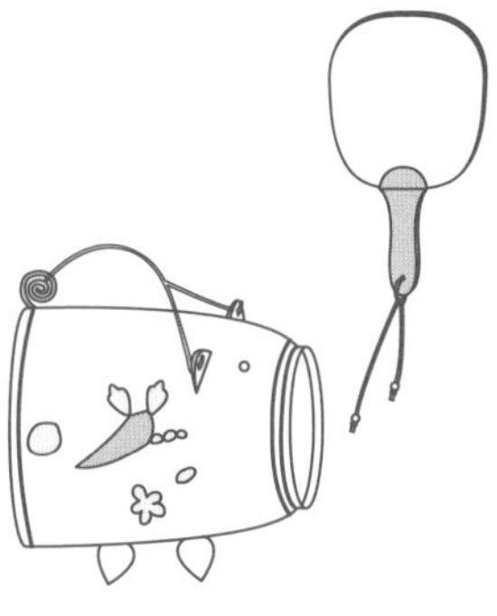

線香の付け方

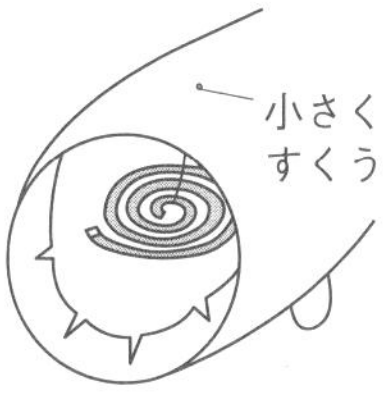
小さく
すくう

内側に入れて
糸でつるす

線香の作り方

①
0.7

先に赤い布を巻く

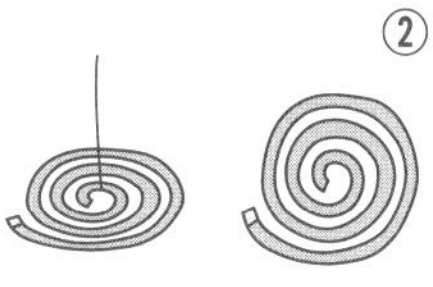
②

くるくる巻いて
中央に糸を付ける

線香１枚

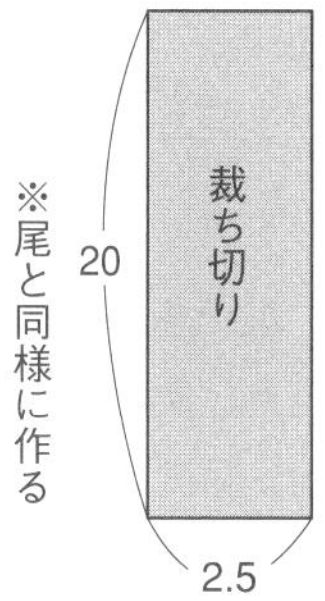
裁ち切り
20
2.5
※尾と同様に作る

うちわ

持ち手に巻く布１枚

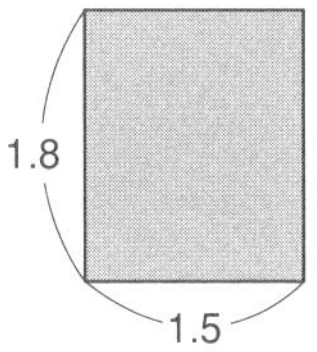
1.8
1.5

持ち手、厚紙各２枚

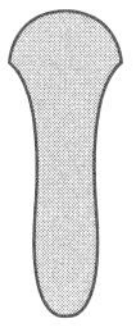

うちわ、厚紙各２枚

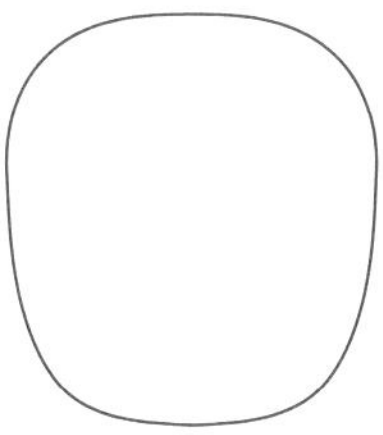

※厚紙は裁ち切り
※すべて両面接着シートをはる

作り方

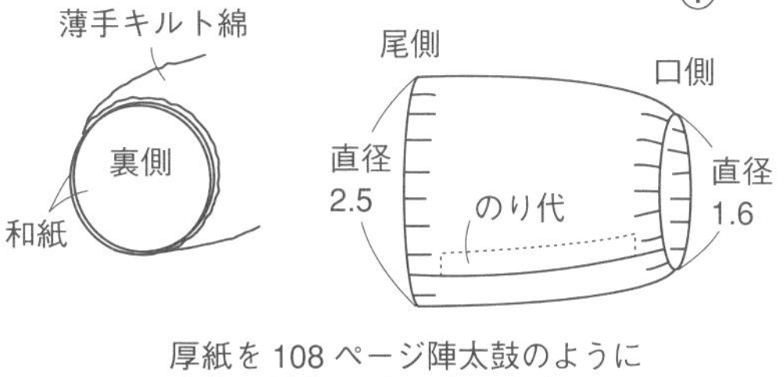
①
薄手キルト綿
裏側
和紙
尾側
口側
直径
2.5
のり代
直径
1.6

厚紙を108ページ陣太鼓のように
立体に形作り、表と裏の両方に
和紙をはり、表はさらに
薄手接着キルト綿をはる

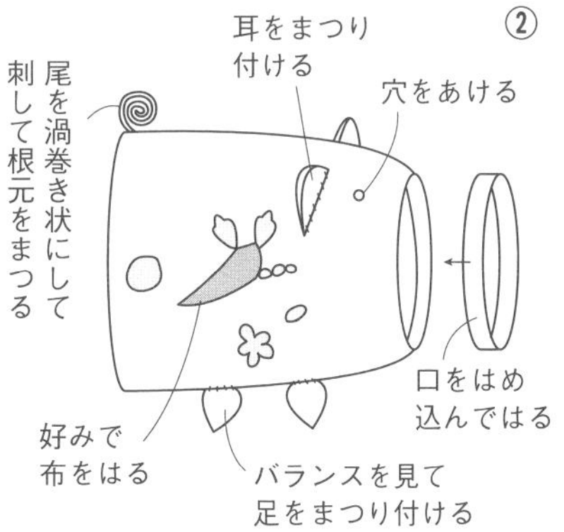
②
耳をまつり
付ける
穴をあける
尾を渦巻き状にして
刺して根元をまつる
口をはめ
込んではる
好みで
布をはる
バランスを見て
足をまつり付ける

①に陣太鼓の要領で布をはり
耳、口、足、尾、好みの布を付ける

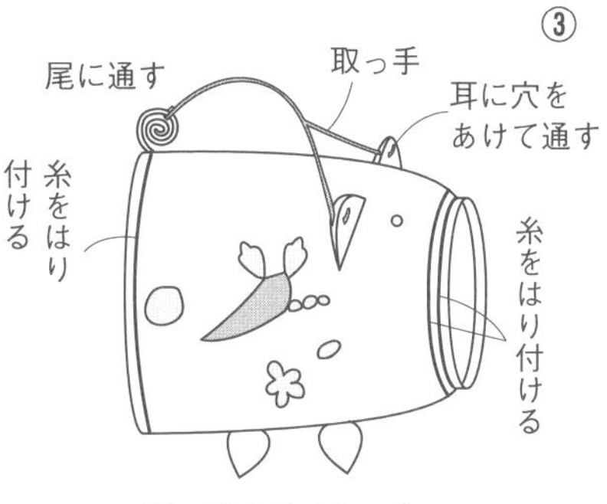
③
尾に通す
取っ手
耳に穴を
あけて通す
糸をはり
付ける
糸をはり付ける

取っ手のワイヤーを
尾と耳に引っ掛ける

作り方

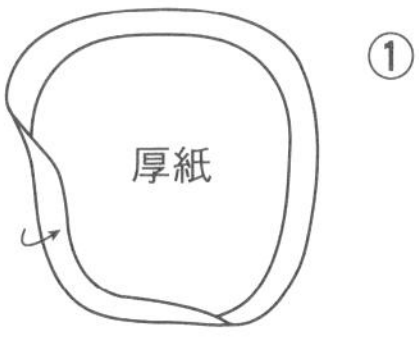
①
厚紙

厚紙をそれぞれ
布でくるんではる

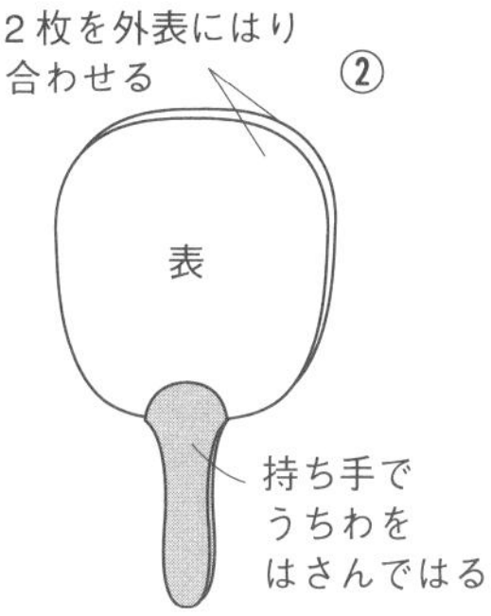
②
２枚を外表にはり
合わせる
表
持ち手で
うちわを
はさんではる

うちわ２枚をはり
持ち手ではさんではる

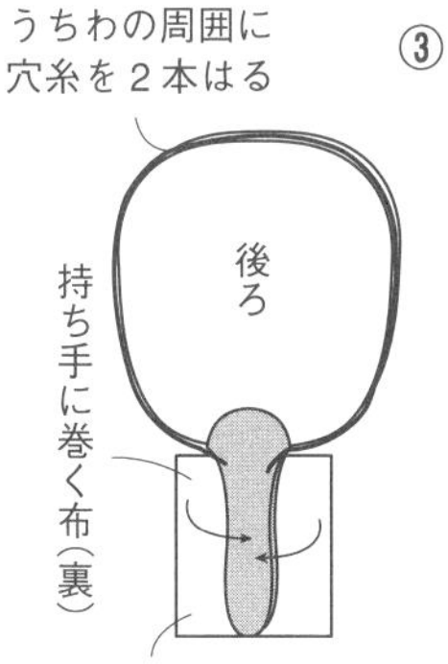
③
うちわの周囲に
穴糸を２本はる
後ろ
持ち手に巻く布（裏）
くるんではる

周囲に穴糸を沿わせてはり
持ち手２枚を布でくるんではる

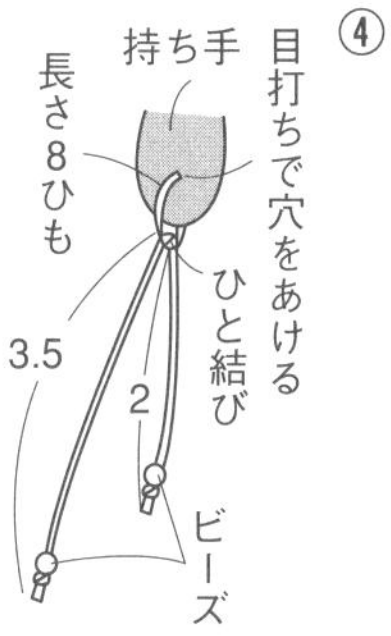
④
持ち手
長さ8ひも
目打ちで穴をあける
ひと結び
3.5
2
ビーズ

持ち手の先に
飾りを付ける

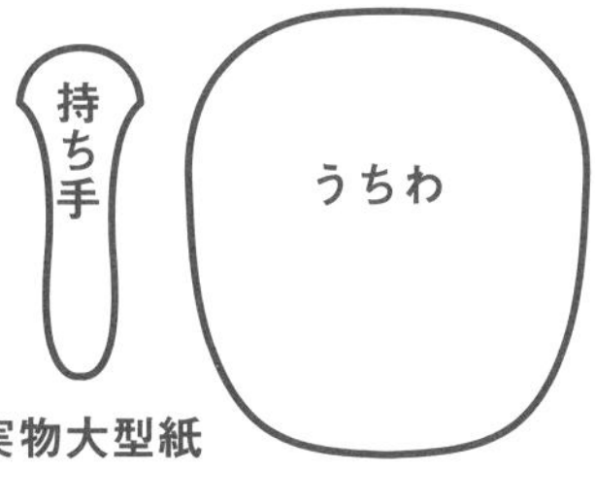
持ち手
うちわ

実物大型紙

P.48

烏相撲

10×9cm

材料

目、軍配用布各種　胴用布（尾、羽分含む）30×10cm　くちばし用布5×5cm　烏帽子用布10×10cm　宮司はかま用布（帯、飾りひも、結びひも分含む）15×10cm　直径0.3cmつぶし玉2個　厚紙、28番ワイヤー、0.8mm組ひも2種、竹ひご、穴糸、両面接着シート、接着芯、手芸綿各適宜

作り方のポイント

●梅結びのしかたは60ページ参照。

作り方

①胴、尾、くちばしを作る。
②胴に尾を入れ込んで縫い付け、くちばしをまつり付ける。
③足を作り、胴に付ける。
④軍配と宮司はかまと羽を作る。
⑤宮司はかまを胴に巻き付けて縫う。
⑥胴に羽を付けて軍配を縫い付ける。
⑦烏帽子と目を作り、頭に付ける。
⑧烏帽子にひもを掛けて結ぶ。

●実物大型紙116ページ

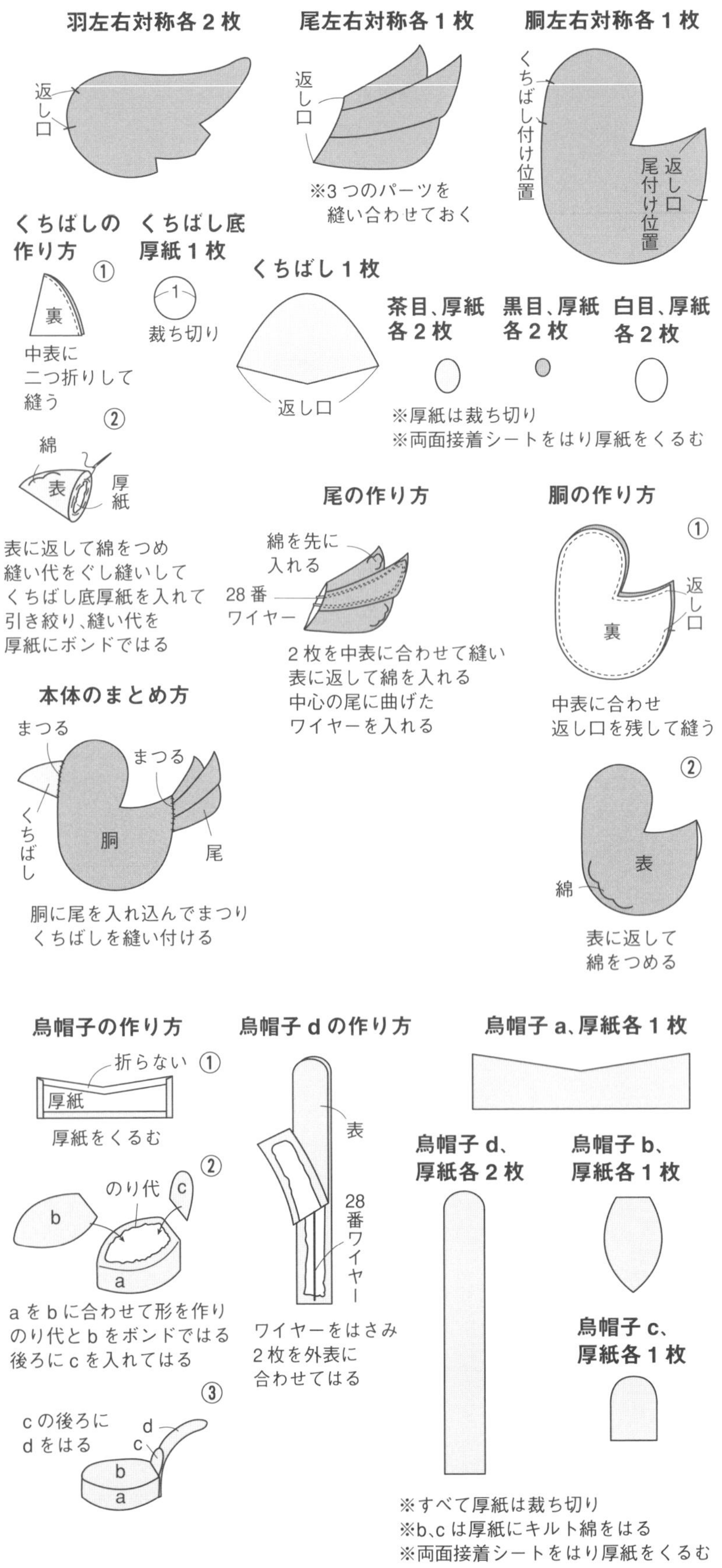

羽左右対称各2枚
返し口
尾左右対称各1枚
返し口
※3つのパーツを縫い合わせておく
胴左右対称各1枚
くちばし付け位置
返し口
尾付け位置
くちばしの作り方
①
裏
中表に二つ折りして縫う
②
綿
表
厚紙
表に返して綿をつめ縫い代をぐし縫いしてくちばし底厚紙を入れて引き絞り、縫い代を厚紙にボンドではる
くちばし底厚紙1枚
1
裁ち切り
くちばし1枚
返し口
茶目、厚紙各2枚
黒目、厚紙各2枚
白目、厚紙各2枚
※厚紙は裁ち切り
※両面接着シートをはり厚紙をくるむ
尾の作り方
綿を先に入れる
28番ワイヤー
2枚を中表に合わせて縫い表に返して綿を入れる中心の尾に曲げたワイヤーを入れる
胴の作り方
①
返し口
裏
中表に合わせ返し口を残して縫う
②
表
綿
表に返して綿をつめる
本体のまとめ方
まつる
まつる
くちばし
胴
尾
胴に尾を入れ込んでまつりくちばしを縫い付ける
烏帽子の作り方
折らない
①
厚紙
厚紙をくるむ
②
のり代
c
b
a
aをbに合わせて形を作りのり代とbをボンドではる後ろにcを入れてはる
③
cの後ろにdをはる
d
c
b
a
烏帽子dの作り方
表
28番ワイヤー
ワイヤーをはさみ2枚を外表に合わせてはる
烏帽子a、厚紙各1枚
烏帽子d、厚紙各2枚
烏帽子b、厚紙各1枚
烏帽子c、厚紙各1枚
※すべて厚紙は裁ち切り
※b、cは厚紙にキルト綿をはる
※両面接着シートをはり厚紙をくるむ

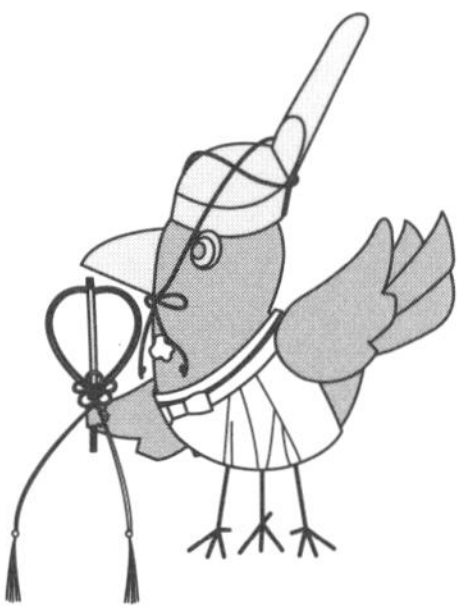

飾りひも１枚

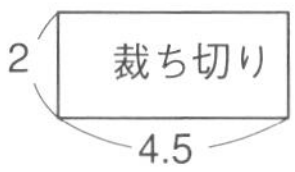
2
裁ち切り
4.5

結びひも１枚

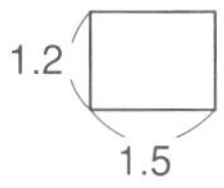
1.2
1.5

裁ち切り

宮司はかま１枚

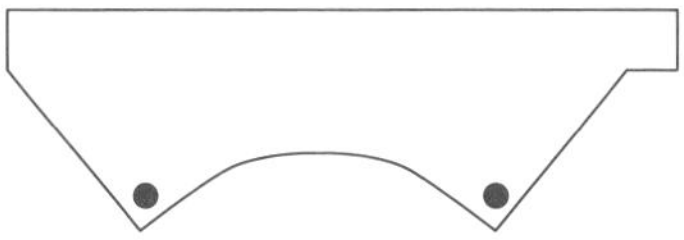

帯１枚

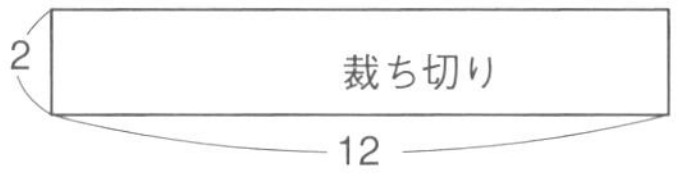
2
裁ち切り
12

宮司はかまの作り方

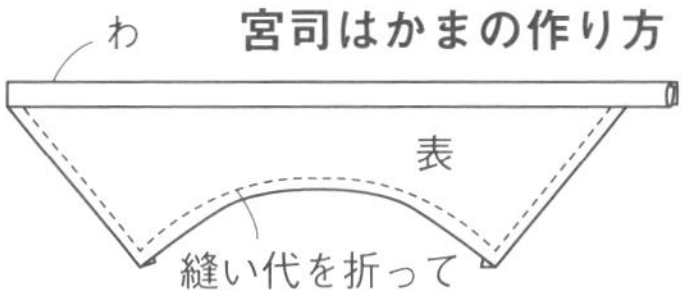
わ
表
縫い代を折って
ステッチで縫い止める

上を表側に三つ折りしてはる

軍配の作り方

①

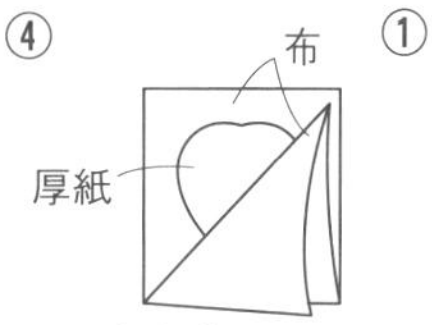
布
厚紙

厚紙を布ではさんで
はり、形にカットする

②

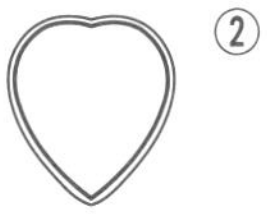

周囲に穴糸をはる

③

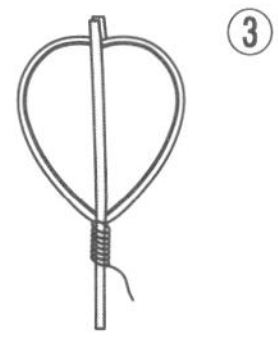

竹ひごではさみ
竹ひごの上下を
糸で巻く

④

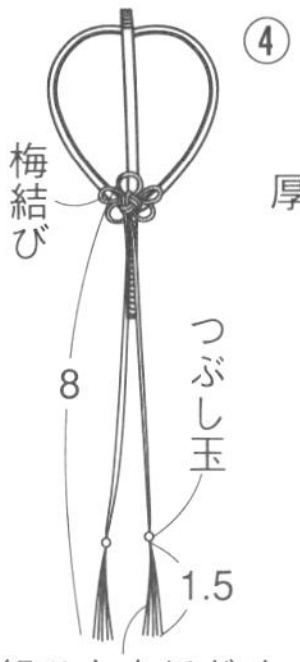
梅結び
8
つぶし玉
1.5

組ひもをほどく
梅結びを作り、はる

軍配２枚
厚紙１枚

裁ち切り

※両面接着シート
をはる

竹ひご１本

3
切り込み
1.5

赤く塗り
上部を
半分に割る

帯のひも結びの作り方

①

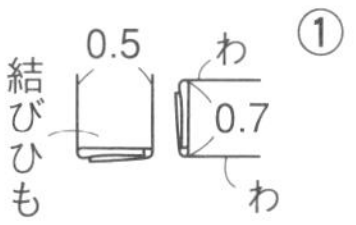
0.5
結びひも
わ
0.7
わ

飾りひも、結びひも
帯を三つ折りする

②

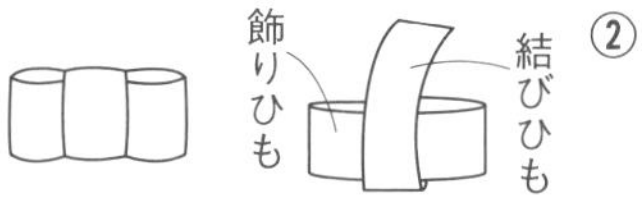
飾りひも
結びひも

飾りひもの中心に結びひもを巻いてはる

③

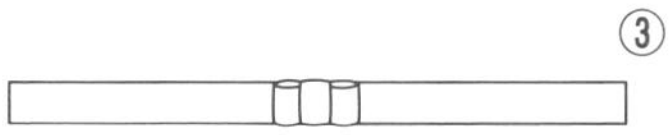

帯の中心にひも結びを
はり付ける

まとめ方

①

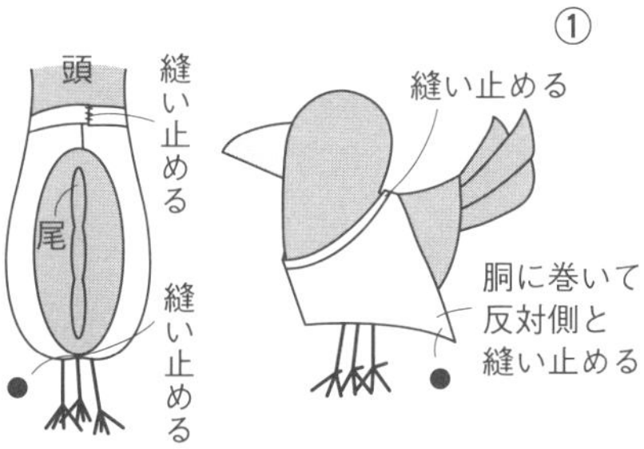
頭
縫い止める
尾
縫い止める
縫い止める
胴に巻いて
反対側と
縫い止める

宮司はかまを胴に巻き付けて縫い止める

②

帯をはり付け
首の後ろで縫い止める

足の付け根は胴が見えないように
たたみながら足をくるんで
足と足の間で縫い止める

③

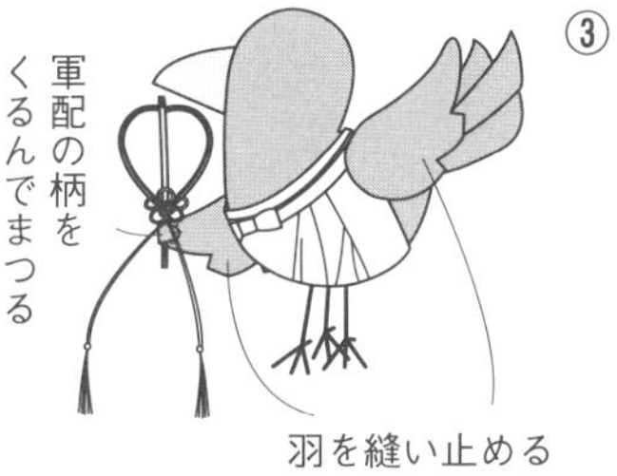
軍配の柄を
くるんでまつる
羽を縫い止める

左右の羽と軍配を縫い付ける

④

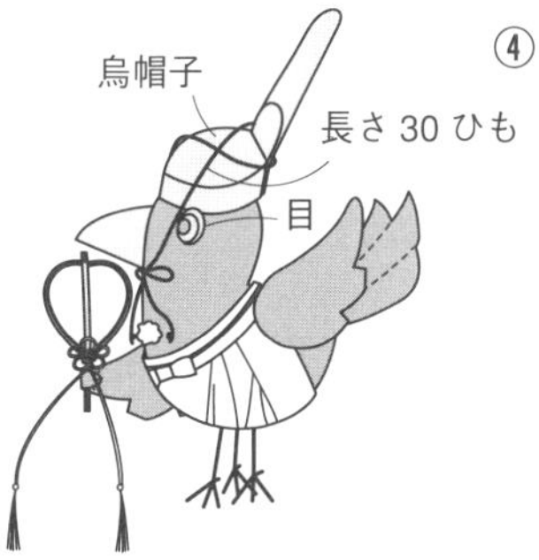
烏帽子
長さ 30 ひも
目

烏帽子と目をはり、ひもを烏帽子に
引っ掛けてくちばしの下で結ぶ
好みで糸で作ったポンポンを付ける

足の作り方

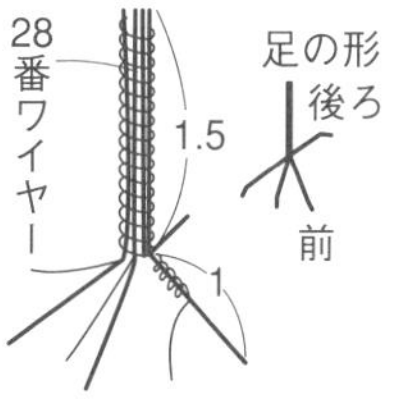
28
番
ワイヤー
1.5
1
足の形
後ろ
前

ワイヤー４本を束ね
ボンドをぬって
上から４本の穴糸で巻き
途中から４本に分けて
それぞれを糸で巻く

足の付け方

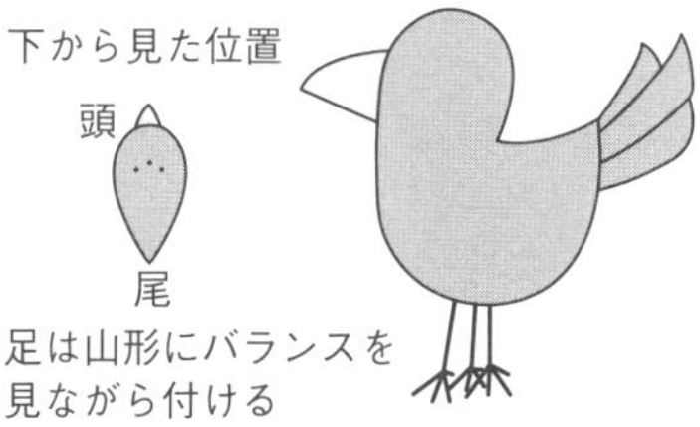
下から見た位置
頭
尾

足は山形にバランスを
見ながら付ける

胴に目打ちで穴をあけ
足を胴にさし込み
ボンドで接着する

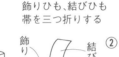

実物大型紙

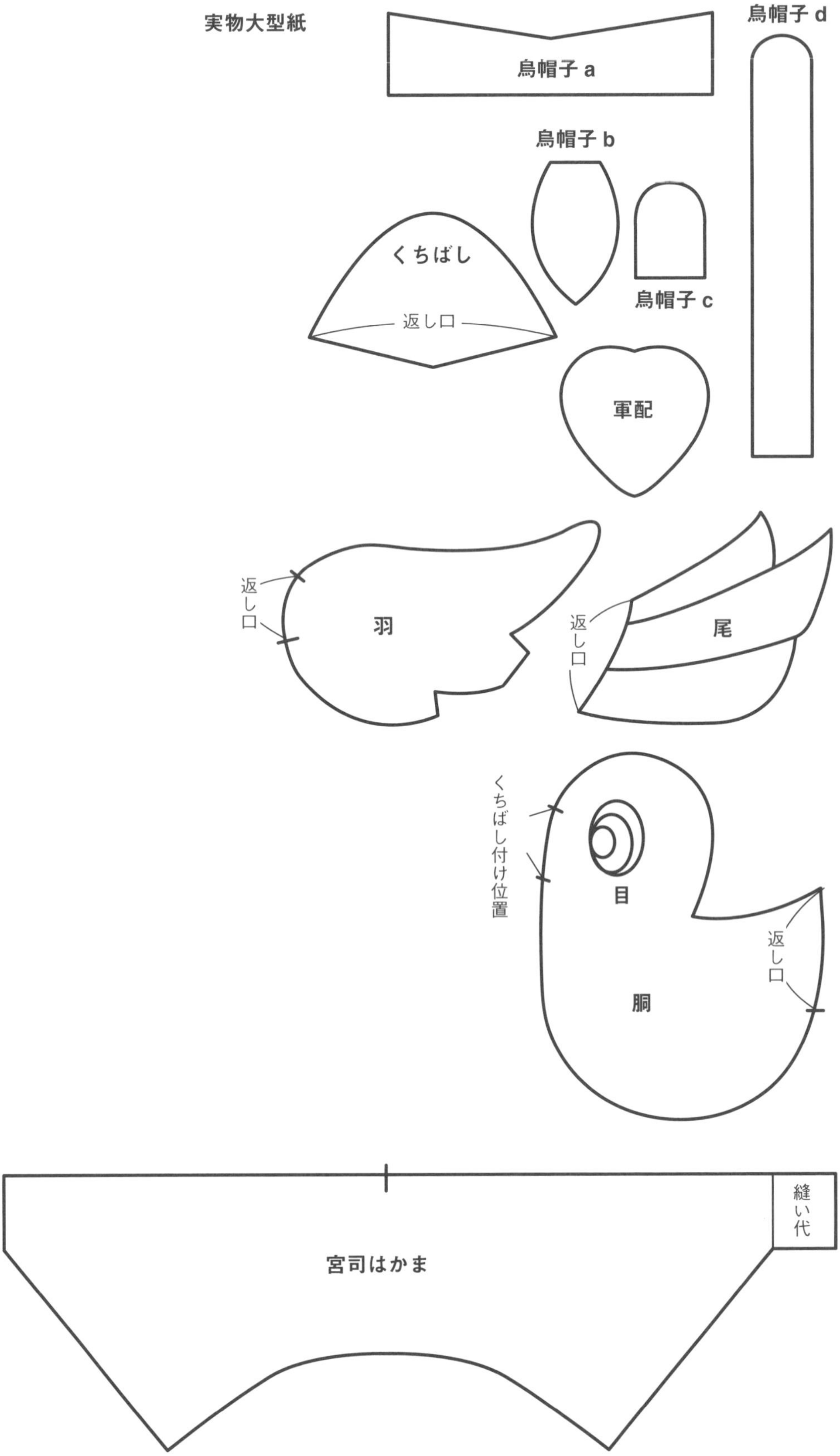
烏帽子 a
烏帽子 d
烏帽子 b
くちばし
返し口
烏帽子 c
軍配
返し口
羽
返し口
尾
くちばし付け位置
目
返し口
胴
縫い代
宮司はかま

P.56

リース3種

A9×4cm B11×3cm C10×4cm

材料（共通）

リース本体、リース本体星、リース本体丸、柊、雪だるま、マフラー、丸飾り、ブーツ、星、ベル、リボン、ボックス用布各種　消しゴム、厚紙、両面接着シート、キルト綿、手芸綿、穴糸、1mm組ひも、けさ結び用1.5mm組ひも、直径0.6cm鈴、20番ワイヤー、好みのビーズやラインストーン各適宜

作り方のポイント

●飾りは好きなものを付けるとよい。

●飾り台は市販の好みのものを使う。

作り方

①リース本体を作る。AとBは厚紙を布でくるみ、Cは組ひもをけさ結びする。

②つるす用のひもを本体に付ける。AとBは本体の間にはさんではり合わせ、Cはけさ結びに通して結ぶ。

③各飾りを作って本体に付ける。

③飾り台につるす。

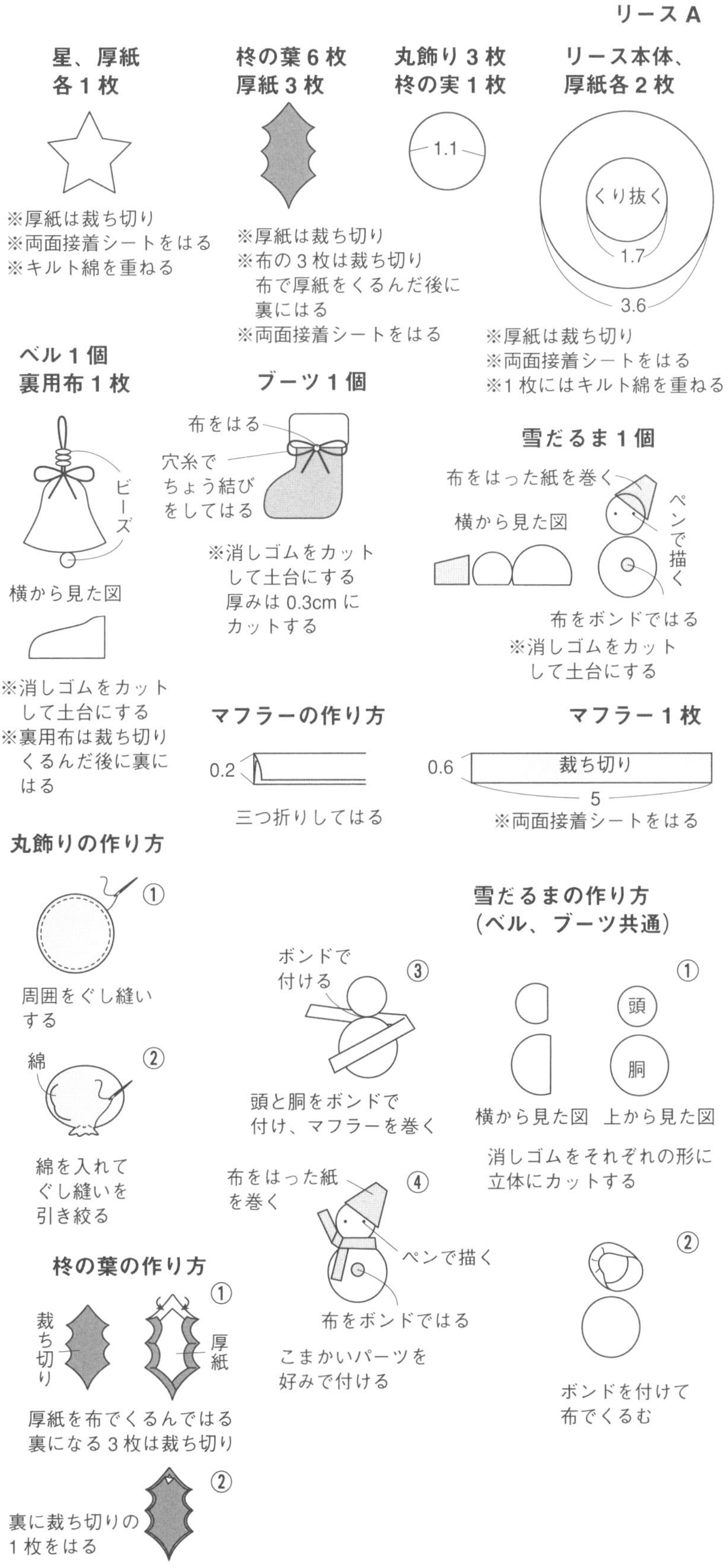

リースA
星、厚紙
各1枚
※厚紙は裁ち切り
※両面接着シートをはる
※キルト綿を重ねる
柊の葉6枚
厚紙3枚
※厚紙は裁ち切り
※布の3枚は裁ち切り
布で厚紙をくるんだ後に
裏にはる
※両面接着シートをはる
丸飾り3枚
柊の実1枚
1.1
リース本体、
厚紙各2枚
くり抜く
1.7
3.6
※厚紙は裁ち切り
※両面接着シートをはる
※1枚にはキルト綿を重ねる
ベル1個
裏用布1枚
ビーズ
横から見た図
※消しゴムをカット
して土台にする
※裏用布は裁ち切り
くるんだ後に裏に
はる
ブーツ1個
布をはる
穴糸で
ちょう結び
をしてはる
※消しゴムをカット
して土台にする
厚みは0.3cmに
カットする
雪だるま1個
布をはった紙を巻く
横から見た図
ペンで描く
布をボンドではる
※消しゴムをカット
して土台にする
マフラーの作り方
0.2
三つ折りしてはる
マフラー1枚
0.6
裁ち切り
5
※両面接着シートをはる
丸飾りの作り方
①
周囲をぐし縫い
する
綿
②
綿を入れて
ぐし縫いを
引き絞る
柊の葉の作り方
①
裁ち切り
厚紙
厚紙を布でくるんではる
裏になる3枚は裁ち切り
②
裏に裁ち切りの
1枚をはる
雪だるまの作り方
(ベル、ブーツ共通)
①
頭
胴
横から見た図
上から見た図
消しゴムをそれぞれの形に
立体にカットする
②
ボンドを付けて
布でくるむ
ボンドで
付ける
③
頭と胴をボンドで
付け、マフラーを巻く
布をはった紙
を巻く
④
ペンで描く
布をボンドではる
こまかいパーツを
好みで付ける

リースA

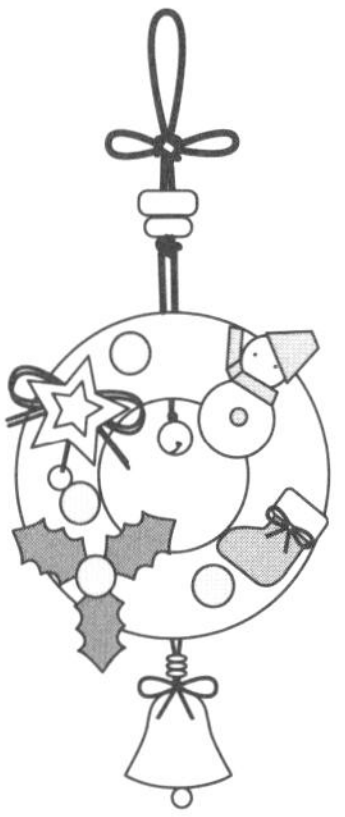

作り方

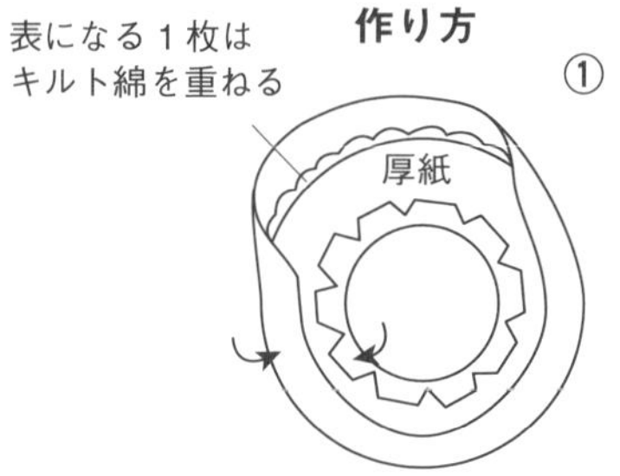
①
表になる1枚は
キルト綿を重ねる
厚紙

リース本体の厚紙を2枚とも
布でくるんではる

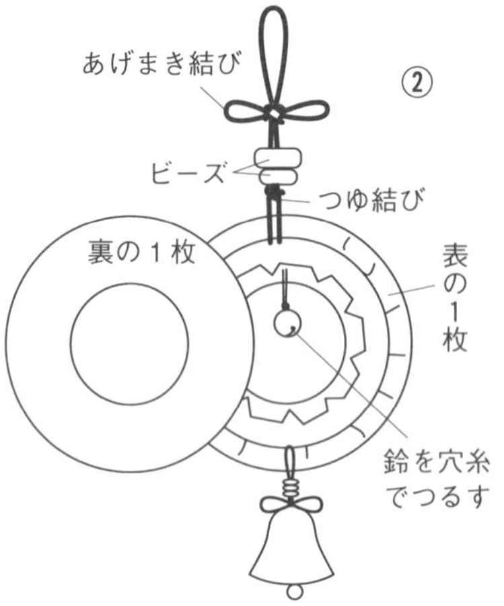
②
あげまき結び
ビーズ
つゆ結び
裏の1枚
表
の
1
枚
鈴を穴糸
でつるす

表と裏のリース本体を
鈴やひもをはさんではり合わせる

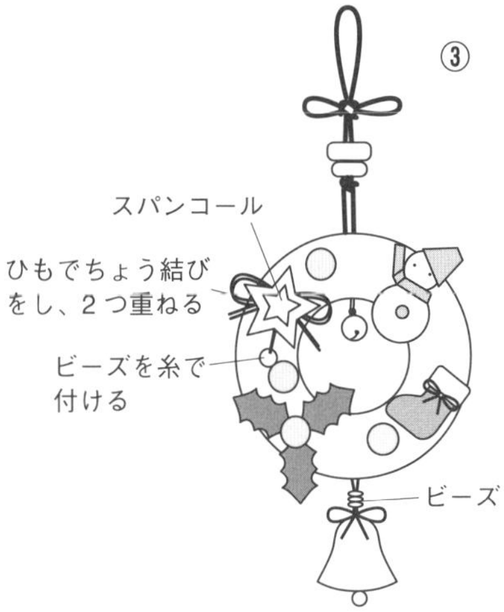
③
スパンコール
ひもでちょう結び
をし、2つ重ねる
ビーズを糸で
付ける
ビーズ

飾りをボンドで
表にはる

実物大型紙

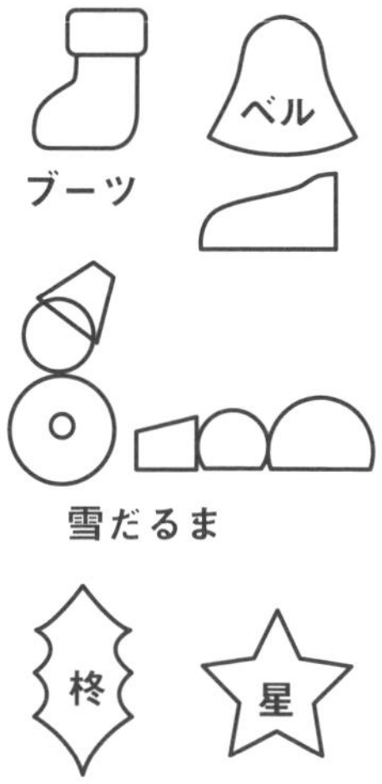
ベル
ブーツ
雪だるま
柊
星

リースB

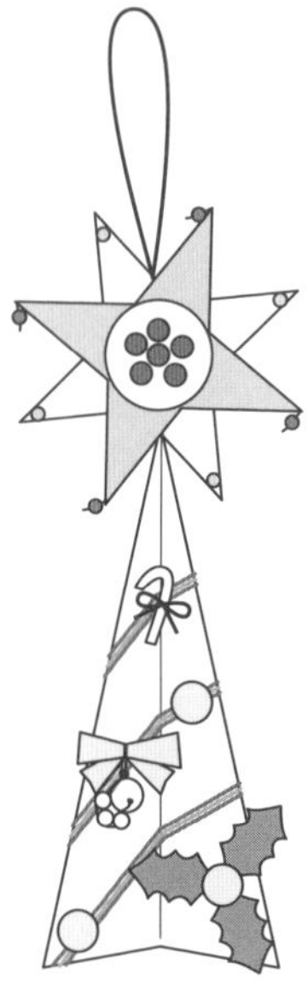

ステッキ1本

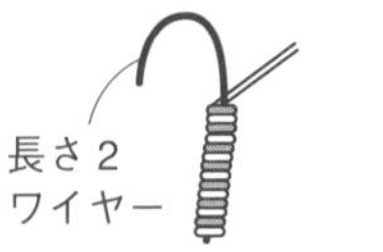
長さ2
ワイヤー

20番ワイヤーを曲げ
ボンドを付けて
赤と白の糸で巻く

リース本体丸、
厚紙各1枚

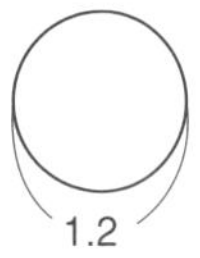
1.2

※厚紙は裁ち切り
※両面接着シートをはる

リース本体星4枚
厚紙2枚

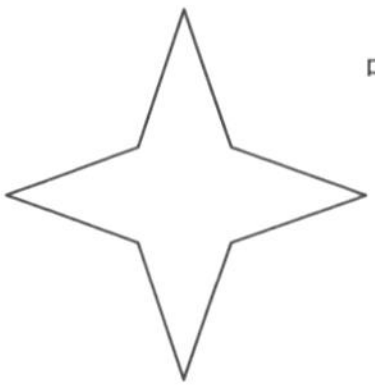

※厚紙は裁ち切り
※布の2枚は裁ち切り
　布で厚紙をくるんだ後に
　裏にはる
※両面接着シートをはる

リース本体、
厚紙各1枚

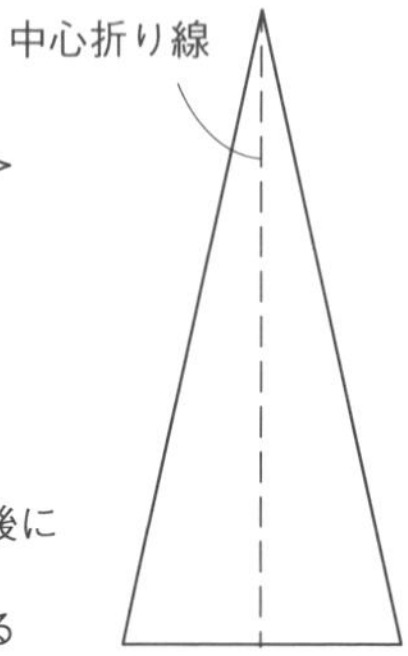
中心折り線

※厚紙は裁ち切り
※布は裏までくるめる
　大きさで裁つ
※両面接着シートをはる

柊の葉6枚
厚紙3枚

※布の3枚は裁ち切り
　布で厚紙をくるんだ後に
　裏にはる
※両面接着シートをはる

丸飾り2枚
柊の実1枚

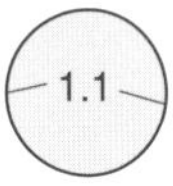
1.1

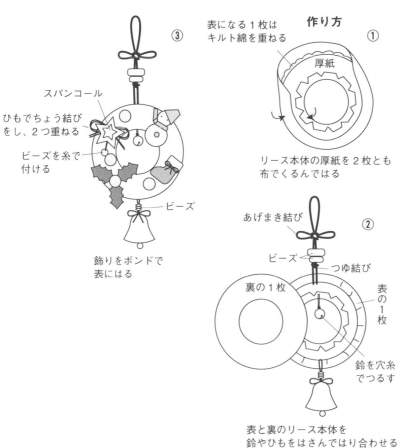

実物大型紙

作り方

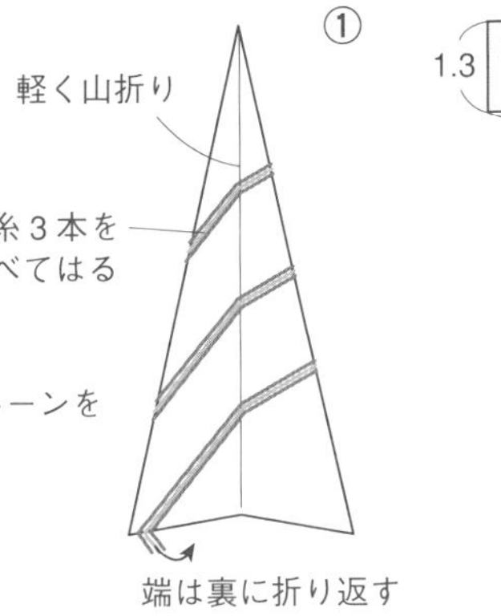

リース本体の厚紙を布でくるんで中心を折り、糸をはる

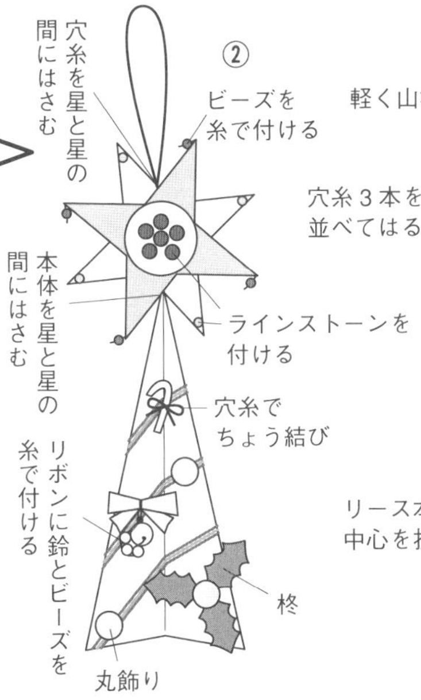

飾りをボンドで表にはる

リボン１枚

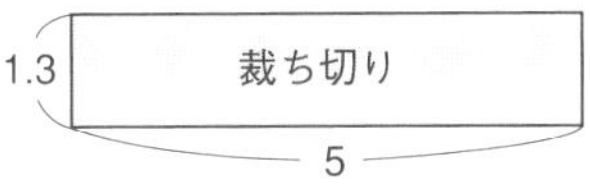

※両面接着シートをはる

リボンの作り方

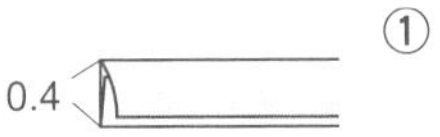

三つ折りしてはる

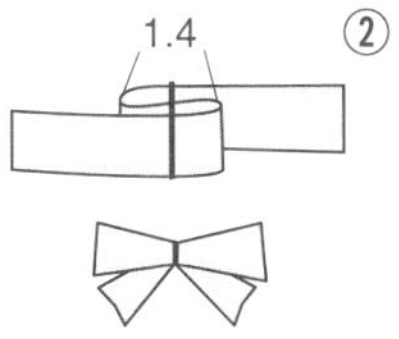

折って中央を糸でしばる

ブーツ１個

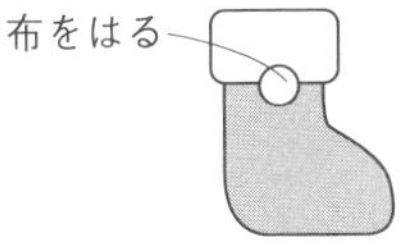

※消しゴムをカットして土台にする
厚みは0.3cmにカットする

星、厚紙各２枚

※厚紙は裁ち切り
※両面接着シートをはる
※キルト綿を重ねる

柊の葉６枚 厚紙３枚

※厚紙は裁ち切り
※布の３枚は裁ち切り
布で厚紙をくるんだ後に裏にはる
※両面接着シートをはる

丸飾り３枚 柊の実１枚

リースC

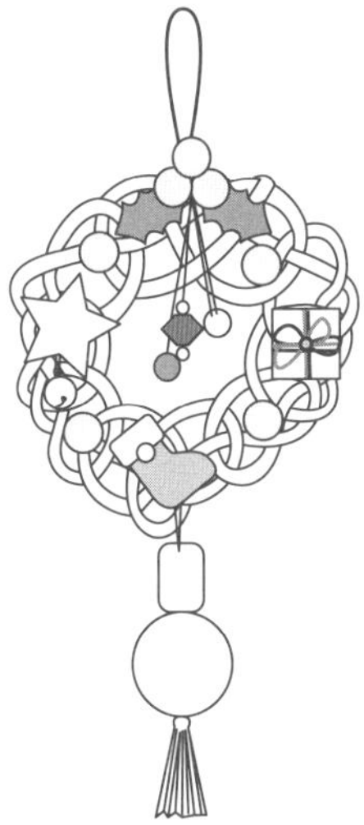

作り方

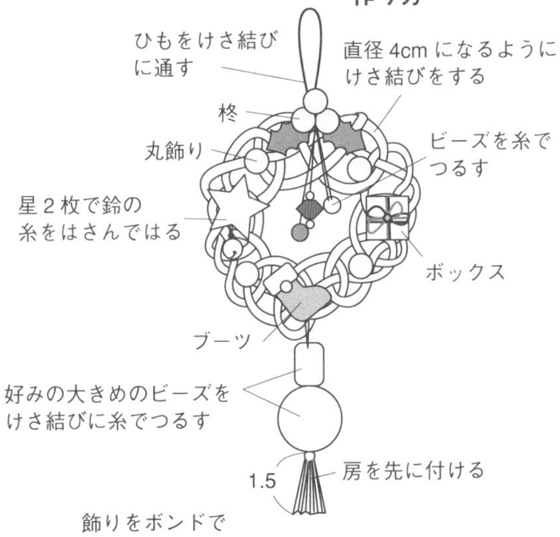

飾りをボンドで表にはる

ボックス１個

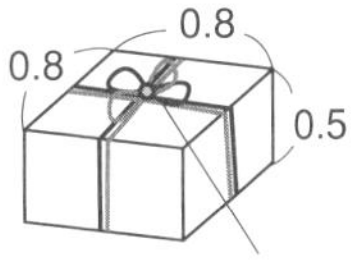

穴糸２本を掛けてちょう結び
中心にラインストーンを付ける

※消しゴムをカットして土台にする
作り方は雪だるま同様

房の作り方

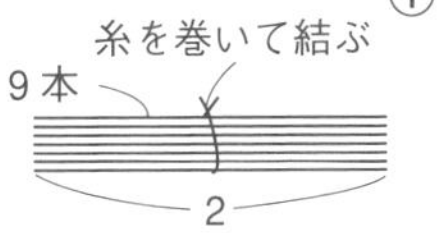

糸をカットし、中心でまとめて結ぶ

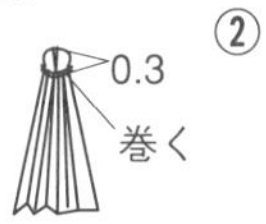

中心で二つ折りし糸を巻き付けて絞り結んで止める

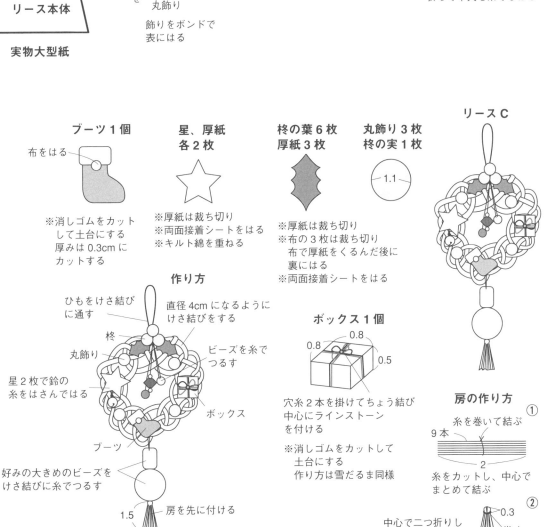

P.17

かぼちゃ

5.5×7cm

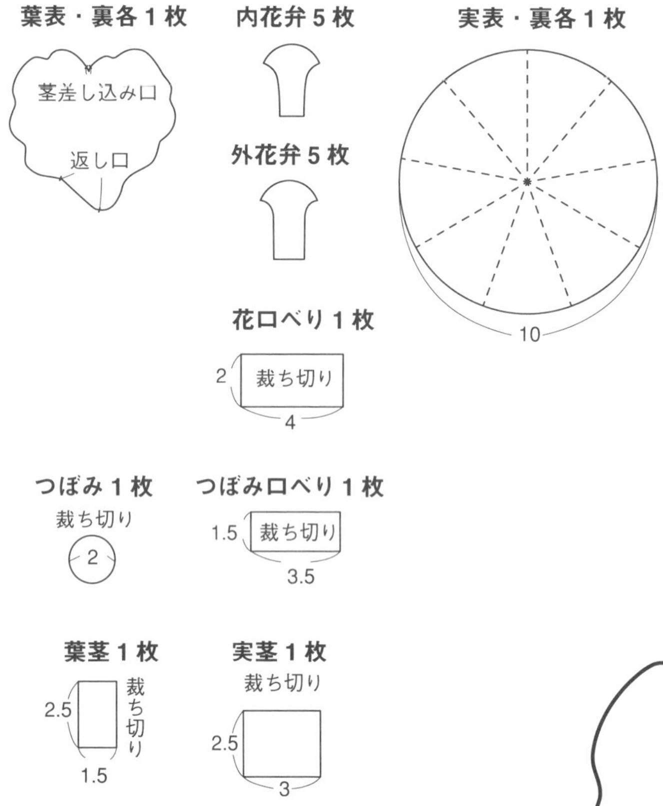
葉表・裏各1枚
茎差し込み口
返し口
内花弁5枚
外花弁5枚
実表・裏各1枚
10
花口べり1枚
2
裁ち切り
4
つぼみ1枚
裁ち切り
2
つぼみ口べり1枚
1.5
裁ち切り
3.5
葉茎1枚
2.5
裁ち切り
1.5
実茎1枚
裁ち切り
2.5
3

※へた、底、茎、葉茎には両面接着シート、
そのほかのパーツには接着芯をはる

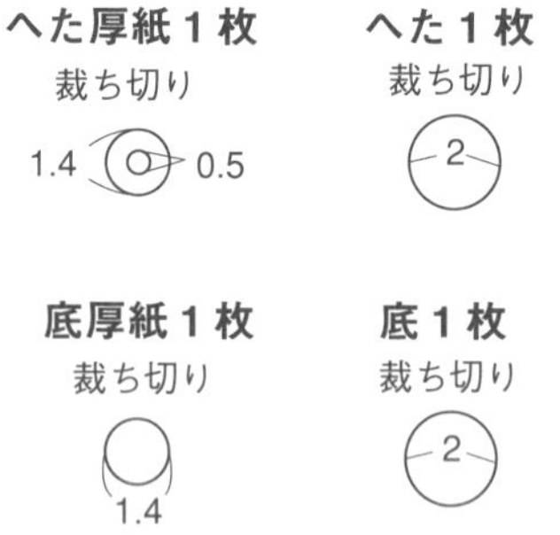
へた厚紙1枚
裁ち切り
1.4
0.5
へた1枚
裁ち切り
2
底厚紙1枚
裁ち切り
1.4
底1枚
裁ち切り
2

実物大型紙

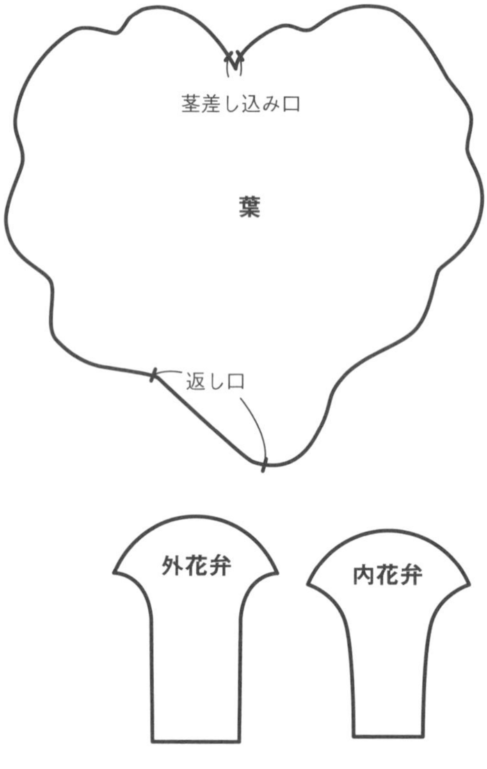
茎差し込み口
葉
返し口
外花弁
内花弁

十二支　亥

4.5×3.5cm

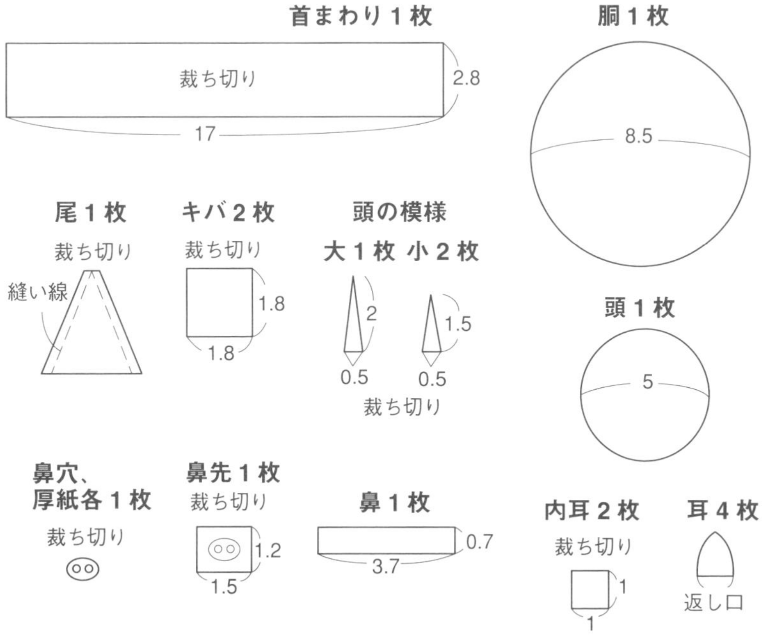
首まわり１枚
裁ち切り
2.8
17
胴１枚
8.5
尾１枚
裁ち切り
縫い線
キバ２枚
裁ち切り
1.8
1.8
頭の模様
大１枚　小２枚
2
1.5
0.5
0.5
裁ち切り
頭１枚
5
鼻穴、
厚紙各１枚
裁ち切り
鼻先１枚
裁ち切り
1.2
1.5
鼻１枚
0.7
3.7
内耳２枚
裁ち切り
1
1
耳４枚
返し口

※頭の模様、鼻穴には両面接着シート、
胴、頭、首まわり、尾、耳、鼻には接着芯をはる
キバ、内耳、鼻先は布のみ

実物大型紙

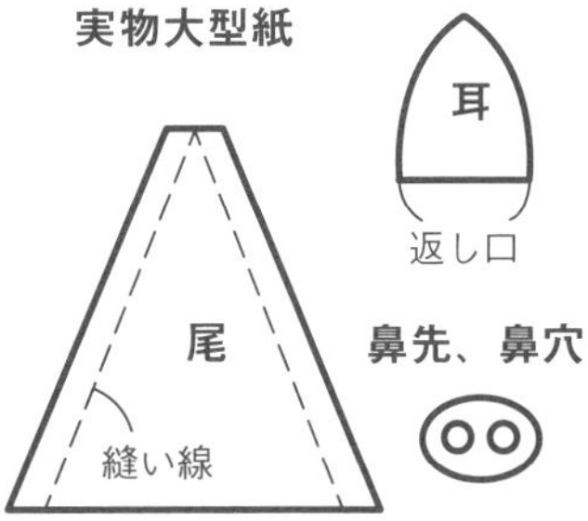
耳
返し口
尾
縫い線
鼻先、鼻穴

おひなさま

女びな8×7.5cm 男びな10×8cm

着物B、着物B裏布各1枚

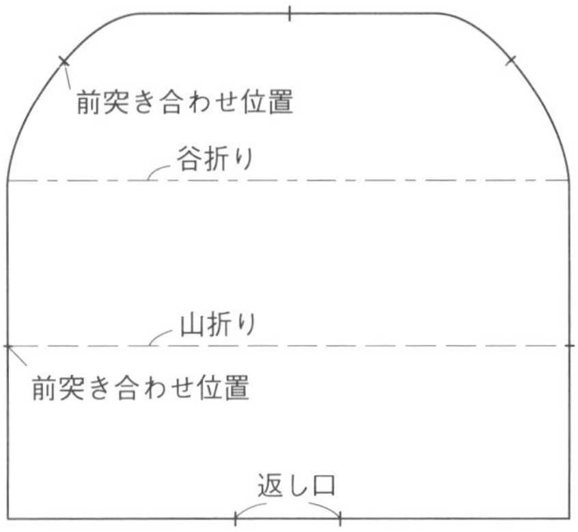
前突き合わせ位置
谷折り
山折り
前突き合わせ位置
返し口

着物A1枚

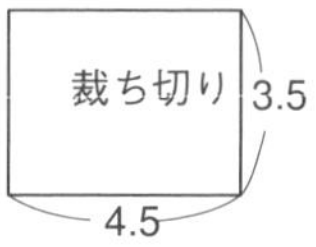
裁ち切り
3.5
4.5

衿3枚

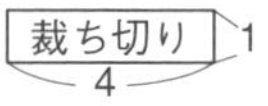
裁ち切り
1
4

和紙2枚

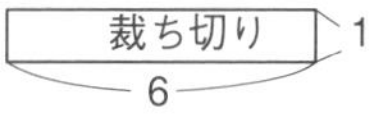
裁ち切り
1
6

胴1枚

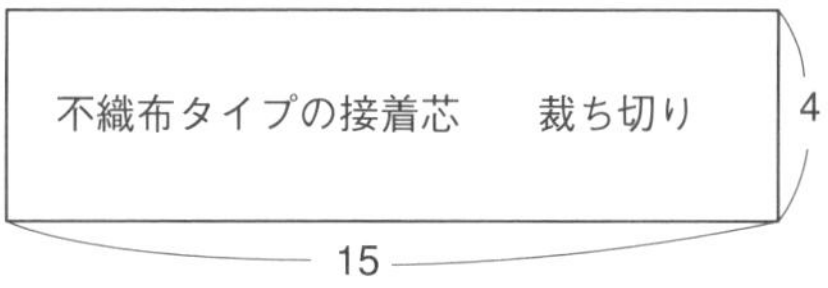
不織布タイプの接着芯
裁ち切り
4
15

袴1枚

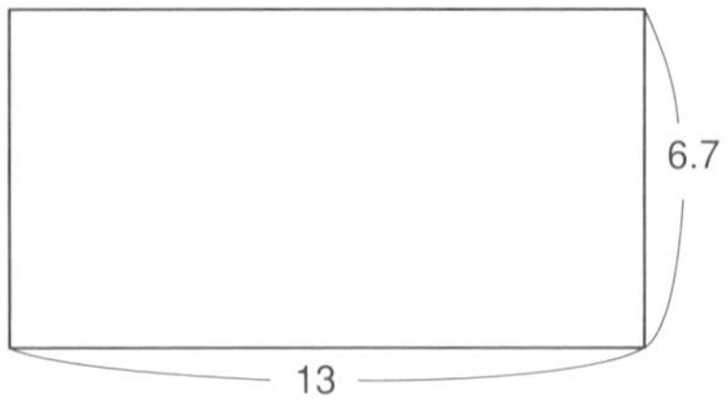
6.7
13

冠A、
冠A厚紙
各1枚

※厚紙は裁ち切り

扇、扇裏布各1枚
扇厚紙2枚

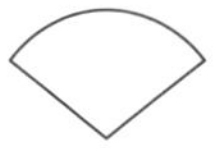

※厚紙は裁ち切り

冠C、
冠C厚紙
各1枚

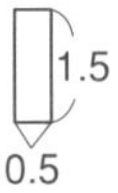
1.5
0.5

※厚紙は裁ち切り

冠B、
冠B厚紙
各1枚

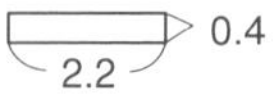
0.4
2.2

※厚紙は裁ち切り

笏、笏裏布各1枚
笏厚紙2枚

0.7
2
0.3

※厚紙は裁ち切り

実物大型紙

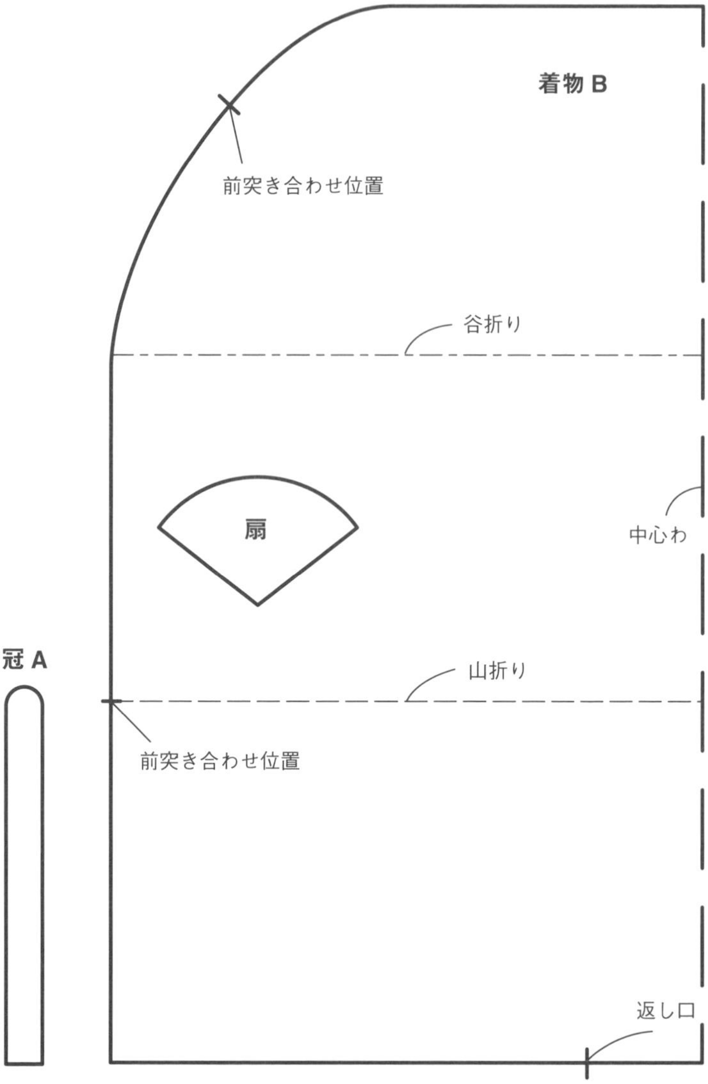
着物B
前突き合わせ位置
谷折り
扇
中心わ
山折り
前突き合わせ位置
返し口
冠A

P.37

桜と橘

各13×3.5cm

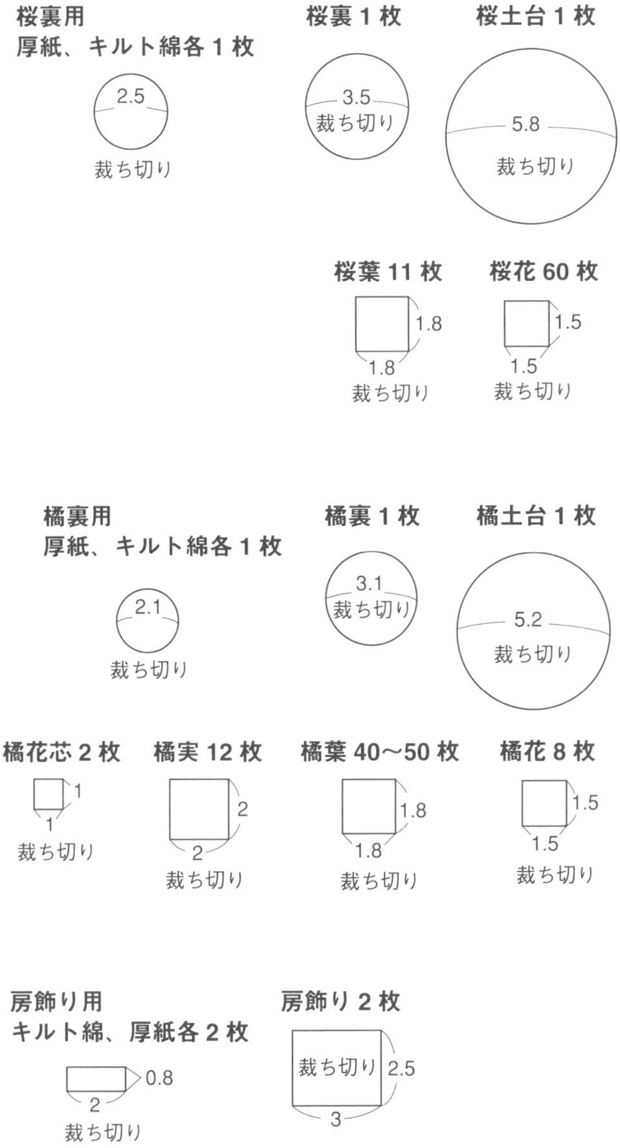

桜裏用
厚紙、キルト綿各１枚
2.5
裁ち切り
桜裏１枚
3.5
裁ち切り
桜土台１枚
5.8
裁ち切り
桜葉 11 枚
1.8
1.8
裁ち切り
桜花 60 枚
1.5
1.5
裁ち切り
橘裏用
厚紙、キルト綿各１枚
2.1
裁ち切り
橘裏１枚
3.1
裁ち切り
橘土台１枚
5.2
裁ち切り
橘花芯２枚
1
1
裁ち切り
橘実 12 枚
2
2
裁ち切り
橘葉 40〜50 枚
1.8
1.8
裁ち切り
橘花８枚
1.5
1.5
裁ち切り
房飾り用
キルト綿、厚紙各２枚
0.8
2
裁ち切り
房飾り２枚
裁ち切り
2.5
3

P.53

ポンポン菊

2.5×4cm

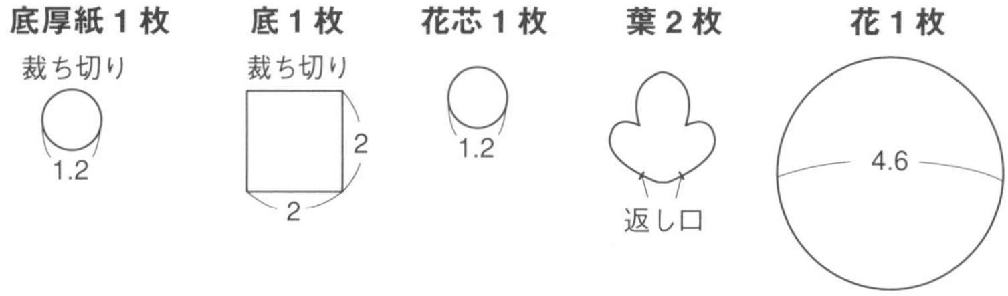
底厚紙１枚
裁ち切り
1.2
底１枚
裁ち切り
2
2
花芯１枚
1.2
葉２枚
返し口
花１枚
4.6

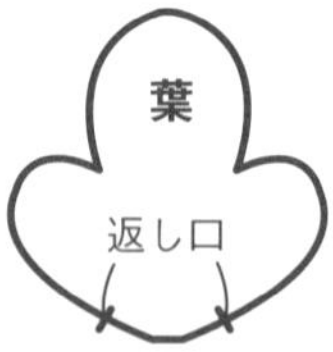
葉
返し口

実物大型紙

糸菊

黄 7×6cm　赤紫 7×10cm

黄色糸菊

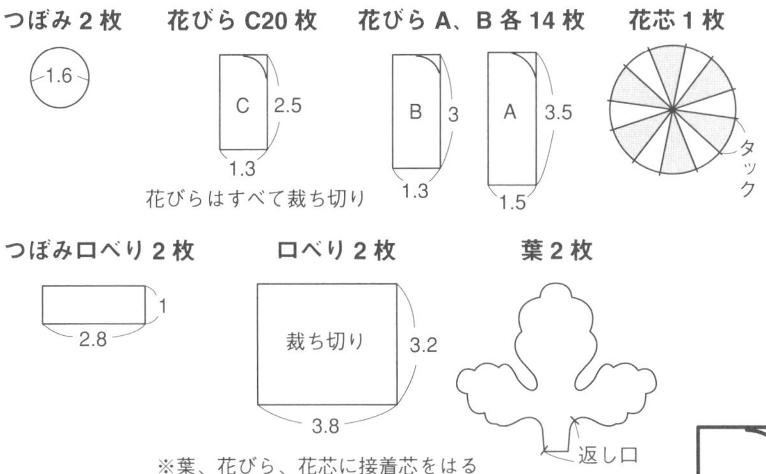
つぼみ2枚
1.6
花びらC20枚
C
2.5
1.3
花びらはすべて裁ち切り
花びらA、B各14枚
B
3
1.3
A
3.5
1.5
花芯1枚
タック
つぼみ口べり2枚
1
2.8
口べり2枚
裁ち切り
3.2
3.8
葉2枚
返し口

※葉、花びら、花芯に接着芯をはる

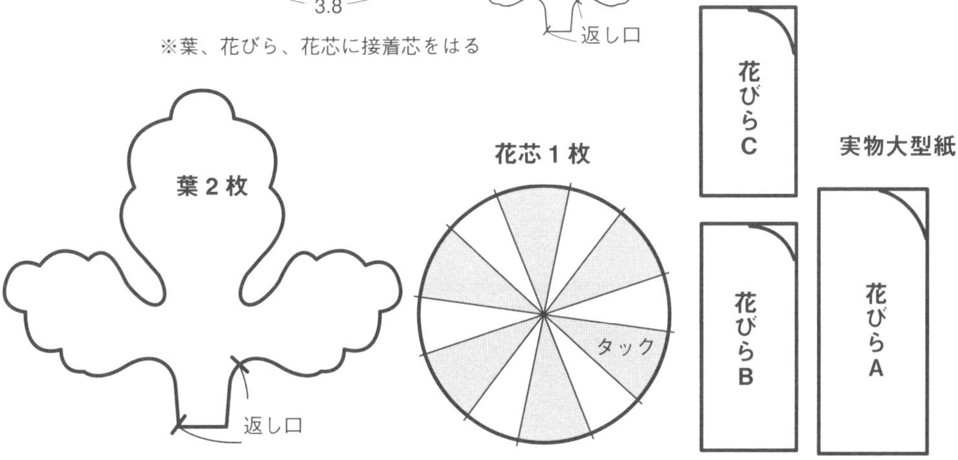
葉2枚
返し口
花芯1枚
タック
花びらC
実物大型紙
花びらB
花びらA

赤紫色糸菊

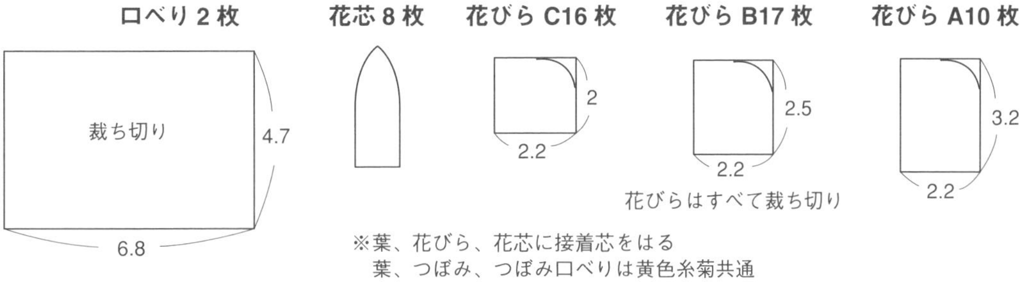
口べり2枚
裁ち切り
4.7
6.8
花芯8枚
花びらC16枚
2
2.2
花びらB17枚
2.5
2.2
花びらはすべて裁ち切り
花びらA10枚
3.2
2.2

※葉、花びら、花芯に接着芯をはる
葉、つぼみ、つぼみ口べりは黄色糸菊共通

実物大型紙

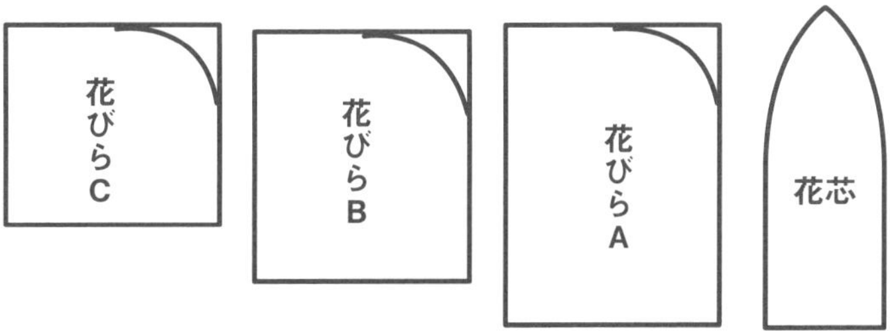
花びらC
花びらB
花びらA
花芯

三色菊

5.5×6.5cm

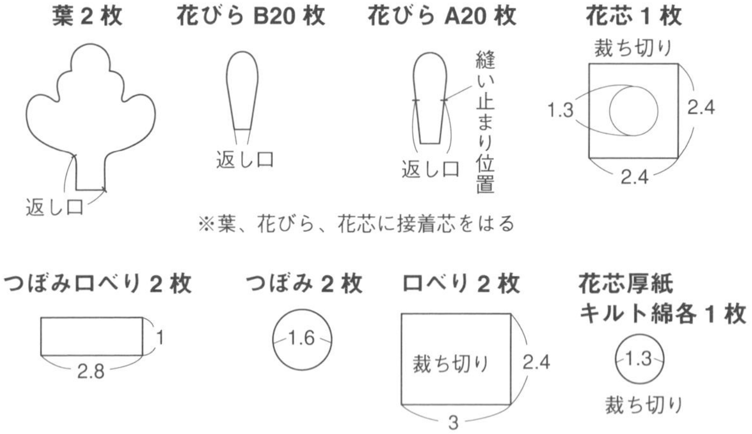

葉2枚
返し口
花びらB20枚
返し口
花びらA20枚
縫い止まり位置
返し口
花芯1枚
裁ち切り
1.3
2.4
2.4
※葉、花びら、花芯に接着芯をはる
つぼみ口べり2枚
1
2.8
つぼみ2枚
1.6
口べり2枚
裁ち切り
2.4
3
花芯厚紙
キルト綿各1枚
1.3
裁ち切り

実物大型紙

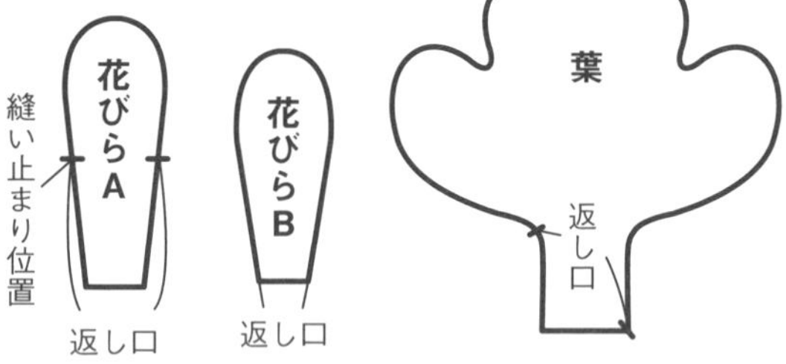

花びらA
縫い止まり位置
返し口
花びらB
返し口
葉
返し口

P.57

サンタクロース

7×7cm

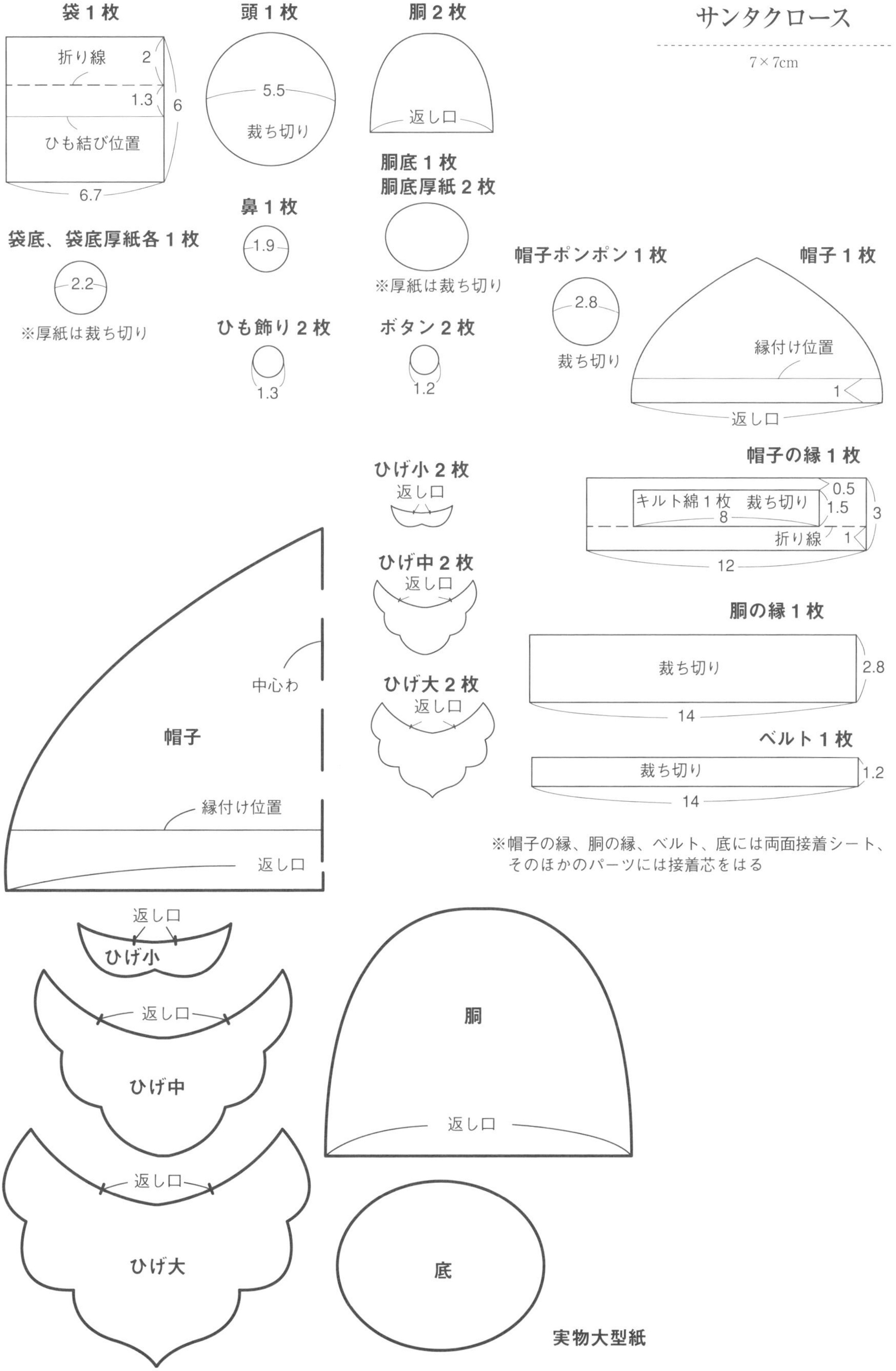

藤本洋子

Yoko Fujimoto

ちりめんの小物作家。花に合わせた飾りを作ることから始まり、古布のちりめんの魅力に目覚めて現在にいたる。季節に合わせた小物作りが得意。安曇野市在住。

スタッフ

撮影…………山本和正
デザイン……中田聡美
作り方………大島幸
編集…………恵中綾子（グラフィック社）

■ 材料が購入できるお店

古布おざき
〒562-0027
大阪府箕面市石丸2-7-8
TEL・FAX 072-729-9127
古布専門店。絹物、とくにちりめんの品ぞろえが充実しており、布の相談にものってもらえます。webと電話での販売が中心で、店舗での購入は予約制。イベントへの出展も多いのでHPでご確認を。
http://www.kofuozaki.com

和布細工　愛彩（定森美保）
https://naraaisai.com
本書掲載のおひなさまと同種の製作方法による作品があります。

季節のちりめん遊び

作って飾って見て楽しい
花と実と祭りごと

2018年9月25日　初版第1刷発行
2021年11月25日　初版第4刷発行

著　者　藤本洋子
発行者　長瀬 聡
発行所　株式会社グラフィック社
〒102-0073
東京都千代田区九段北1-14-17
TEL 03-3263-4318（代表）
03-3263-4579（編集）
FAX 03-3263-5297
郵便振替 00130-6-114345
http://www.graphicsha.co.jp

印刷製本　図書印刷株式会社

ISBN978-4-7661-3100-0　C2076